À Léo, moderne Homo sapiens,
et pourtant toujours dans les arbres…

LA PRÉHISTOIRE
DES HOMMES

Ce livre s'appuie sur presque deux siècles de découvertes effectuées par les chercheurs du monde entier : préhistoriens, paléoanthropologues, archéologues, ethnologues, océanographes, géologues, paléontologues, palynologues, paléoclimatologues, généticiens, biologistes, botanistes, zoologistes...

Toutes les informations présentées ici sont tirées de leurs travaux (et toutes les erreurs proviennent de l'auteur...).

Merci à Claude Guintard, Charles T. Keally et Philippe Marinval pour leurs photos.

Et tous mes remerciements à Gilles pour sa lecture attentive et à Anne-Marie pour son soutien de longue durée...

Ouvrage publié avec le concours du Conseil régional de Midi-Pyrénées

Édition : Catherine Destephen
Conception graphique : Didier Gatepaille
Relecture et correction : Didier Mounié / Karine Forest
Photogravure : Graphocoop 47 Agen

Dépôt légal : 1er trimestre 2008
ISBN : 978.2.7459.3428.4
Imprimé en Espagne
par Egedsa-Sabadell-Espagne.

LES ENCYCLOPES

LA PRÉHISTOIRE DES HOMMES

Jean-Baptiste de Panafieu

Illustrations :
Philippe Archer, Étienne Butterlin, Jean-Philippe Chabot,
Benoît Charles, Vincent Jagerschmidt, Sandrine Lefebvre, Régis Mac,
Leonardo Meschini, Michael Welply

MILAN
jeunesse

Sommaire

Si nous étions brusquement transportés quelques millions d'années dans le passé, nous ne serions pas complètement dépaysés. Les fleuves et les montagnes sont bien à leur place. Les forêts seraient pourtant particulièrement hautes et sombres avec quelques animaux surprenants, rhinocéros géants et lions à dents de sabre. Puis un étonnement : pas le moindre humain dans ce monde, d'ailleurs pas plus ici que sur les autres continents. À force de chercher, nous finirions par découvrir à l'est de l'Afrique quelques êtres étranges, mi-hommes, mi-singes, dressés sur leurs jambes, mais avec des faces franchement simiesques. Certains d'entre eux sont nos ancêtres.

Un autre saut dans le temps, vers le présent cette fois, pour faire la connaissance de leurs descendants, à présent éparpillés sur trois continents. De loin, nous les prendrions facilement pour des hommes. Plus près, nous ressentirions un vague malaise à voir leur front fuyant, leurs grosses mâchoires et les bourrelets qui leur font comme des visières au-dessus des yeux. Ils nous surprendraient pourtant par leur habileté à tailler la pierre et à chasser le gros gibier.

Une dernière halte avant de revenir au temps présent. Nous découvrons le monde d'il y a 20 000 ans, un monde glacé, peuplé de mammouths et de rennes. Les hommes ressemblent à nos voisins, à nos parents. Ils bougent, ils pensent, ils aiment comme nous. Si proches de nous, comment peuvent-ils vivre ainsi, sans la moindre machine, sans plastique ni métal ? Ils n'utilisent que la pierre, le bois, l'os et le cuir.

Nos seules machines à remonter le temps sont les squelettes enfouis sous la terre, les bifaces abandonnés par les chasseurs, les empreintes préservées dans la cendre, des dessins tracés sur les murs des cavernes. Ces quelques fragments nous racontent l'extraordinaire histoire de l'apparition de l'homme et de ses transformations, la pré-histoire de l'homme.

Panneau du « Cheval renversé » (grotte de Lascaux).

Sur la piste du passé

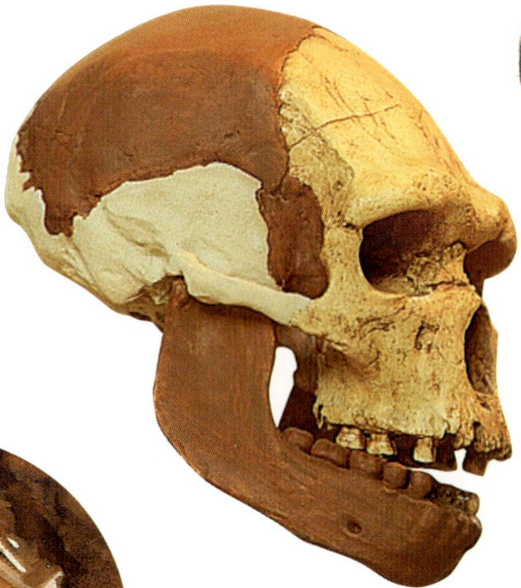

En millions d'années

6 Ma — 5,3 Ma — 5 Ma — 4,5 Ma — 4 Ma — 3,5 Ma

MIOCÈNE — PLIOCÈNE

Depuis des millions d'années, nos ancêtres laissent à la surface de la Terre des traces de leur existence : leurs squelettes fossilisés, leurs outils de pierre, les restes de leurs repas, des vestiges de leurs campements et même des œuvres d'art. Creusant le sol sans relâche, les chercheurs analysent les moindres fragments et discutent avec passion de leur signification. C'est l'ensemble de leurs découvertes qui permet aujourd'hui d'écrire l'histoire des premiers hommes… notre histoire.

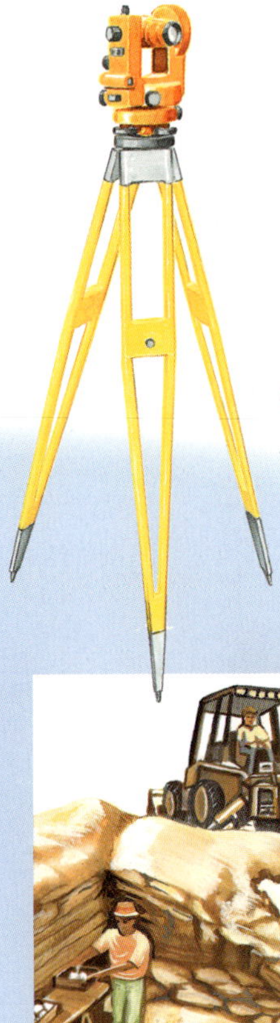

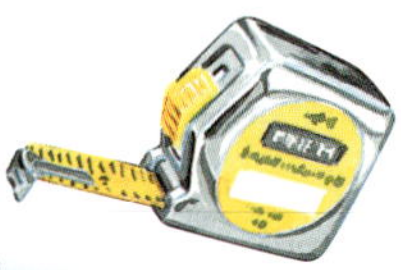

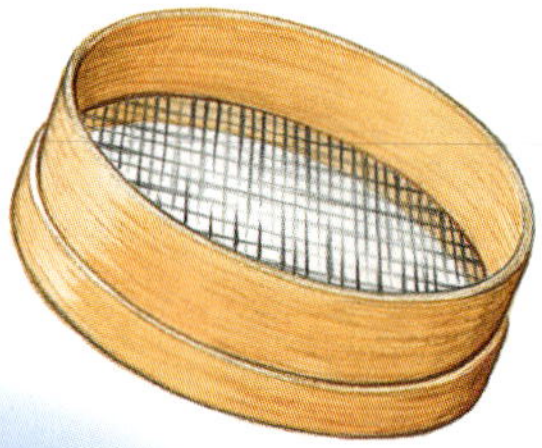

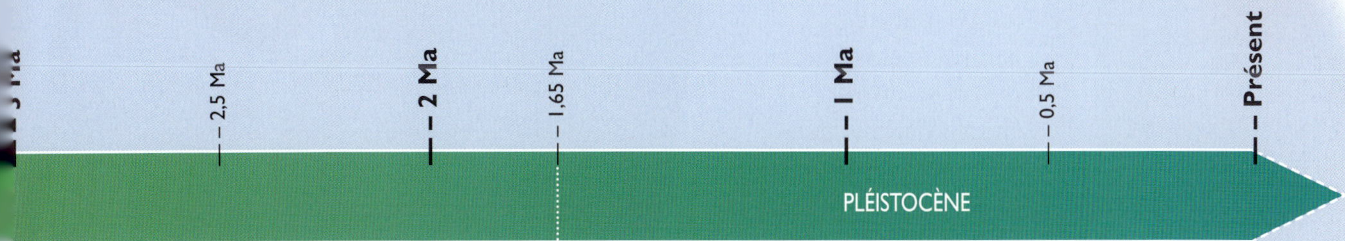

Expédition

Les documents qui racontent l'histoire des premiers hommes sont des os et des pierres enfouis sous terre. Le sol est le grand livre de la préhistoire, un livre dont la plupart des pages ont disparu…

Les traces de la préhistoire sont nombreuses, mais elles sont le plus souvent bien cachées dans le sol. Pour les trouver, il n'y a pas de règle absolue. Certaines des plus belles découvertes ont été faites par hasard, mais la plupart sont l'aboutissement d'années de fouilles soigneusement organisées.

Entre labo et terrain

C'est au laboratoire que l'on prépare une campagne de fouilles. Il faut en choisir le lieu et la date, réunir une équipe complète et organiser la vie sur place. Une expédition au Tchad présente plus de difficultés que des fouilles en Dordogne : il faut penser à tout, des outils pour creuser le sol à l'approvisionnement en eau. Sur place, il est nécessaire d'obtenir les autorisations pour les fouilles, de trouver des chauffeurs et des cuisiniers et enfin de monter le camp… Au total, des mois de préparation pour une expédition qui se traduira par des années d'analyse des objets recueillis !

Travail d'équipe

Le savant solitaire partant en expédition appartient aux légendes du passé. C'est toujours une équipe qui se déplace : des spécialistes des différents groupes d'animaux, des botanistes pour les fossiles de plantes et l'analyse du pollen, des géologues pour interpréter les couches de roches d'où proviennent les fossiles… De retour au labo, il faut parfois faire appel à un anatomiste pour reconstituer les fossiles et analyser les mouvements autorisés par la forme des os, ou même à un médecin si les os présentent des lésions provoquées par des maladies.

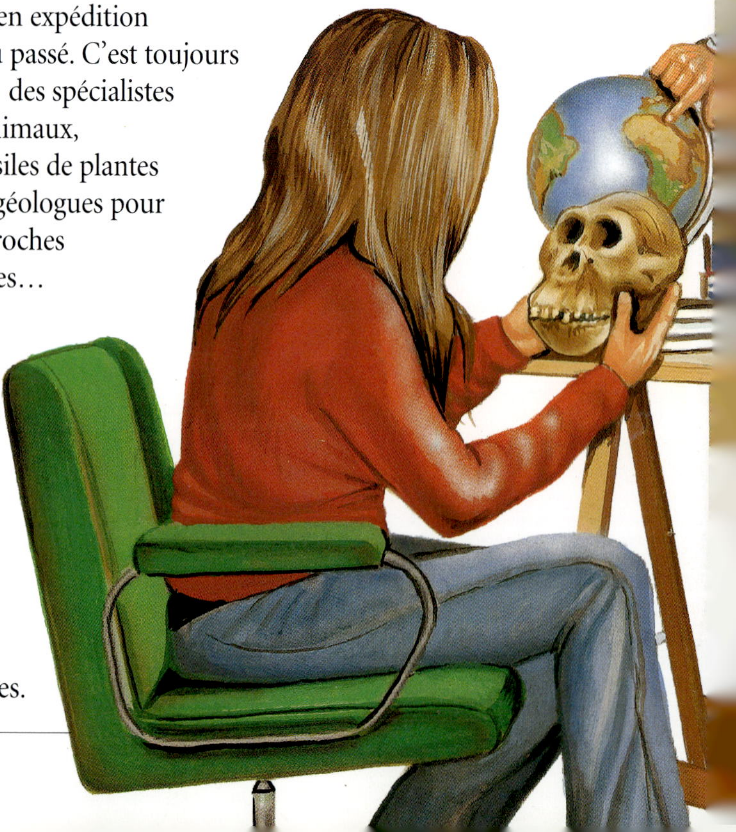

Urgence

Des fossiles sortent parfois du sol lors de travaux de construction d'autoroutes ou de lignes de chemin de fer. Les chercheurs organisent alors dans l'urgence des « fouilles de sauvetage » afin de recueillir le maximum d'éléments avant qu'ils soient détruits.

Où fouiller ?

On ne fouille pas au hasard ! Les chercheurs repèrent d'abord des terrains de l'âge des hommes qu'ils étudient. Ces roches doivent aussi être susceptibles de contenir des fossiles, comme d'anciens sables de rivières ou des fonds de lacs vaseux, transformés en roches. Sur le terrain, l'intuition peut jouer un rôle important, par exemple pour repérer un site favorable : un ancien abri-sous-roche, un terrain près d'un fleuve ou d'un lac (qui a pu disparaître depuis). Un endroit où a été trouvé par hasard un objet intéressant fera l'objet d'un examen poussé. Si le site se révèle riche en fossiles, les fouilles peuvent se prolonger pendant des années.

CONSERVATION

Les outils de pierre restent presque intacts pendant des millions d'années. Les os se conservent longtemps s'ils sont rapidement enfouis dans le sol ou dans les sédiments d'un cours d'eau. Là, ils se fossilisent peu à peu, c'est-à-dire se transforment en roche. Les sols acides ou humides sont peu favorables à leur conservation. Des matières plus tendres comme la corne ou le bois se fossilisent rarement.

Il ne faut pas se tromper en choisissant le prochain site : les fouilles coûtent cher et prennent beaucoup de temps !

PALÉO-ANTHROPOLOGUES ET PRÉHISTORIENS

Les paléoanthropologues sont les spécialistes de l'origine de l'homme et de son évolution alors que les préhistoriens étudient le mode de vie et la culture des premiers hommes. Les premiers étudient les plus lointains ancêtres de l'homme, et les seconds les ancêtres plus récents, qui produisaient des pierres taillées. Mais les deux disciplines se recouvrent en partie : les hommes de Néandertal intéressent autant les préhistoriens que les paléoanthropologues !

Sur le terrain

Pour l'avenir

Malgré toutes les précautions prises, les chercheurs détruisent certainement des informations importantes. Les préhistoriens du futur auront probablement des moyens d'analyse plus perfectionnés que les nôtres. Il faut donc laisser intacte une partie du terrain afin qu'ils puissent compléter les découvertes effectuées aujourd'hui.

L'expédition est sur place, tous les membres de l'équipe sont à pied d'œuvre. Les chercheurs déterminent à quel endroit vont commencer les travaux de fouilles. La méthode est un peu différente selon qu'il s'agit d'une grotte de faible superficie ou d'un vaste territoire en plein air.

Premiers indices

Lorsque la couche de terrain intéressante affleure sur des kilomètres carrés, les paléontologues prospectent le site à pied à la recherche d'objets visibles. En effet, le vent ou la pluie peuvent balayer le sol et dégager un os ou un outil de pierre. Dès qu'un objet intéressant est trouvé, les fouilles s'organisent à cet endroit.

TIROIRS OUBLIÉS

En 1994, un chercheur trouve dans un tiroir de son laboratoire un pied d'australopithèque qui avait été étiqueté « singe ». Il découvre ensuite dans le tiroir réservé aux antilopes un fragment de tibia qui correspond au pied. Son enquête le mène dans la grotte d'où provenait le fragment, et qui contient le squelette presque complet, pris dans la roche !

Les fouilles

Elles sont une activité destructrice. Une fois terminées, il ne reste plus rien. L'essentiel est de prélever tous les objets sans les abîmer et de bien repérer leur position dans l'espace. Des fils découpent l'espace en carrés réguliers qui permettent de repérer la position horizontale de chaque objet. De même, on repère sa position verticale par rapport au sol initial. C'est très important car elle donne des indications sur l'âge de l'objet. La plupart du temps, les objets enfouis le plus profondément sont les plus anciens. On tamise la terre grattée afin de récupérer les plus petits éléments intéressants. Photographes et dessinateurs produisent des archives de toutes les étapes du travail.

LES JEUX DU HASARD

Le hasard est à l'origine de bien des découvertes mais reprend parfois ce qu'il a offert. Un crâne de premier homme, découvert un soir de 1963 dans la gorge d'Olduvai (Tanzanie), fut laissé sur place pour être soigneusement dégagé le lendemain. Le matin suivant, il n'en restait que des fragments ! Un troupeau de vaches était passé par là…

Eurêka

À QUI CET OS ?

Celui qui trouve un objet n'est pas son propriétaire ! Ce serait d'autant plus compliqué que les équipes de recherche sont souvent internationales. Les fossiles appartiennent en fait au pays où se déroulent les fouilles. C'est là qu'ils seront finalement conservés et éventuellement exposés au public.

FRAGMENTS À IDENTIFIER

Le tamisage du sol donne quantité de fragments inutilisables, mais aussi des éléments très utiles : des dents de rongeurs qui permettront de dater précisément le niveau ; des os de poissons, vestiges de repas ; des éclats de pierre provenant d'activités de taille ; des morceaux de charbon de bois, indices d'utilisation du feu.

Le sous-sol livre peu à peu ses trésors. Les chercheurs mettent au jour des outils de silex, des os humains et animaux, des objets façonnés par des hommes. Ils doivent aussi trier des milliers de fragments minuscules. Ce travail fastidieux est parfois récompensé par une découverte extraordinaire…

Au pinceau

Le paléontologue décape le terrain, centimètre par centimètre, avec un outil pointu. Au moindre changement d'aspect du sol, il arrête de creuser afin de dégager l'ensemble d'un niveau avant d'attaquer le suivant. Par exemple une couche plus grise peut indiquer la présence de cendres mélangées à la terre, donc matérialiser une surface sur laquelle des hommes ont fait du feu. Dès qu'un objet apparaît, le chercheur passe du grattoir dur au pinceau souple et travaille avec encore plus de précautions.

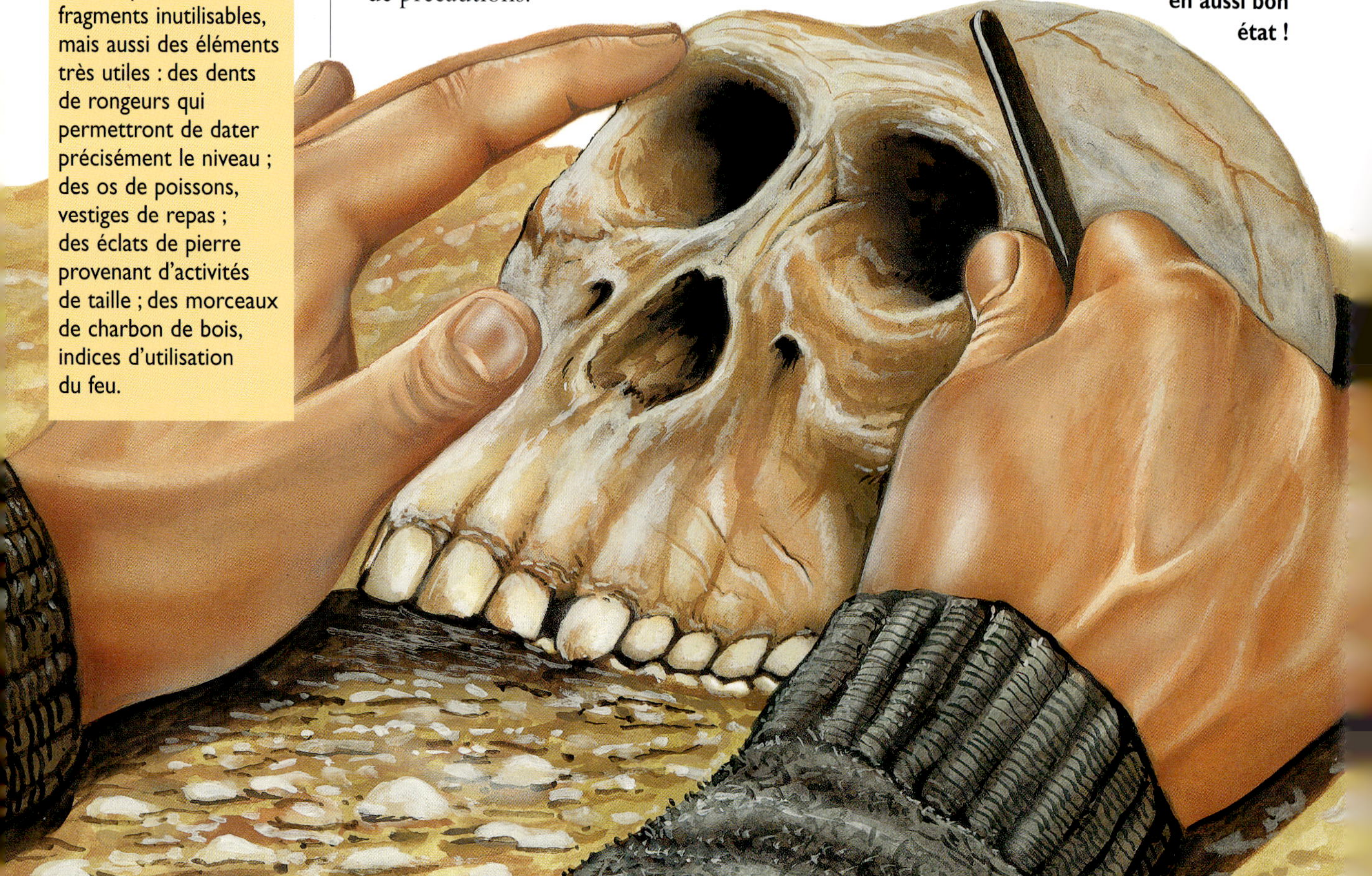

Il est rarissime de trouver un crâne en aussi bon état !

La préparation des fossiles est un aspect essentiel du travail d'identification.

De la pelleteuse au pinceau, les fouilles demandent un outillage important, mais le chercheur se sert souvent de ses propres outils de précision.

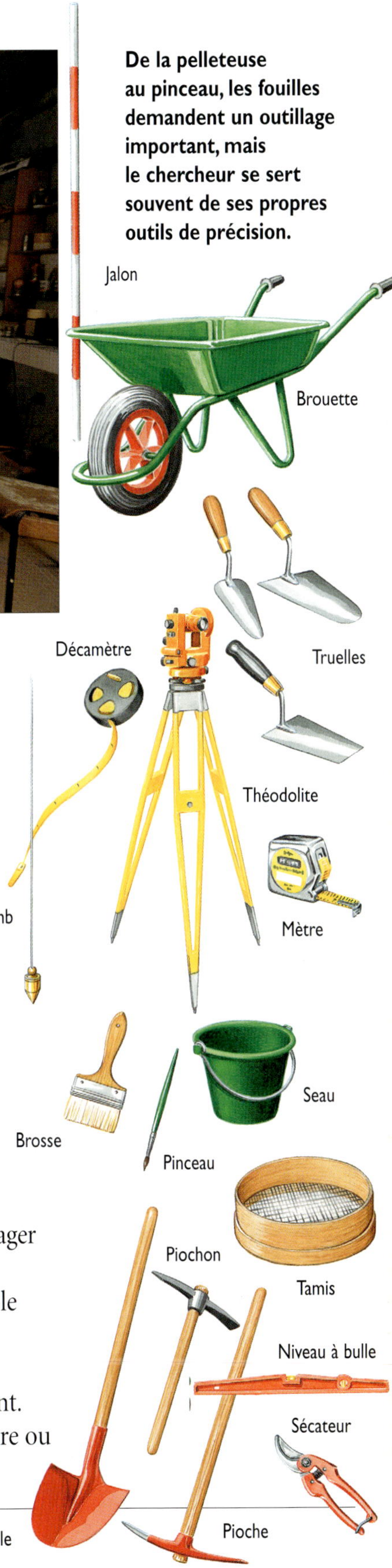

Ne pas toucher SVP

Le dégagement d'un objet peut prendre des heures, parfois des jours. Il est important de ne pas toucher l'objet avec les outils afin de pouvoir observer sa surface au microscope par la suite. Parfois, il ne faut même pas poser la main dessus, comme dans le cas de morceaux de charbon utiles pour dater le niveau ou d'ossements dont on veut analyser l'ADN.

Un par un

Chaque objet est noté dans le carnet de fouilles. Il est identifié si c'est possible et dessiné. On lui attribue un numéro avant de le glisser dans un sachet et de le ranger en vue d'un examen plus poussé au laboratoire. Cet étiquetage détaillé est essentiel pour la suite car celui qui analysera l'objet est rarement celui qui l'a trouvé ! Il faut donc lui fournir le maximum d'informations.

Colis fragile

Comme certains os sont très fragiles, on les consolide avant de les dégager en les imprégnant au pinceau d'une colle spéciale. Pour reconstituer un objet dont on a trouvé plusieurs fragments, on utilise une colle soluble à l'alcool, de manière à pouvoir réaliser un autre montage si le premier se révèle inexact. On prélève parfois l'ensemble d'une couche, comme une part de gâteau, afin de dégager au laboratoire les objets qu'elle contient. Les gros objets sont recouverts de papier journal puis de bandages de plâtre ou de résine synthétique pour être consolidés avant leur transport.

À partir d'un os

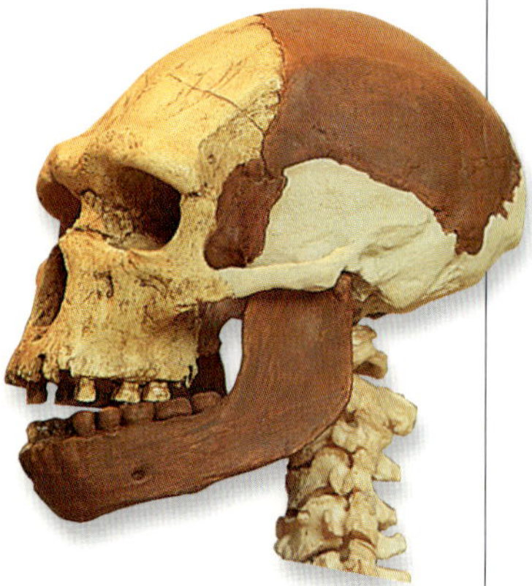

MOULAGES

Pour les découvertes les plus importantes, on réalise des moules qui permettent de fabriquer des copies. Ainsi, d'autres chercheurs peuvent étudier ces pièces sans que les originaux aient à voyager partout dans le monde.

LA PEAU SUR LES OS

À partir du crâne, le paléontologue peut s'associer à un sculpteur pour placer les muscles du visage en fonction des empreintes des tendons sur les os. Il recouvre le tout de « peau » et laisse parler son imagination pour sa couleur et la pilosité.

De retour au laboratoire, le chercheur tente de reconstituer un crâne à partir des quelques fragments qu'il a sortis de terre. Il a bien sûr une idée de sa forme générale, mais ce sont les détails qui importent. Aujourd'hui, le pot de colle est toujours un outil important pour le paléontologue, qui fait aussi appel au scanner et à l'ordinateur.

Un vrai puzzle

Traditionnellement, la reconstitution du crâne s'effectue à la main, comme un puzzle dont on ne connaît pas l'image finale et dont il manque un certain nombre de pièces, presque toutes parfois ! Il arrive qu'un peu trop d'imagination entre dans la reconstitution, ce qui donne lieu à d'intenses discussions entre paléontologues.

Scanner de Néander

À l'aide d'un scanner, le chercheur peut observer la structure interne des os, à travers la couche de roche solide qui les entoure. Le traitement informatique des images permet de reconstituer les éléments en 3D. On peut les déplacer et les faire pivoter pour les placer les uns par rapport aux autres. Cette technique permet aussi de reconstituer les parties manquantes.

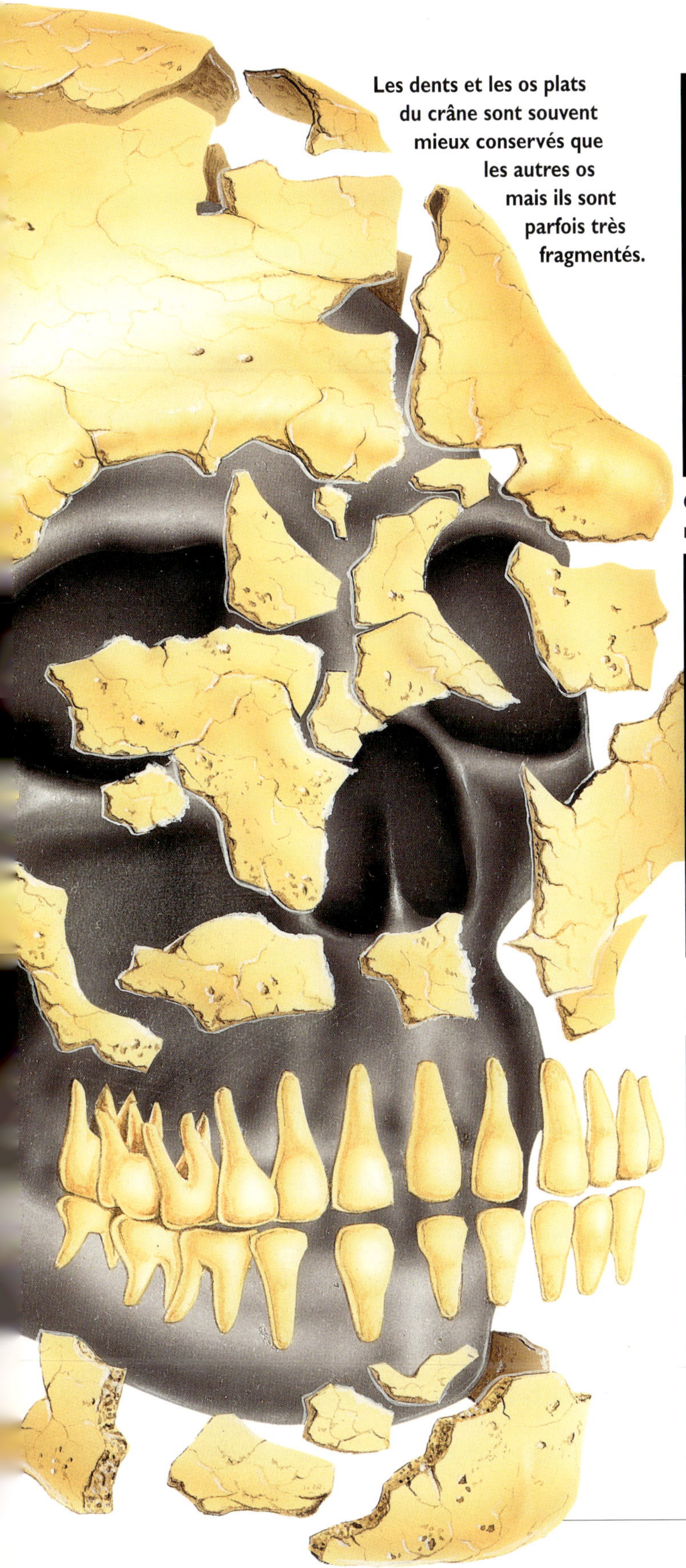

Les dents et les os plats du crâne sont souvent mieux conservés que les autres os mais ils sont parfois très fragmentés.

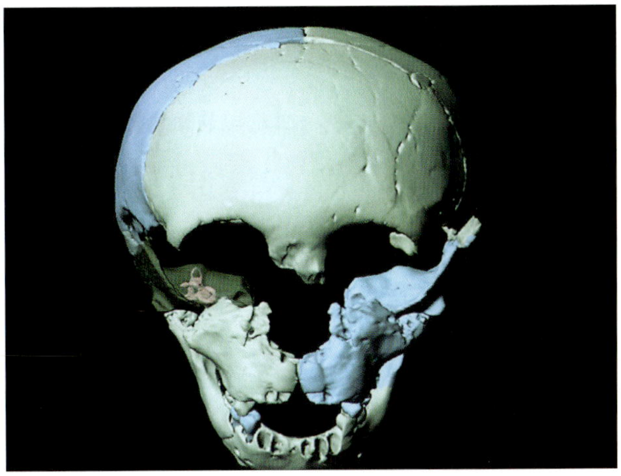

Grâce au scanner, les fragments du crâne d'un jeune néandertalien ont été modélisés puis assemblés.

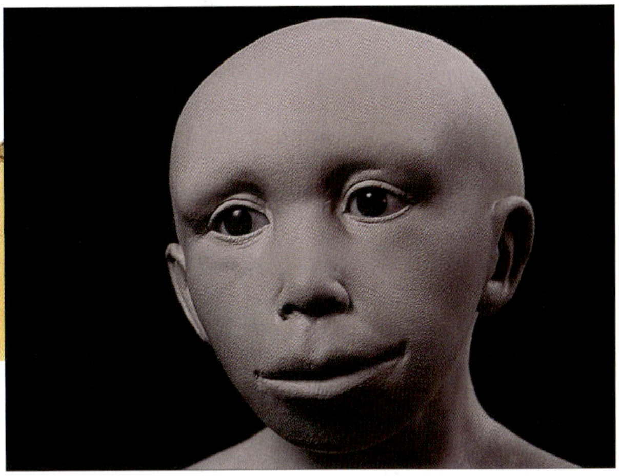

La mise en place des muscles donne forme au visage, que l'on recouvre ensuite d'une « peau » virtuelle.

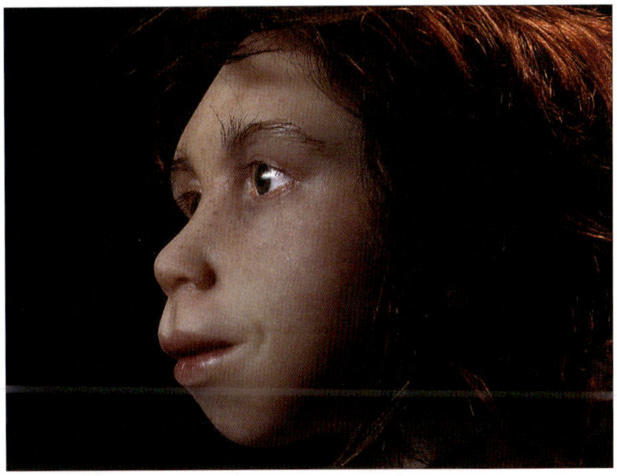

Même si la reconstitution finale semble très réaliste, il ne faut pas oublier qu'elle est pourtant imaginaire !

Galerie de portraits

Noms latins

Chaque espèce reçoit un nom scientifique : par exemple l'homme moderne est *Homo sapiens*, l'« homme savant ». Ainsi tout chercheur, quelle que soit sa langue, sait de qui on parle. Dans la pratique, ce n'est pas toujours aussi simple. Un chercheur qui conteste l'attribution d'un os le rattache parfois à une autre espèce. Il arrive à l'inverse qu'on regroupe sous le même nom plusieurs os d'abord considérés comme appartenant à différentes espèces. Certains fossiles très controversés sont plus connus par leur numéro que par un nom d'espèce.

Le chercheur vient de reconstituer un crâne à partir des fragments trouvés. Il doit maintenant lui donner un nom. Appartient-il à une espèce déjà connue ? Est-il au contraire différent de tous les crânes découverts auparavant ? Il le compare à l'ensemble des crânes déterminés au cours d'un siècle et demi de fouilles et fait le bilan des ressemblances et différences avant de lui attribuer un nom, créant au besoin un nouveau groupe.

Petites et grandes différences

Les crânes de deux hommes actuels pris au hasard présentent toujours quelques différences. Par ailleurs, un crâne humain est très différent d'un crâne de chimpanzé. Mais à partir de quelle « quantité » de différences a-t-on affaire à deux espèces distinctes ? Cette question se pose chaque fois que l'on trouve un nouveau crâne et que l'on cherche à savoir s'il appartient à une espèce déjà décrite. Les différences que l'on observe sont-elles petites, comme entre deux hommes, ou grandes, comme entre l'homme et le chimpanzé ? La réponse est rarement évidente, ce qui provoque de vives discussions entre paléontologues.

Ce crâne appartenait à un singe hominoïde, mais il est si différent des autres espèces connues qu'on lui a donné un nouveau nom : *Sahelanthropus*.

Le crâne n'est pas tout

Les crânes ne sont pas les seuls os qui se soient fossilisés. On trouve aussi des os des membres ou de la colonne vertébrale (appelés os postcrâniens) bien qu'ils soient un peu plus fragiles. Eux aussi peuvent être comparés d'une espèce à l'autre.

LES DIFFÉRENTES RAMIFICATIONS DES HOMININÉS (EN MILLIONS D'ANNÉES).

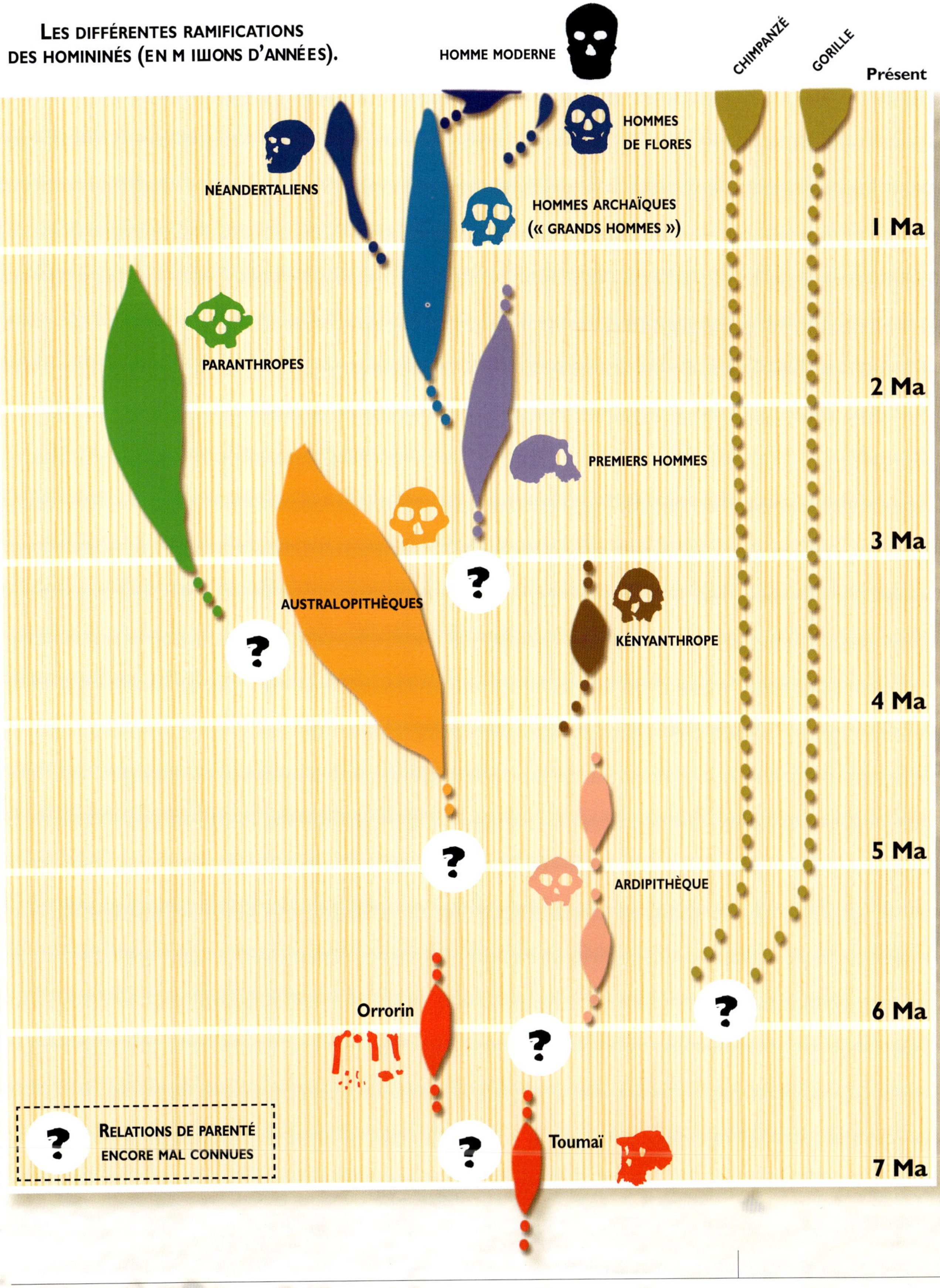

Détective de la préhistoire

Pour comprendre comment vivaient les hommes de la préhistoire, il faut aussi connaître leur environnement et leur comportement. Au-delà des squelettes, tous les indices recueillis lors des fouilles donnent de précieuses informations.

Les poubelles de nos ancêtres

Nous produisons des déchets que nous entassons là où ils ne nous gênent pas. Le comportement de nos ancêtres n'était pas si différent du nôtre. Leurs poubelles sont de vraies mines d'or pour les chercheurs.

Os d'animaux

Les sites de fouilles contiennent en général bien plus d'ossements animaux que de squelettes humains. Les animaux tués à la chasse portent les marques de nettoyage des carcasses avec des outils de pierre. Leurs os donnent une idée de la composition de la faune et aussi des comportements alimentaires des hommes. Les petits mammifères comme les souris, les campagnols ou les musaraignes indiquent si le lieu était boisé ou couvert de prairies.

Des fossiles d'animaux sont souvent associés aux squelettes de nos ancêtres. Il s'agit parfois du gibier tué à la chasse, mais on trouve aussi les restes de dangereux prédateurs, comme ce tigre à dents de sabre.

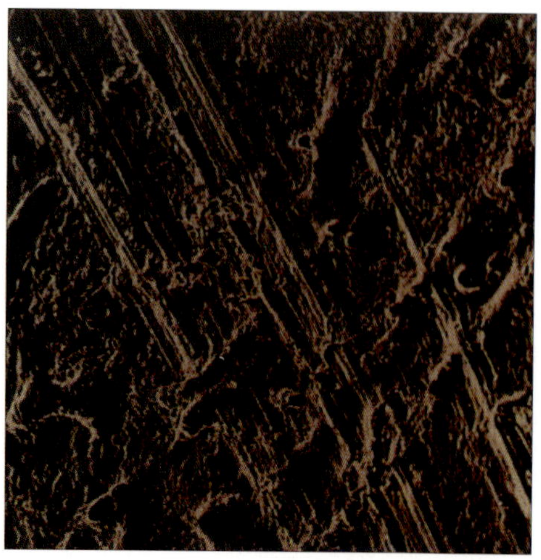

À l'œil nu, il est difficile de reconnaître les traces laissées sur un os par un carnivore qui l'a rongé (*à gauche*) de celles d'un homme qui l'a gratté avec un outil de pierre pour en détacher la viande (*à droite*). Au microscope, la différence est très nette.

Petits mais utiles

La terre contient toujours d'innombrables grains de pollen provenant des plantes qui poussent à proximité. Ces grains sont minuscules, mais leur coque protectrice, très résistante, se conserve longtemps dans le sol. Les ornementations qu'ils portent permettent de distinguer les différentes espèces de plantes. À partir de quelques grammes de terre, les palynologues (spécialistes du pollen) sont capables de reconstituer un paysage végétal.

Microdétails

Le microscope électronique livre les plus infimes détails des objets. À partir des minuscules traces d'usure des dents, on sait si elles ont servi à broyer des feuilles, des herbes ou des racines. De même, les stries observées sur les tranchants des outils de silex permettent de savoir s'ils ont coupé des peaux, taillé du bois ou fauché des plantes sauvages.

Tri des résidus de tamisage à Tautavel, en France.

ADN

Même vieux de plusieurs dizaines de milliers d'années, les os contiennent encore de l'ADN. On peut alors comparer l'ADN de divers hommes fossiles ou d'humains actuels pour tenter d'établir des relations de parenté.

Coprolithes humains.

Crottes fossiles

Même les crottes apportent des informations ! Les coprolithes (crottes fossiles) d'animaux carnivores contiennent des fragments d'os parfois reconnaissables. Les crottes de ruminants renferment de grandes quantités de pollen, comme les excréments humains !

Os d'ours des cavernes, animal contemporain de l'homme de Cro-Magnon.

Os fossiles d'élan.

Le temps profond

Un animal vivant contient la même proportion de C14 que les plantes qu'il mange ou l'air qu'il respire. S'il est par hasard

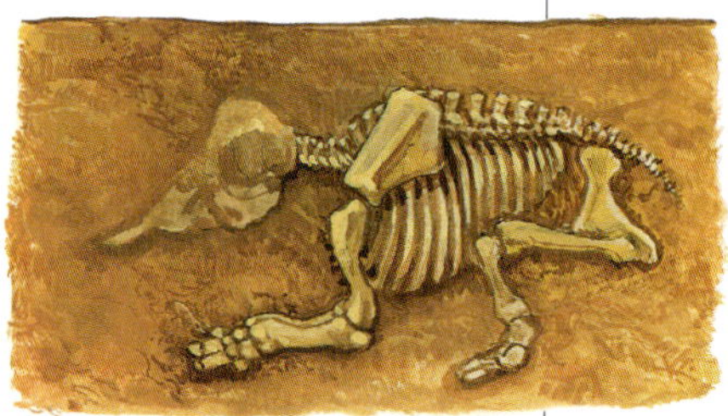

enfoui juste après sa mort, son squelette reste protégé et le C14 qu'il contient disparaît peu à peu.

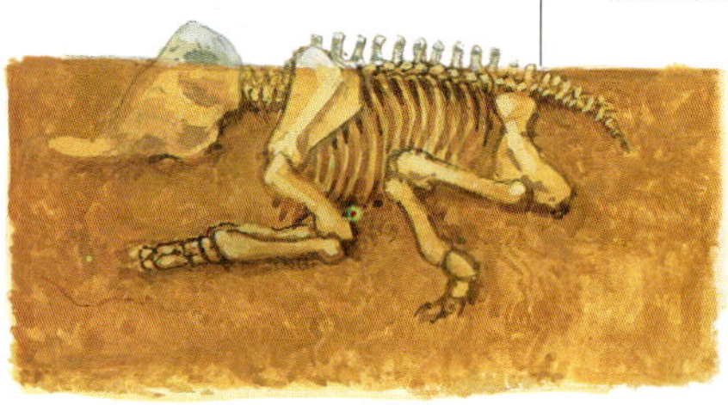

Il est impossible d'estimer l'âge d'un os à partir d'une simple observation des roches. Les chercheurs ont mis au point différentes méthodes de datation, qu'ils choisissent selon les matériaux dont ils disposent et les périodes étudiées.

Les deux carbones

Dans la nature, on trouve du carbone dans l'air (sous forme de dioxyde de carbone, ou CO_2), dans les êtres vivants (carbone organique) et dans des roches (le calcaire par exemple). L'essentiel du carbone est constitué de carbone 12 mais il existe aussi un peu de carbone 14, qui a la propriété de se transformer en azote 14 au cours du temps. Au cours de leur vie, les plantes incorporent le carbone sous ses deux formes et contiennent donc autant de carbone 14 que l'air. C'est aussi le cas des animaux qui mangent ces plantes.

Datation au carbone 14 (C14)

Après la mort d'une plante ou d'un animal, la proportion du carbone 14 qu'ils contiennent diminue puisqu'il se transforme peu à peu en azote 14. Plus le temps passe, moins les os ou le bois contiennent de carbone 14. La proportion de carbone 14 nous donne donc l'âge des vestiges. On peut ainsi dater des objets jusque vers – 40 000 ans. La principale difficulté de la méthode est l'estimation de la quantité initiale de carbone 14 dans l'air, car elle varie au cours du temps.

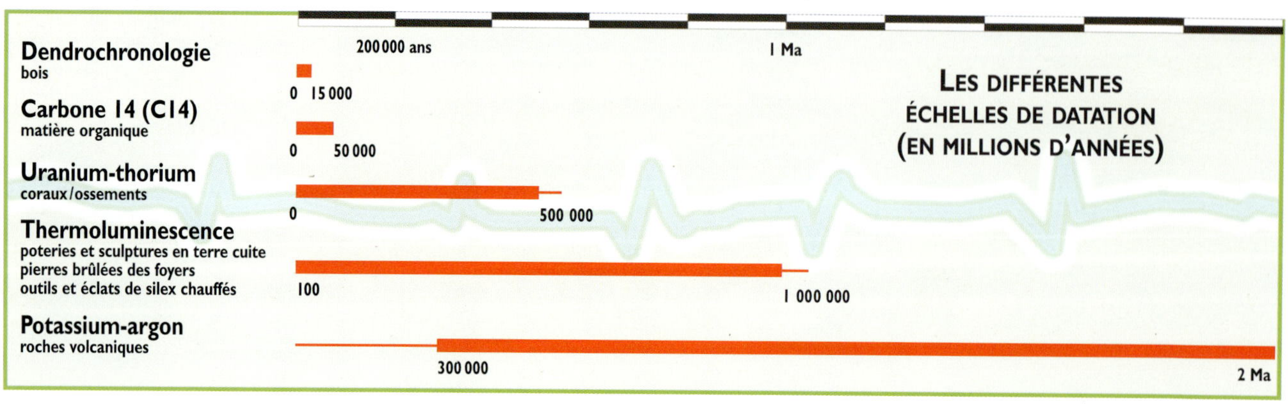

Un calendrier atomique

Pour les périodes plus anciennes, il faut utiliser d'autres horloges atomiques comme celle du potassium-argon qui permet de dater les roches volcaniques jusqu'à 2 millions d'années, ou celle de l'uranium-thorium qui convient pour les ossements jusqu'à 500 000 ans. On peut aussi compter le nombre de désintégrations d'éléments radioactifs naturels par les traces laissées dans les cristaux de certains minéraux. Toutes ces techniques demandent des appareils sophistiqués et donc assez coûteux.

Le Tandétron permet d'analyser de très petits échantillons : quelques milligrammes de matière suffisent à déterminer l'âge d'un os ou d'un charbon de bois. On peut ainsi dater des peintures au charbon sans les abîmer.

Coupe d'un tronc d'arbre montrant les cernes annuels.

Chaleur et lumière

La thermoluminescence permet de dater des roches qui ont été chauffées, comme l'argile d'une poterie ou les pierres d'un foyer. Lors de la cuisson, des électrons sont déplacés et piégés dans les défauts des cristaux. Ensuite, les électrons retrouvent peu à peu leur place d'origine. On peut mesurer la quantité de lumière émise par les électrons restants lorsqu'ils se déplacent et en déduire le temps écoulé depuis la cuisson initiale.

Les cernes situés au centre du tronc, se sont formés dans les premières années de la croissance de l'arbre. On compte un cerne par an.

Une horloge végétale

On peut lire l'âge d'un arbre coupé en comptant les cernes, les cercles de bois qui se forment chaque année. Le cerne est large si les conditions ont été favorables à la croissance de l'arbre. Il est étroit si les conditions ont été mauvaises. Un arbre de 300 ans nous donne ainsi une image des variations de l'environnement pendant toute sa vie. Avec une série d'arbres d'âges variés, on peut remonter loin dans le passé. On utilise pour cela des poutres de maisons construites au Moyen Âge ou pendant l'Antiquité, et jusqu'à plus de 10 000 ans dans le passé. Avec cette technique, la dendrochronologie, on peut dater des pieux préhistoriques à l'année près !

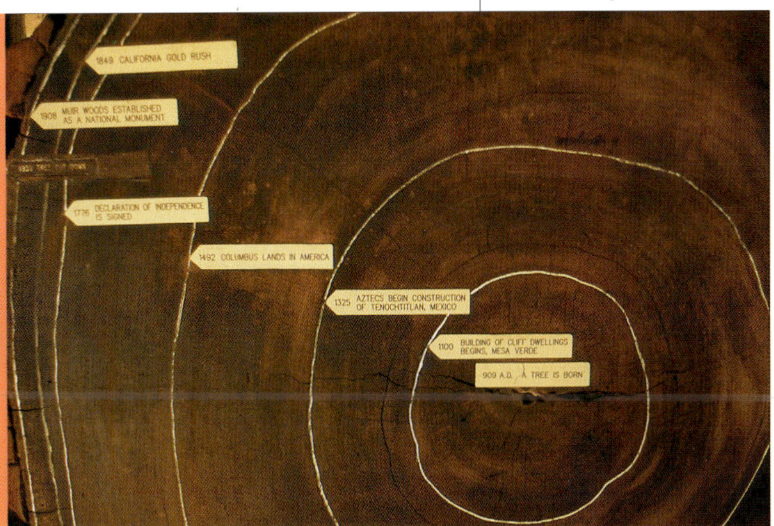

Histoire de notre histoire

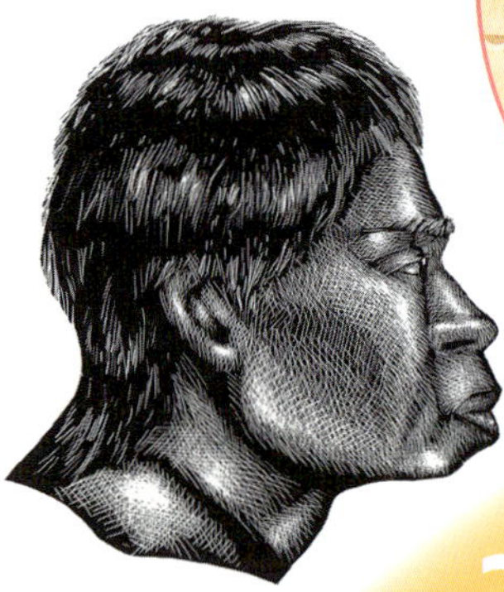

1800 1825 1834 1847 1856 1868 1879 1891 1900 1908

Néandertalien, Engis
Pliopithèque
Bifaces, Somme
Homme de Neandertal
Homme de Cro-Magnon
Grotte d'Altamira
Pithécanthrope de Java
Néandertaliens, La Chapelle-aux-Saints

L'homme est un proche cousin du chimpanzé, c'est-à-dire que nous avons un ancêtre commun ! Cette affirmation, qui valait le bûcher à son auteur il y a quelques siècles, était encore profondément scandaleuse au XIXe siècle. Face aux preuves accumulées par les paléontologues, elle est aujourd'hui admise, même si elle choque encore dans certaines sociétés.

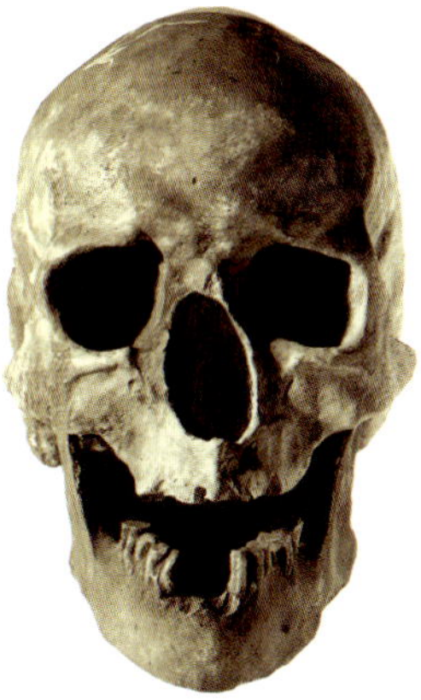

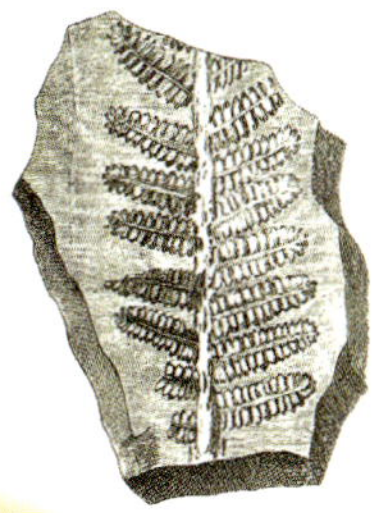

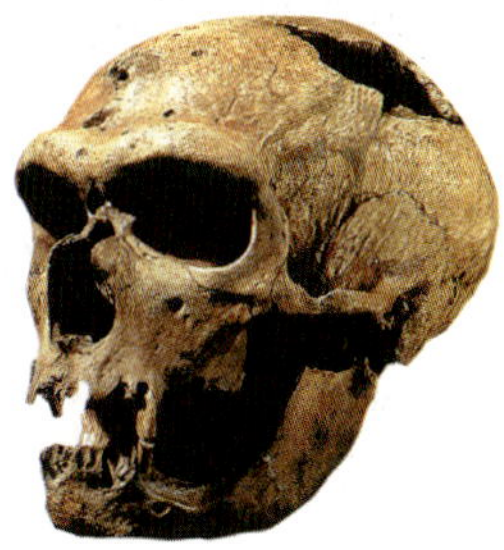

- 1924 Australopithèque de Taung
- 1929 Sinanthrope de Pékin
- 1940 Grotte de Lascaux
- 1959 Zinjanthrope d'Olduvai
- 1974 Lucy, vallée de l'Omo
- 1978 Site d'Atapuerca
- 1984 Homme de Nariokotomé
- 1994 Grotte Chauvet
- 2000 Orrorin, Kenya
- 2002 Toumaï, Tchad

Dans la nuit des temps

Chaque humain s'est un jour posé la question de nos origines : qui était le premier homme, comment est-il apparu et pourquoi ? Les mythes et les religions du monde entier proposent des réponses à ces questions, réponses multiples dont certaines remontent à plusieurs milliers d'années dans le passé.

Un livre pour trois religions

La Bible est un livre sacré pour les juifs, les chrétiens et les musulmans. Les textes de la Bible ont été longtemps considérés comme les récits d'événements réels de l'histoire du monde. Aujourd'hui encore, les croyants « fondamentalistes » de ces trois religions refusent toute affirmation qui contredirait leurs textes sacrés.

Mythes antiques

Pour les anciens Égyptiens, l'humanité était née des larmes de Rê, le dieu-soleil. Selon un autre mythe égyptien, Khnoum, le dieu des potiers, aurait façonné avec de l'argile les hommes et tous les animaux. Anaximandre, un philosophe grec du VIe siècle av. J.-C., soutenait que l'homme descendait d'un poisson comme l'ensemble des animaux terrestres. Lucrèce, un poète latin du Ier siècle av. J.-C., décrivait comment la terre avait elle-même enfanté hommes et animaux. Il précisait que cela s'était produit, il y a très longtemps, quand la terre était encore jeune et féconde.

Les fils de l'ours

Chez plusieurs peuples indiens d'Amérique du Nord, les clans familiaux étaient symbolisés par un animal : ours, castor, orque, grenouille… À l'origine, ces animaux n'étaient pas réellement distincts des hommes. Ils pouvaient se transformer et donner naissance à des lignées humaines. De même, pour les Inuits (Eskimos) de l'Arctique, les ours blancs sont les cousins des hommes. Comme eux, l'ours se nourrit de phoques et peut se tenir debout.

Le dieu égyptien Khnoum façonne l'humanité avec son tour de potier.

Adam et Ève

Le premier chapitre de la Bible, la Genèse, raconte la création du monde par Dieu. Il commence par la terre, le ciel, les animaux et les plantes. Puis il crée le premier homme, Adam, et la première femme, Ève. Ce premier couple serait à l'origine de tous les humains actuels. Pour les Églises chrétiennes, ce récit implique que tous les hommes ont la même origine et ont donc la même valeur aux yeux de Dieu.

Le pourquoi et le comment

Les chercheurs fouillent le sol à la recherche de notre histoire. Ils essaient de comprendre comment les choses se sont passées, comment des singes se sont transformés en hommes et comment ces hommes se sont répandus sur la Terre entière. Les religions cherchent plutôt à expliquer pourquoi les hommes sont sur la Terre. Science et religion appartiennent en fait à deux domaines différents de la pensée humaine. Ces deux domaines se rejoignent parfois mais, si l'un empiète sur l'autre, les conflits sont inévitables, par exemple lorsque la religion veut imposer une histoire qui ne correspond pas aux preuves fossiles.

Adam et Ève au paradis, selon la Bible.

Gravures de fossiles (XVIIIe siècle).

Autour du Déluge

Avant de pouvoir débattre de l'origine de l'homme, les premiers naturalistes ont dû franchir deux obstacles. Il fallait d'abord admettre que l'histoire des êtres vivants est encore inscrite dans le sol, sous la forme des fossiles. Il fallait aussi accepter l'idée que l'homme partage cette histoire avec les animaux.

Des fossiles embarrassants

Depuis l'Antiquité, les fossiles fascinent les hommes. Sont-ils des animaux qui ont vécu dans le passé et se sont transformés en pierre ? Sont-ils de simples jeux de la nature, produits par la terre elle-même ? Pendant des siècles, c'est cette idée qui s'impose : la religion catholique refuse que des espèces animales aient pu être créées puis détruites alors que la Bible ne décrit qu'un processus de création. Finalement, il devient évident que les fossiles proviennent d'êtres vivants, mais la Bible fournit encore une explication : ce sont les restes des animaux noyés lors du Déluge.

Le Déluge biblique

Selon la Bible, Dieu fit pleuvoir pendant 40 jours pour punir l'humanité qui se détournait de lui. Les eaux recouvrirent la Terre entière, noyant hommes et bêtes. Sur les conseils de Dieu, Noé avait construit une arche, un grand bateau, et y avait installé un couple de chaque espèce animale. Lorsque l'inondation cessa, ces animaux repeuplèrent la Terre. De même l'humanité se reconstitua grâce à la famille de Noé qui avait elle aussi survécu.

Représentation contemporaine de l'arche de Noé.

Multiples déluges

Mais au XVIIIe siècle, il apparaît que cette « explication » ne suffit pas. Dans certaines roches, on trouve des fossiles d'animaux qui n'existent nulle part et qui auraient donc totalement disparu. De plus, les fossiles diffèrent beaucoup selon les régions et selon les roches. Il faut alors supposer qu'il s'est produit plusieurs déluges successifs, suivis par autant de créations de nouveaux animaux. L'explication paraît bien compliquée et surtout ne repose sur aucune preuve. À cette époque, le pouvoir de l'Église sur la société diminue, et des idées en contradiction avec la Bible commencent à s'exprimer.

Lamarck, l'un des premiers naturalistes à soutenir l'idée d'évolution.

Transformation d'un quadrumane

Certains naturalistes se demandent si les espèces animales ne se seraient pas transformées au cours du temps. Dans sa théorie du « transformisme », Lamarck (1744-1829) suppose que les êtres vivants se modifient sous la pression de l'environnement. Il imagine même que l'homme pourrait descendre d'une espèce de « quadrumane », c'est-à-dire des singes ! Mais les mécanismes qu'il propose pour expliquer ces transformations ne convainquent pas les autres naturalistes.

Johann Scheuchzer et sa salamandre géante.

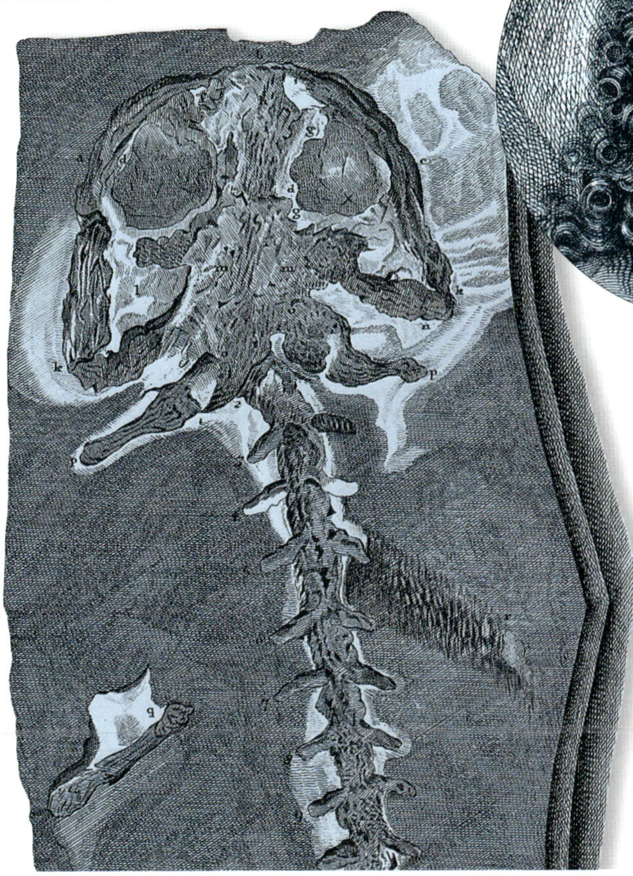

L'HOMME-SALAMANDRE

En 1708, Johann Scheuchzer, chanoine et médecin suisse, décrit un fossile comme les restes d'un homme noyé lors du Déluge. Cet « homme témoin du déluge » était en fait une salamandre, comme le démontre Cuvier en 1811.

Inventeurs de la préhistoire

Cuvier a décrit des centaines de fossiles d'animaux disparus mais refusait l'idée d'évolution.

Au XIXe siècle, les idées transformistes gagnent du terrain. Cependant, certains naturalistes admettent que les animaux ont évolué mais pas les hommes. D'autres se lancent à la recherche de l'« homme fossile ».

Squelettes ignorés

Cuvier (1769-1832), un des plus grands anatomistes de l'époque, affirme : « Il n'y a point d'os humains fossiles. » Il est vrai que les naturalistes n'avaient pratiquement trouvé que des animaux fossiles. Les fouilles se multiplient en France, en Angleterre, en Allemagne. Le sol des grottes livre des outils, des haches, des ossements d'apparence humaine associés à des os d'animaux disparus comme le mammouth ou l'ours des cavernes. Cependant, les quelques squelettes humains découverts ne sont pas reconnus comme ceux d'hommes préhistoriques car ils semblent trop proches des nôtres.

Hommes fossiles, singes fossiles

En 1834, Édouard Lartet (1801-1871), un avocat passionné par l'étude des ossements fossiles, trouve une mâchoire ressemblant à celle d'un gibbon. C'est le premier vestige d'un singe fossile, qu'il nomme pliopithèque (« singe du Pliocène », une époque de l'ère tertiaire). Par la suite, en 1856, il découvre une deuxième mâchoire encore plus semblable à celle d'un grand singe qu'il nomme dryopithèque (« singe des chênes »). Alors, s'il existe des singes fossiles, pourquoi pas un homme ?

Reconstitution du pliopithèque.

Un « homme des bois », une espèce imaginaire (XVIIIe siècle).

L'âge de pierre

Édouard Lartet propose une première division des temps préhistoriques : l'âge de pierre, suivi de l'âge des métaux. Il divise l'âge de pierre en époques du grand ours et du mammouth (espèces disparues), époque du renne (espèce ayant disparu d'Europe de l'Ouest et migré vers le nord) et époque de la pierre polie (domestication des animaux). On retrouve ces termes dans les romans préhistoriques de J. H. Rosny aîné, comme *La Guerre du feu*.

L'homme antédiluvien

C'est le douanier Jacques Boucher de Perthes (1788-1868) qui fonde les bases de la préhistoire. Pendant près de 10 ans, il fouille les carrières de la Somme dans lesquelles il trouve des milliers de silex et d'os de grands mammifères. Il publie un premier livre en 1847, dédaigné par les savants qui considèrent l'auteur comme un amateur. Dans sa volonté de convaincre, Boucher de Perthes mélange en effet les objets « antédiluviens » (c'est-à-dire « d'avant le Déluge ») et les antiquités « celtiques », bien plus récentes. En 1859, après la publication d'un deuxième livre, il parvient à intéresser les savants anglais qui reconnaissent l'ancienneté des outils qu'il a trouvés. Les savants français sont finalement convaincus et créent la même année la société d'anthropologie (« étude de l'homme ») de Paris.

Différents bifaces datant du paléolithique.

À partir de 1837, Boucher de Perthes accumule les preuves de l'existence d'un homme « antédiluvien ».

Les premiers faux

Avant même la naissance officielle de la préhistoire, apparaissent de faux objets préhistoriques ! Les ouvriers des carrières embauchés par Boucher de Perthes pour trouver des outils de silex trouvaient plus simple d'en tailler eux-mêmes pour les lui vendre !

Scandale en Angleterre

Le retour d'Adam et Ève
Dans certains pays, la théorie de Darwin est toujours jugée aussi scandaleuse. Aux États-Unis, les milieux protestants fondamentalistes veulent interdire qu'elle soit enseignée dans le secondaire. Des procès agitent régulièrement l'opinion publique sur ce thème. De même, certains pays islamiques interdisent la théorie de l'évolution comme contraire à l'enseignement du Coran.

Parallèlement aux premières découvertes des préhistoriens, les naturalistes cherchent à expliquer la diversité des animaux actuels. En Angleterre, un simple livre fait l'effet d'une véritable bombe. Son impact se fera sentir jusqu'à nos jours et dans le monde entier, bien au-delà du petit cercle des savants.

Darwin à l'époque de la publication de *De l'origine des espèces*.

De l'origine des espèces

En 1859, le naturaliste anglais Darwin (1809-1882) publie *De l'origine des espèces*, un livre dans lequel il expose sa théorie sur les mécanismes de l'évolution des êtres vivants. Pour lui, toutes les espèces se transforment au cours du temps sous l'effet de la sélection naturelle. Pour éviter de choquer le lecteur, il n'affirme pas que l'homme lui aussi a subi une évolution mais cela se déduit aisément de son livre. Par la suite, il émettra l'hypothèse que l'homme est apparu en Afrique, puisque c'est là que vivent ses plus proches cousins, gorilles et chimpanzés.

Il n'est pas si facile d'admettre que le gorille est notre cousin !

Réactions de rejet

Le livre de Darwin provoque un scandale qui s'exprime jusque dans les quotidiens de l'époque. Pour les milieux religieux, Darwin attaque directement leurs croyances puisqu'il nie l'enseignement de la Bible.

Pour certains naturalistes, les mécanismes de l'évolution s'appliquent très bien aux animaux mais pas du tout à l'homme qui doit nécessairement avoir une origine différente ! Cependant, la plupart des biologistes admettent la nouvelle théorie qui donne enfin une clé pour comprendre le monde vivant.

Caricature de Darwin, parue en 1871.

Une théorie qui dérange

Ce n'est pas simplement l'idée d'avoir des ancêtres singes qui dérange. Le mécanisme que propose Darwin pour expliquer l'évolution remet en question une vision du monde très courante. Il faut en effet abandonner l'idée d'une nature harmonieuse dans laquelle les espèces se transforment dans le but de mieux s'adapter à leur environnement. Darwin décrit au contraire une nature indifférente qui élimine les individus mal adaptés et ne garde que ceux qui sont par hasard capables de survivre et de se reproduire. L'homme, cette magnifique créature, serait donc apparu « par hasard ». Rude coup pour notre orgueil !

C'est presque toujours pour des raisons religieuses que l'idée d'évolution est rejetée.

Variation et sélection

Pour Darwin, deux mécanismes fondamentaux expliquent l'évolution. Le premier est la variation : dans chaque espèce, les individus diffèrent les uns des autres par la taille, la couleur, la rapidité, etc. Ces différences apparaissent par hasard. Le deuxième mécanisme est la sélection : parmi tous les individus, certains sont mieux adaptés à leur environnement, vivent plus longtemps et ont plus de descendants que les autres. L'environnement sélectionne les variations favorables et élimine les autres. Si les conditions changent, la sélection s'oriente différemment, provoquant une transformation des espèces. Cette théorie a été modifiée et complétée depuis Darwin, mais dans l'ensemble reste valide pour la plupart des biologistes aujourd'hui.

La course à l'os

Une famille de Cro-Magnon, telle qu'on l'imaginait à la fin du XIXe siècle.

Au cours de la seconde moitié du XIXe siècle, une véritable course aux fossiles humains s'organise dans toute l'Europe. Après les hommes antédiluviens, on cherche les « hommes-singes » dont l'existence est suggérée par la théorie de l'évolution.

Un homme ancien

En 1856, le débat est ouvert avec la découverte d'un squelette dans la vallée de la Neander (Neandertal) en Allemagne. Avec ses os épais et son crâne muni d'une « visière » au-dessus des orbites, il ne fait pas l'unanimité. Certains le considèrent comme un homme moderne atteint d'arthrose et de malformations congénitales, d'autres comme un cosaque mort en 1814. Au contraire, certains voient en lui la première preuve de l'existence d'hommes préhistoriques. Lyell, un célèbre géologue anglais, le nomme *Homo neanderthalensis* (homme de Neandertal). La découverte d'autres vestiges, notamment de squelettes entiers, lève les derniers doutes : il s'agit bien d'un homme différent de nous et qui nous a précédés.

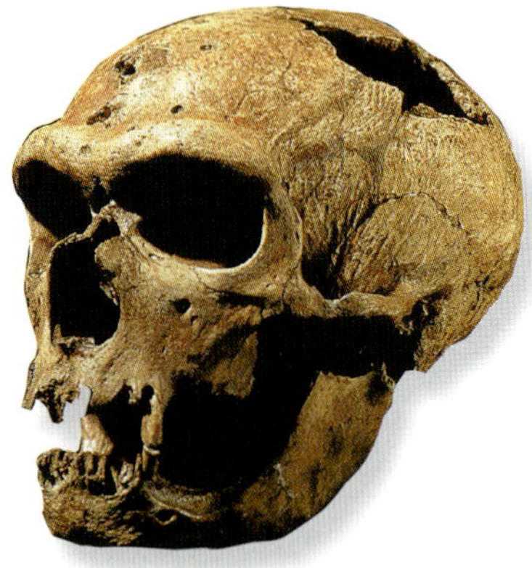

L'homme de Neandertal.

Un homme moderne

En 1868, c'est la France qui fait la une des journaux. À l'occasion de travaux de construction d'une voie de chemin de fer, on découvre des sépultures très anciennes au lieu-dit de Cro-Magnon, près du village des Eyzies en Dordogne. Il s'agit de cinq squelettes d'hommes semblables aux hommes actuels. Mais leur ancienneté est évidente car ils sont associés à des outils de pierre taillée.

L'homme de Cro-Magnon.

RACES OU PRÉJUGÉS ?

Chaque découverte est alors l'occasion de définir une « race ». L'homme de Cro-Magnon devient l'ancêtre de la « race blanche », l'homme de Grimaldi, celui de la « race noire » et l'homme de Chancelade, l'ancêtre des Eskimos ! Cette pensée « raciale », en fait simplement raciste, est totalement abandonnée aujourd'hui.

L'homme de Grimaldi.

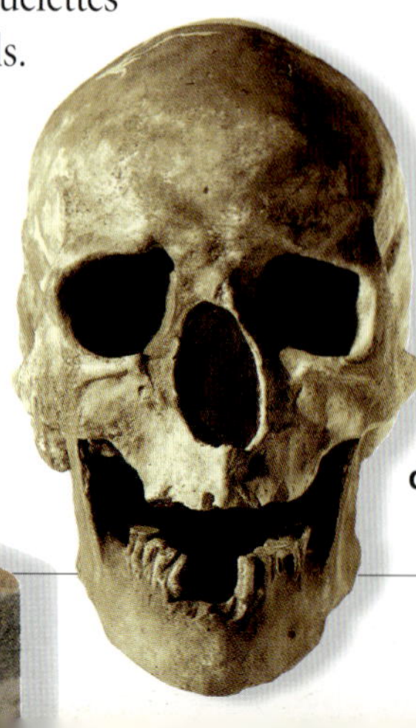

L'homme de Chancelade.

Un berceau européen

Cette course à l'os se déroule sur fond de rivalités nationales. La quête du premier homme masque en effet une question plus « grave » : l'homme est-il né en France, en Angleterre ou en Allemagne ? À l'époque du colonialisme triomphant, il est impensable qu'il ait pu naître ailleurs que dans une des nations qui se considèrent elles-mêmes comme à la pointe de la civilisation ! Chacun cherche donc l'homme le plus ancien possible. Comme il n'existe pas de méthode de datation, les controverses sont inévitables. La plupart des préhistoriens de la fin du XIXe siècle (et jusqu'à la Deuxième Guerre mondiale) s'inspirent de l'histoire récente de l'Europe pour décrire le passé de l'homme : ils interprètent ainsi les différences anatomiques entre les fossiles comme les preuves d'une succession d'invasions de l'Europe par des peuples venus de l'est.

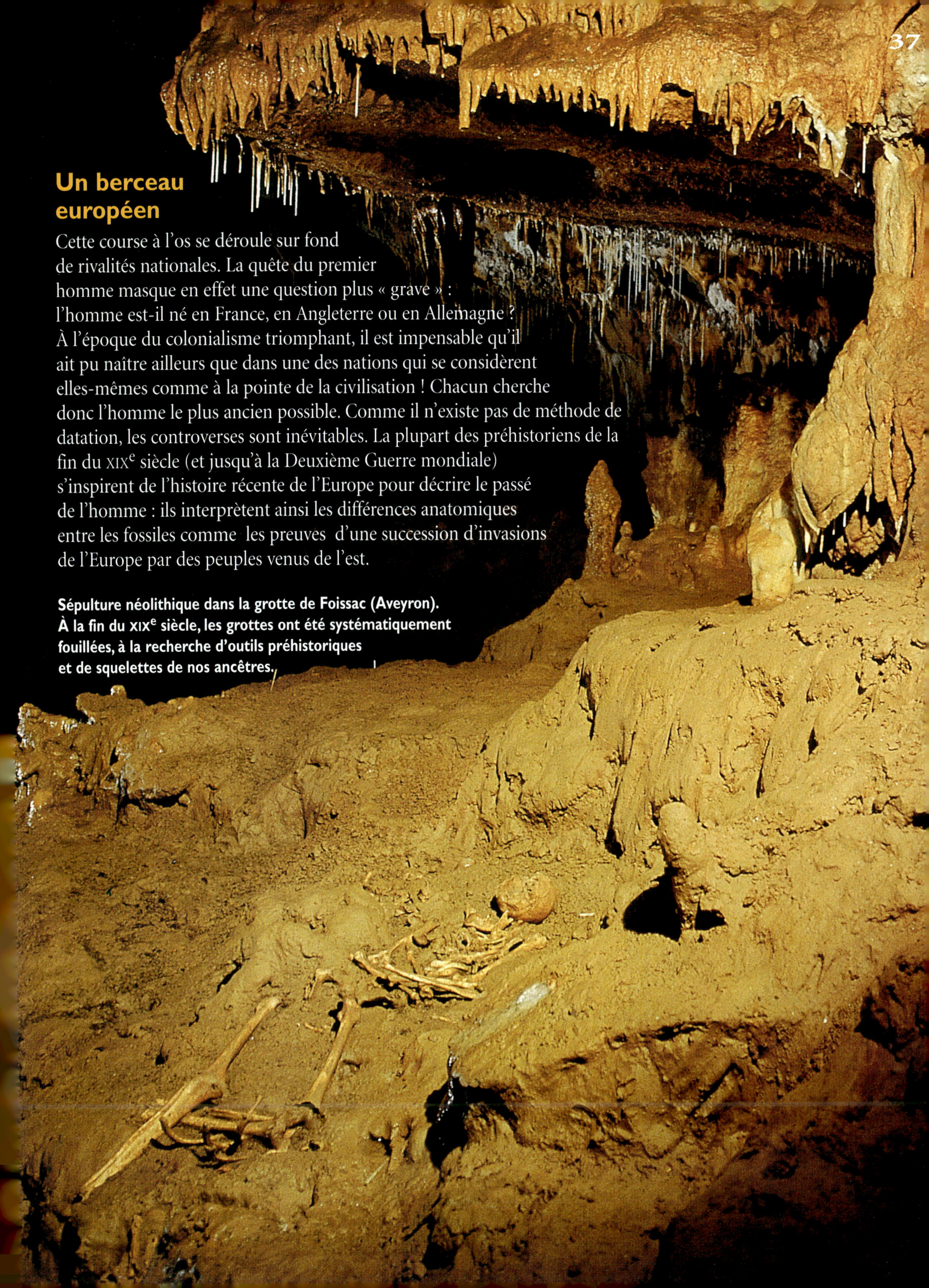

Sépulture néolithique dans la grotte de Foissac (Aveyron). À la fin du XIXe siècle, les grottes ont été systématiquement fouillées, à la recherche d'outils préhistoriques et de squelettes de nos ancêtres.

Un crâne sous le plancher

L'Asie serait-elle le berceau de l'homme ? L'Europe ne semble livrer aucun fossile véritablement intermédiaire entre le singe et l'homme. Certains préhistoriens se tournent alors vers l'Asie. L'homme aurait bien pu apparaître sur cet immense continent.

Eugène Dubois.

Intuition

Eugène Dubois (1858-1940), jeune médecin militaire néerlandais, se fait nommer à Java dans le but de trouver des preuves de l'origine asiatique de l'homme. En 1891, il entreprend des fouilles le long de la rivière Solo. Après des mois de travail, il trouve une calotte crânienne puis, à quelques dizaines de mètres, un fémur d'aspect humain.

Homme-singe ou singe-homme ?

La calotte laisse supposer que le crâne avait une capacité de 800 cm³, soit une valeur intermédiaire entre celle de l'homme (1 400 cm³) et celle du chimpanzé (400 cm³). En revanche, le fémur prouve selon Dubois que cet être se tenait parfaitement droit. Il pense donc tenir là l'intermédiaire entre le singe et l'homme, le « chaînon manquant » tant espéré. Il le nomme *Pithecanthropus erectus*, le « singe-homme debout ».

Le pithécanthrope tel qu'on l'imaginait en 1900, avec des pieds proches de ceux du singe.

Calotte crânienne du pithécanthrope.

Les fouilles de Dubois, sur les berges de la rivière Solo.

Controverses

Le pithécanthrope n'est pas bien accueilli par la communauté des préhistoriens qui attendaient un être à gros cerveau se déplaçant comme un singe, et non un bipède à petit crâne. Après des années de débats et de controverses, Dubois rentre chez lui et enferme le crâne dans une boîte qu'il cache sous son plancher. C'est pourtant le premier ancêtre « plausible » qui ait été trouvé.

LE PITHÉCANTHROPE AUJOURD'HUI

Les fossiles de Dubois ont été réexaminés. La calotte crânienne est bien celle d'un homme préhistorique, appelé aujourd'hui *Homo erectus* (« homme debout ») car il est en fait plus proche des hommes actuels que des singes. En revanche, le fémur paraît être bien plus récent et appartiendrait à un *Homo sapiens*, l'homme moderne.

Au début du XXe siècle, les préhistoriens se changeaient souvent en maîtres de conférences…

Le chaînon imaginaire

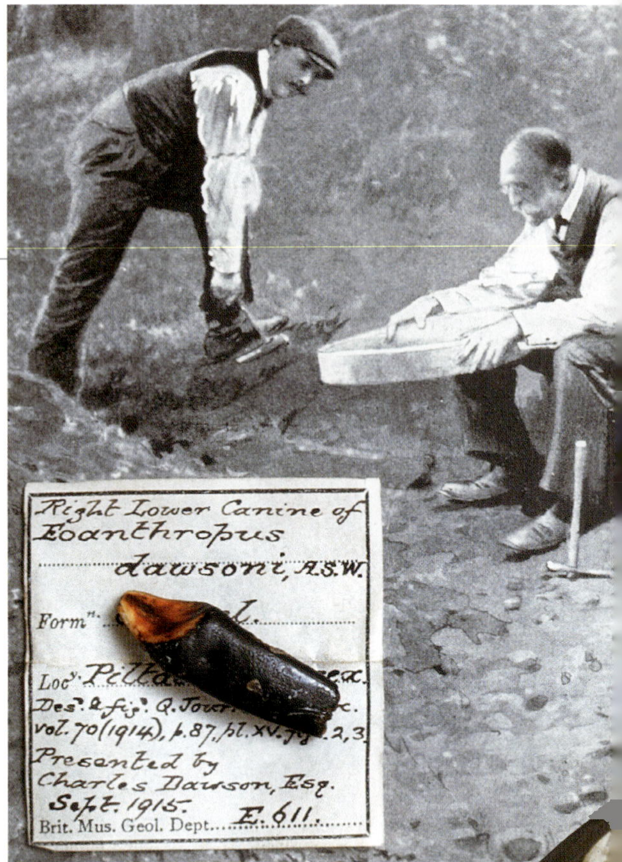

Canine attribuée à l'*Eoanthropus*, en fait celle d'un orang-outan.

LE CHAÎNON ABANDONNÉ

La recherche du « chaînon manquant » resurgit régulièrement dans la presse. En fait, tous les fossiles découverts sont des « chaînons manquants », et il en manquera toujours ! De plus, on pense maintenant que l'évolution de l'homme n'est pas une simple chaîne qui lie un singe ancêtre à l'homme d'aujourd'hui mais un buisson touffu comportant de nombreuses espèces et donc des quantités de « chaînons manquants ».

Pendant près d'un siècle, les préhistoriens ont cherché le « chaînon manquant », un être qui serait intermédiaire entre le singe et l'homme. Trouvant qu'il se faisait trop attendre, des farceurs ou des escrocs de la science en ont même inventé !

L'homme de l'aube

En 1912, l'archéologue amateur Charles Dawson découvre un crâne et une mâchoire dans une gravière près de Piltdown, en Angleterre. Le crâne semble presque humain alors que la mâchoire possède des caractéristiques simiennes très marquées. Dawson nomme son fossile *Eoanthropus*, l'« homme de l'aube ».

Trop beau pour être vrai

Ce nouveau fossile est exactement celui que l'on attendait : un crâne assez gros et une mâchoire de singe, donc probablement un corps peu évolué. L'apparition de l'homme avait commencé par la croissance du cerveau et cela s'était produit en Angleterre ! Mais tout le monde n'était pas d'accord car le fossile présentait des bizarreries. Il était presque trop beau !

Un groupe de savants anglais examinent le crâne de Piltdown. Dawson est le troisième à partir de la gauche.

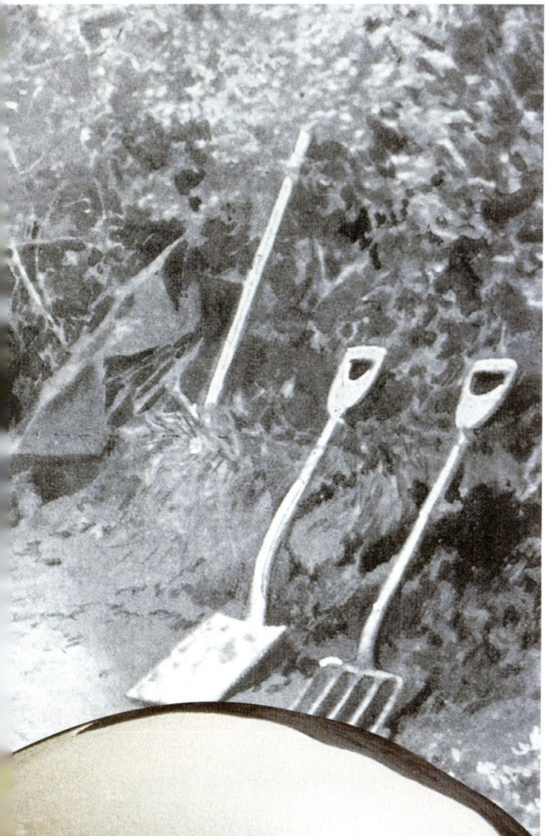

Dawson et un de ses collègues sur le site de Piltdown.

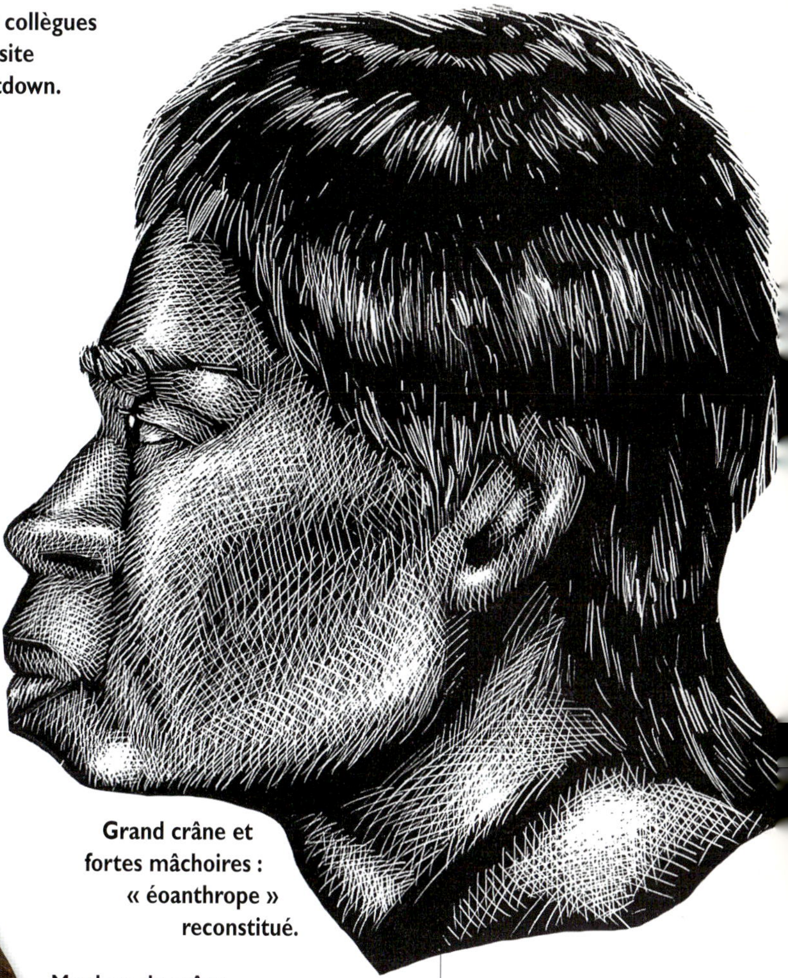

Grand crâne et fortes mâchoires : « éoanthrope » reconstitué.

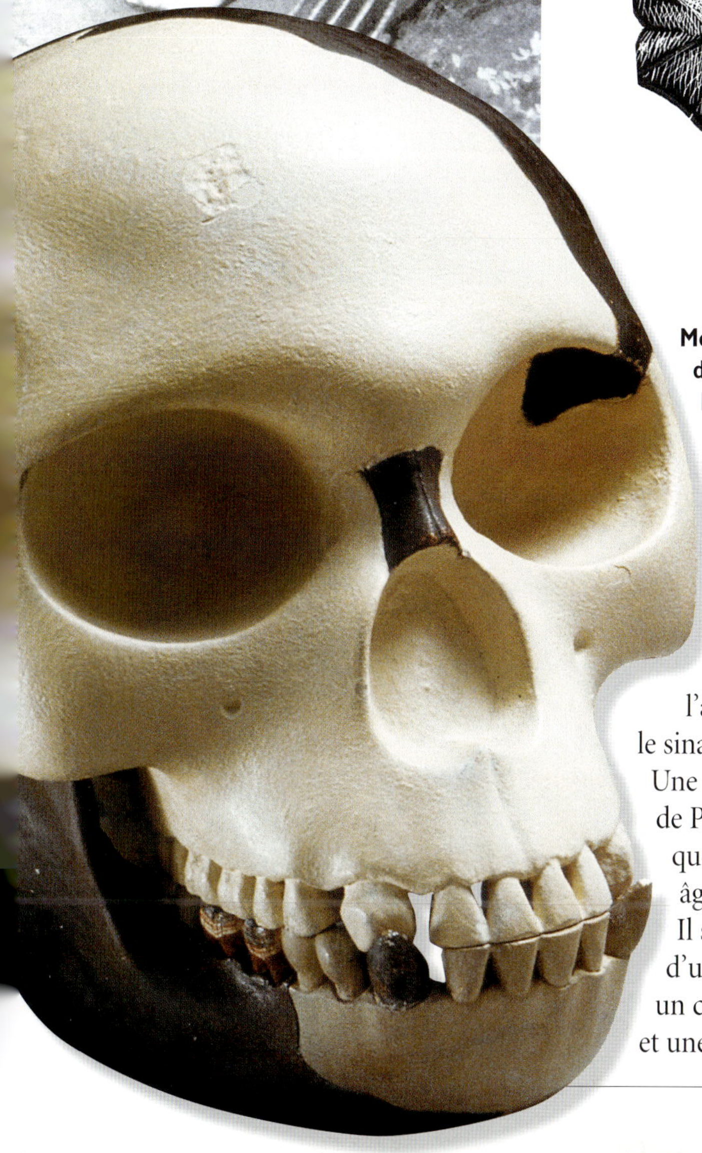

Moulage du crâne de Piltdown (en noir, les parties manquantes).

Un gêneur oublié

Finalement ce fossile problématique est laissé de côté car il ne s'intègre pas du tout aux autres découvertes : l'australopithèque en 1924, le sinanthrope en 1926, etc. Une analyse chimique du crâne de Piltdown révèle en 1954 que le crâne n'a pas le même âge que la mâchoire. Il s'agissait en fait d'une supercherie associant un crâne humain actuel et une mâchoire d'orang-outan !

UNE FARCE SANS FARCEUR

On ne sait toujours pas qui a monté la supercherie de l'homme de Piltdown. Dawson est probablement à l'origine de la mystification, mais il a dû être aidé. Parmi les protagonistes de l'affaire apparaît le père Teilhard de Chardin, futur célèbre préhistorien. Était-ce une simple farce d'étudiant, qui n'a pas pu être dévoilée devant l'ampleur prise par la « découverte », ou bien une véritable fraude scientifique ?

Moisson d'ancêtres

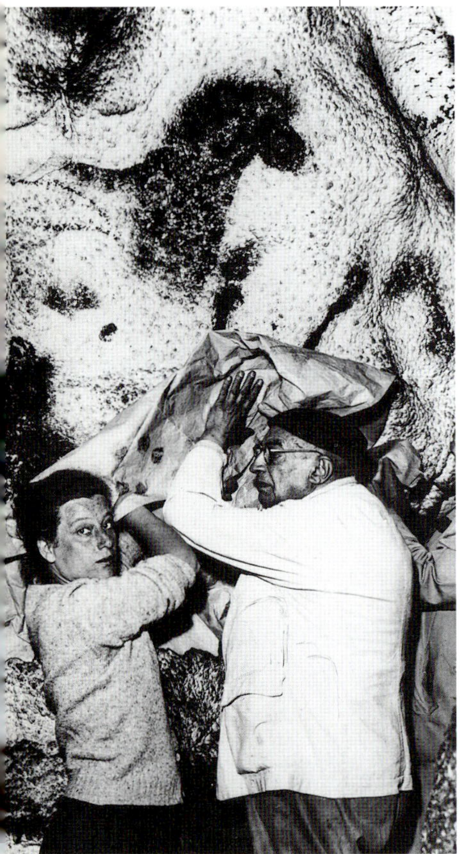

Relevé de chevaux à Lascaux par l'abbé Breuil, en 1940.

Grâce aux fouilles entreprises sur trois continents, notre arbre généalogique commence à prendre forme. Chaque découverte complète les précédentes mais contredit certaines affirmations. Les théories émises à propos de nos ancêtres se succèdent rapidement !

Les premiers artistes

Les peintures préhistoriques d'Altamira (Espagne) étaient connues depuis 1879 mais leur authenticité était mise en doute. La découverte de la grotte de Lascaux, en 1940, confirme avec éclat que l'homme préhistorique n'était pas la brute simiesque que l'on décrivait parfois. L'homme de Cro-Magnon enterrait ses morts et peignait des œuvres magnifiques, témoignant ainsi d'une riche vie spirituelle.

Le singe du Sud

En 1924, un petit crâne dérange tellement les certitudes des savants qu'il restera presque ignoré pendant plusieurs décennies. Trouvé dans une carrière d'Afrique du Sud, il est décrit par Raymont Dart qui présente ce jeune hominidé comme un possible ancêtre de l'homme. Il le nomme *Australopithecus africanus*, c'est-à-dire « singe du Sud africain ». Sa découverte ne sera reconnue à sa juste valeur qu'au cours des années 50, quand l'Afrique devient un des terrains de chasse préférés des paléoanthropologues.

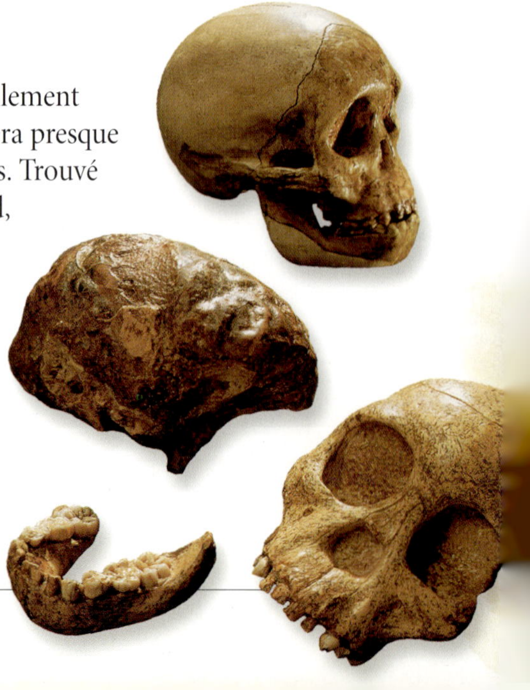

Ci-contre, le crâne découvert près de Taung, Afrique du Sud, en 1924.

Les peintures de la grotte de Lascaux révèlent les capacités artistiques des hommes d'il y a 20 ou 30 000 ans.

La piste chinoise

Un moulage du crâne du sinanthrope.

En 1929, c'est de Chine que vient la nouveauté : un crâne qui ressemble beaucoup à celui du pithécanthrope de Java, mais presque complet. Découvert dans une grotte près du village de Zhoukoudian, il est appelé *Sinanthropus* (« homme de Chine »). Ce fossile et de nombreuses autres pièces trouvées dans la grotte disparaissent lors de la Deuxième Guerre mondiale et n'existent plus que sous la forme de moulages.

Le singe tueur

Avec la découverte de l'australopithèque, Dart propose une nouvelle version de l'évolution du singe vers l'homme. Pour lui, l'australopithèque est un « singe tueur », le premier singe vraiment carnivore, qui chasse et se nourrit de ses proies. C'est ainsi qu'il explique l'origine de l'agressivité humaine. Aujourd'hui, on considère que les australopithèques étaient plutôt omnivores ou herbivores.
On sait aussi que les chimpanzés se montrent capables de chasser en groupe de petits singes. On ne peut donc expliquer l'évolution de l'homme par l'apparition de la chasse.

Un siècle de fouilles

Au cours de la seconde moitié du XXe siècle, les paléontologues se tournent vers de nouveaux terrains de chasse. La science et la technique investissent les sites de fouilles, révolutionnant la recherche en paléontologie humaine.

La science investit les sites

Les techniques de fouilles sont plus lentes mais bien plus rigoureuses qu'autrefois. On essaie de ne perdre aucune des informations que peut livrer un site. Grâce aux diverses méthodes de datation, on peut souvent donner un âge aux fossiles. La microscopie électronique permet d'analyser les plus infimes détails sur les objets trouvés. Avec la génétique, les chercheurs disposent d'un nouvel outil pour reconstituer les généalogies.

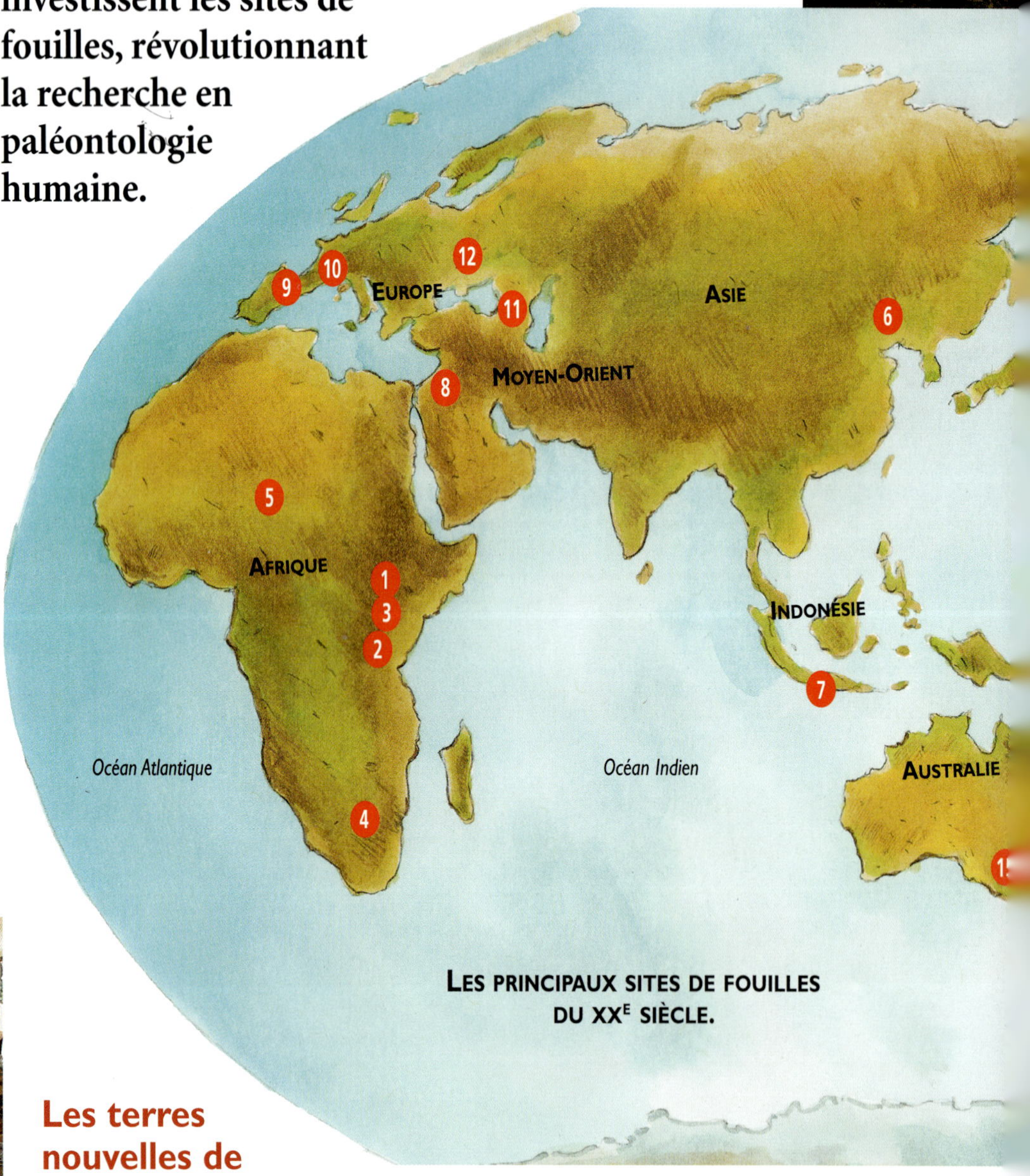

Les principaux sites de fouilles du XXe siècle.

Relevé de l'emplacement des objets trouvés sur un site.

Les terres nouvelles de la préhistoire

L'Europe de l'Ouest puis l'Asie (Chine et Indonésie) et l'Afrique (au sud puis à l'est) font toujours l'objet de nombreuses fouilles. Les chercheurs s'intéressent aussi à de nouvelles régions : Afrique centrale, Amérique du Sud, Australie, Sibérie, etc.

Un site semi-désertique de la Rift Valley (Tanzanie).

Compter le temps

Jusqu'en 1950, les datations étaient relatives, c'est-à-dire qu'elles situaient les couches de terrain les unes par rapport aux autres. Cela permettait de les classer des plus anciennes aux plus récentes mais sans leur donner un âge absolu. Les premières datations au carbone 14 datent des années 50. Avec les nouvelles techniques, il devient alors plus facile de dater les sites, au moins par comparaison avec d'autres sites d'âge connu.

De la tige au buisson

Les découvertes s'accumulant, il devient possible de regrouper les fossiles en quelques catégories et de construire une généalogie simple où l'on place à la suite les unes des autres les différentes espèces qui ont été décrites, des australopithèques à l'homme de Cro-Magnon. Les plus anciennes sont simplement les ancêtres des plus récentes. Certaines découvertes exigent cependant que l'on crée un embranchement là où on ne pensait voir qu'une simple tige. À partir des années 80, les découvertes s'accélèrent et la tige devient un buisson touffu avec de multiples espèces.

Avant les hommes

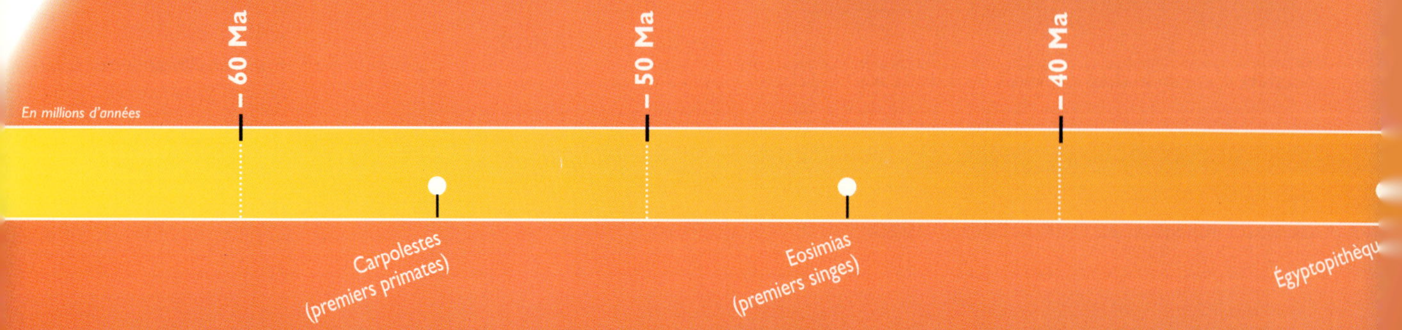

On dit souvent que l'homme descend du singe, mais de quel singe ? Il en existe près de 150 espèces différentes, des minuscules ouistitis aux étonnants hamadryas. Les chimpanzés, les gorilles et les orangs-outans sont les plus grands d'entre eux. Ils n'ont pas de queue et se déplacent parfois sur deux jambes. On les appelle singes hominoïdes, ce qui signifie « à forme d'homme », car ce sont eux qui nous ressemblent le plus. Comme ils sont nos contemporains, ils peuvent être nos cousins mais certainement pas nos grands-parents !

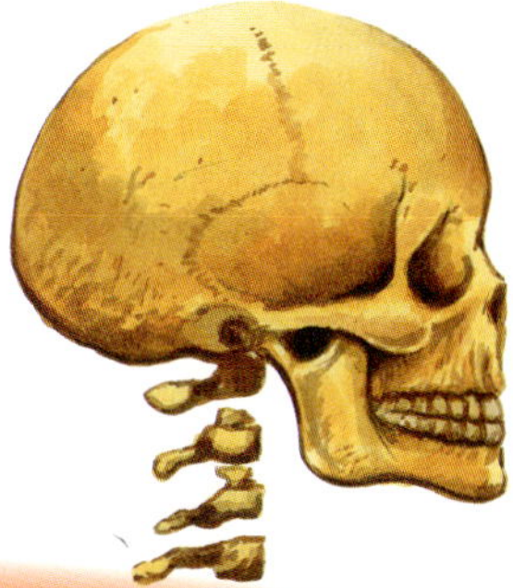

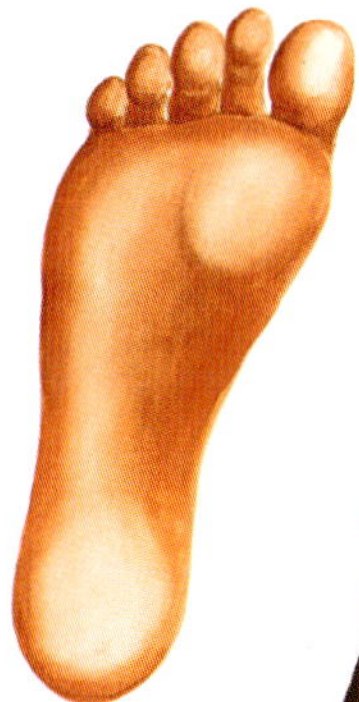

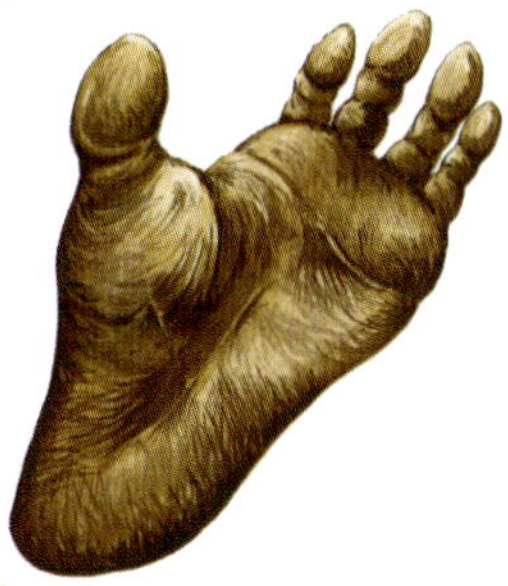

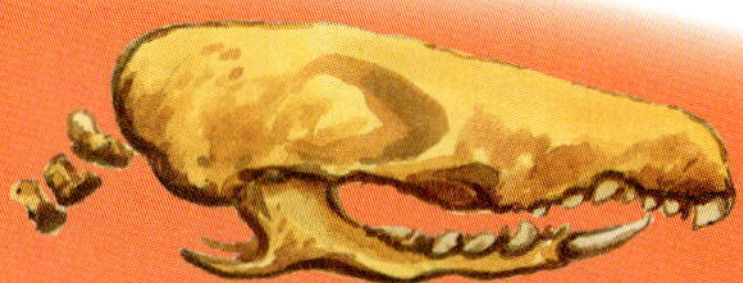

56 Toumaï et Orrorin

58 Debout !

60 Une démarche d'avenir

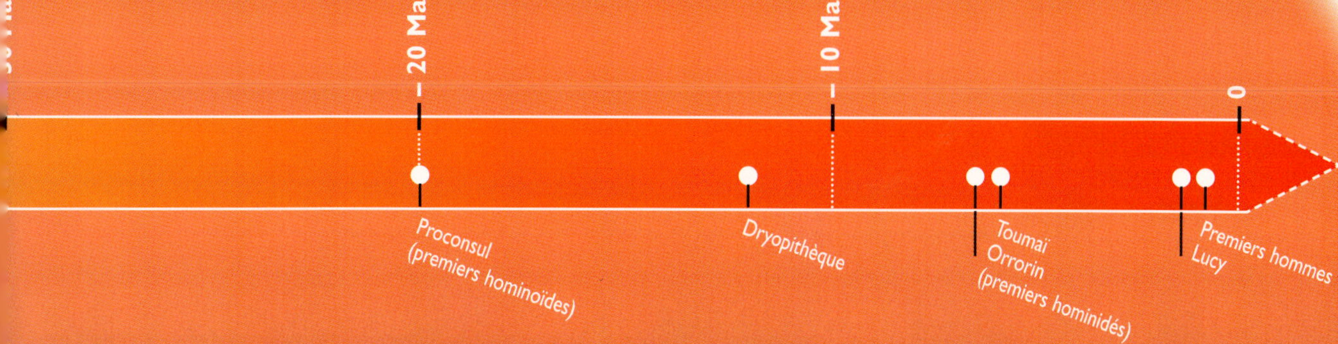

Chimpanzé.

Nos chers cousins

Parmi tous les animaux actuels, celui auquel nous ressemblons le plus est le chimpanzé. Ce n'est pas le fait du hasard : nous descendons d'un même ancêtre comme le révèle l'étude de nos gènes.

Homme.

L'arbre des gènes

Si l'on compare les gènes des animaux, on constate que deux animaux proches (par exemple le chat et le lion) ont des gènes similaires. Les gènes de deux animaux appartenant à des groupes éloignés (le chat et l'abeille) se ressemblent moins. On peut construire un arbre qui réunit les animaux selon la ressemblance de leurs gènes. Cet arbre ressemble très précisément à l'arbre généalogique des animaux fondé sur leur apparence et leur anatomie.

Gorille.

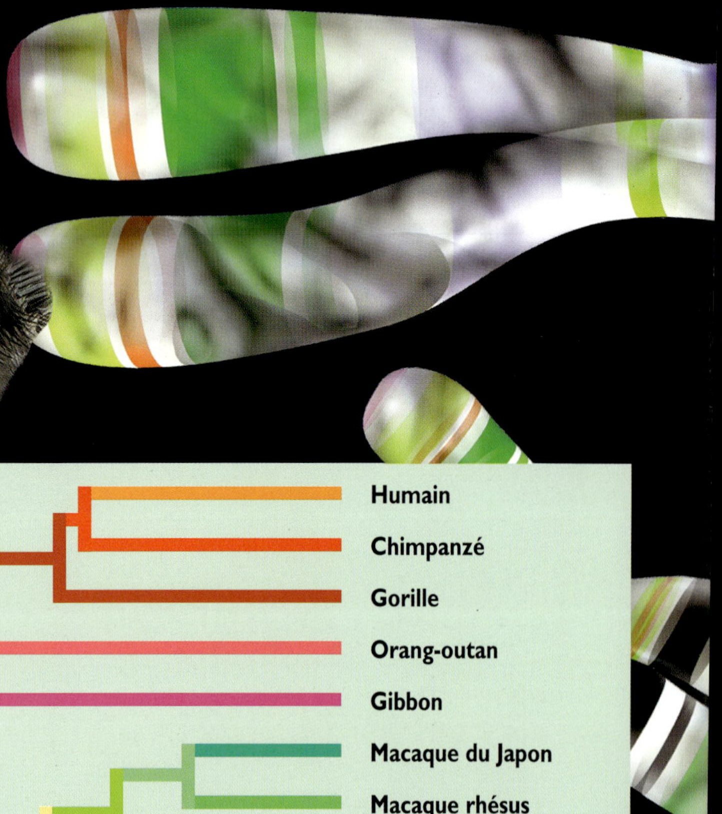

De lourdes menaces pèsent sur nos cousins : chasse, destruction de leur milieu naturel… S'ils disparaissaient, ce serait toute une partie de notre histoire qui serait détruite à jamais.

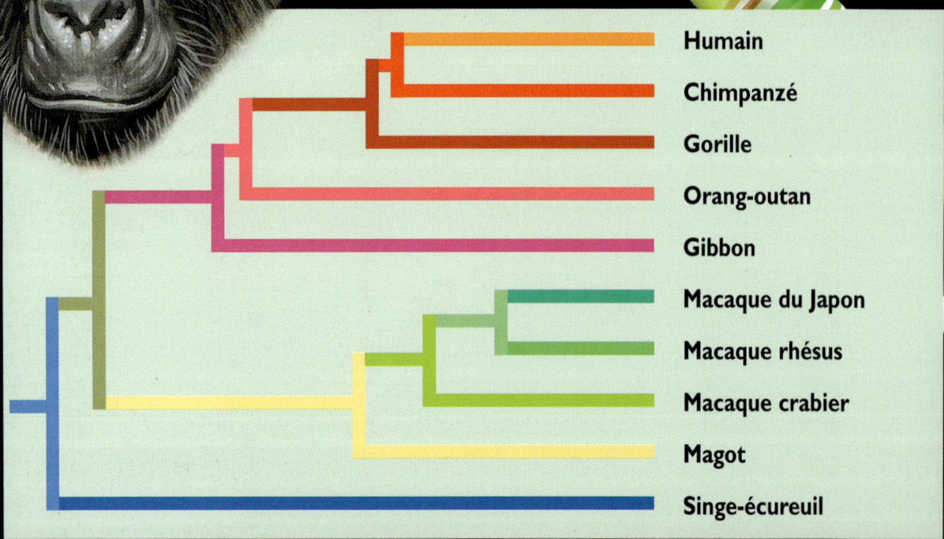

Cet « arbre » est construit d'après une partie de l'ADN de quelques primates. Quand leur ADN se ressemble, 2 espèces sont situées sur 2 ramifications de la même branche. Les macaques sont tous réunis, de même que les grands singes et l'homme. Le singe-écureuil est situé à part, ce qui est normal puisque c'est un singe d'Amérique, appartenant à une famille très différente des autres.

Différence : 1,3 %

Plus les animaux sont proches, plus ils ont de gènes en commun. Les gènes humains sont à 40 % identiques à ceux des bactéries et à 90 % à ceux d'une souris. Les humains ont 98,7 % de leurs gènes en commun avec les chimpanzés ! Même s'ils sont importants, les gènes qui nous distinguent d'un chimpanzé ne sont donc pas nombreux ! Ce sont probablement des gènes impliqués dans le développement, au tout début de notre vie. Des biologistes ont aussi repéré des différences dans l'activité des gènes, notamment dans le cerveau.

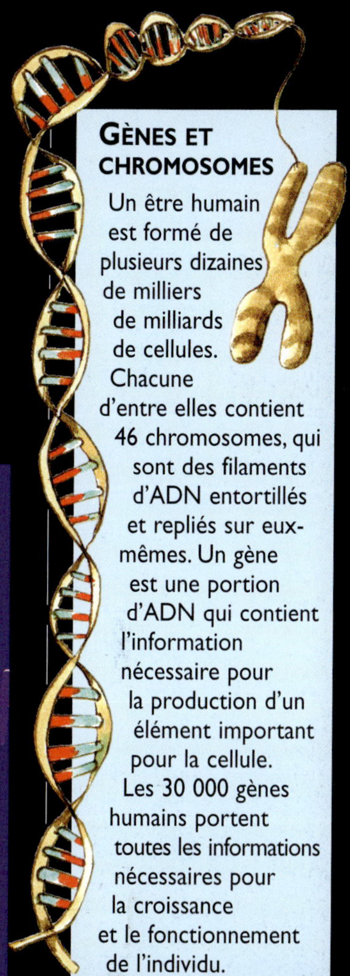

GÈNES ET CHROMOSOMES

Un être humain est formé de plusieurs dizaines de milliers de milliards de cellules. Chacune d'entre elles contient 46 chromosomes, qui sont des filaments d'ADN entortillés et repliés sur eux-mêmes. Un gène est une portion d'ADN qui contient l'information nécessaire pour la production d'un élément important pour la cellule. Les 30 000 gènes humains portent toutes les informations nécessaires pour la croissance et le fonctionnement de l'individu.

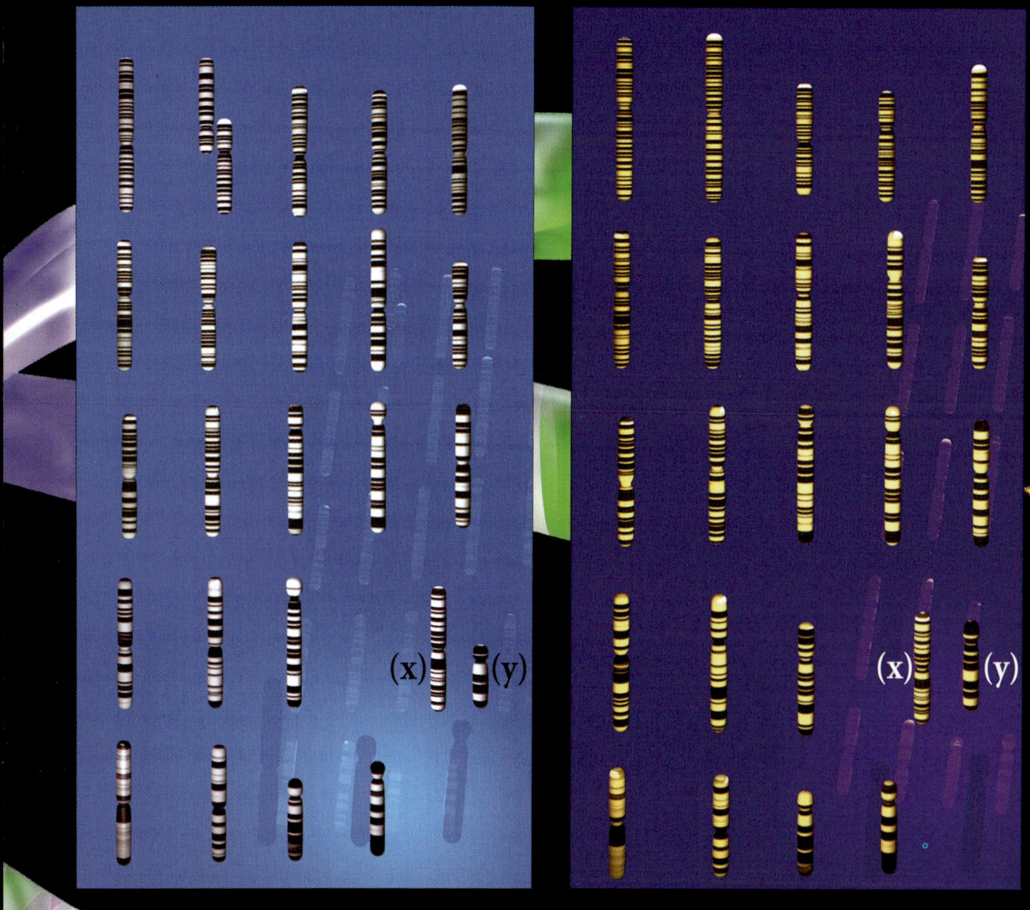

Chromosomes de chimpanzé (*à gauche*). Chromosomes humains (*à droite*).

LES TROIS COUSINS

Les indications fournies par les gènes ne sont pas toujours faciles à interpréter. Certains gènes indiquent que le chimpanzé est plus proche du gorille que de l'homme et d'autres, qu'il est plus proche de l'homme. Les 3 espèces se sont probablement formées presque en même temps à partir d'une même espèce ancestrale.

Gènes préhistoriques

La faible différence entre les gènes du chimpanzé et ceux de l'homme montre que nous descendons d'un même ancêtre qui vivait il n'y a pas très longtemps (quelques millions d'années, tout de même...). Au cours de cette période, les gènes se sont modifiés chez l'homme et aussi chez le chimpanzé. Notre ancêtre n'était pas un chimpanzé ! Les gènes peuvent donc révéler nos relations de parenté avec les animaux. Mais pour connaître notre histoire ancienne, il faut interroger les fossiles.

Le début de l'histoire

D'ÈRE EN ÈRE

L'ère primaire voit le développement de nombreux invertébrés marins, des poissons, des amphibiens et des premiers reptiles. Au cours de l'ère secondaire apparaissent les dinosaures, mais aussi les oiseaux, les mammifères et des insectes sociaux comme les abeilles. L'ère tertiaire est l'époque des mammifères et des prairies. L'ère quaternaire n'en est que la fin, marquée par la présence de l'homme.

Les humains sont des primates, c'est-à-dire des singes. Ce sont aussi des mammifères, le groupe qui, outre les singes, contient les lions, les antilopes et les baleines. Avec les oiseaux ou les poissons, les mammifères font partie des vertébrés, l'ensemble des animaux à squelette osseux. Ce sont enfin des animaux, comme les abeilles, les vers de terre ou les calmars.

Jusqu'où remonter ?

Pour raconter l'histoire des hommes, il faut remonter loin dans le passé. On peut choisir de commencer cette histoire avec l'homme de Cro-Magnon (40 000 ans), avec le premier homme (2,5 millions d'années) ou encore avec le premier singe (45 millions d'années). On peut aussi remonter au premier mammifère (210 millions d'années), au premier vertébré (520 millions d'années) ou même aux premiers êtres vivants !

Charniodiscus.

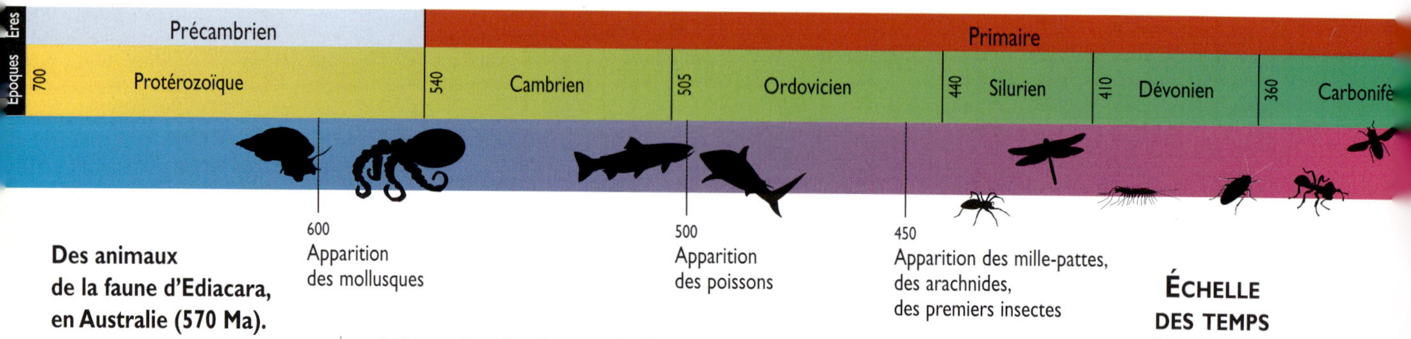

ÉCHELLE DES TEMPS GÉOLOGIQUES ET ZOOLOGIQUES (en millions d'années).

Des animaux de la faune d'Ediacara, en Australie (570 Ma).

Mamie la bactérie

Les plus anciennes traces de vie connues sont datées de plus de 3,8 milliards d'années. Il s'agit de formations calcaires qui ressemblent beaucoup à des stromatolites, des pierres en forme de champignon formées par des bactéries. Au microscope, on a observé dans ces anciennes roches des formes ovales qui évoquent les parois des bactéries.

Tribrachidium.

Spriggina.

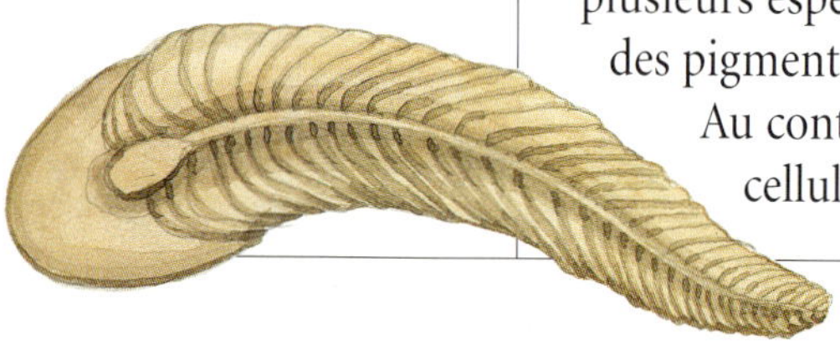

Toujours microscopiques

Pendant des centaines de millions d'années, les êtres vivants restent microscopiques. Ils sont constitués d'une unique cellule, mais il en existe plusieurs espèces. Certaines d'entre elles, les ancêtres des plantes, contiennent des pigments qui leur permettent de tirer leur énergie de la lumière du soleil. Au contraire, les ancêtres des animaux doivent se nourrir d'autres cellules pour grandir et se multiplier.

Pikaia (520 Ma) est peut-être l'ancêtre de tous les vertébrés.

Coquillages et crustacés

Vers – 600 millions d'années apparaissent les animaux pluricellulaires (constitués de nombreuses cellules). Ils sont plus grands et assez variés. Les uns ressemblent à des vers, d'autres à des méduses ou à des coraux. Puis apparaissent des crustacés, des mollusques, des oursins ainsi que de petits animaux semblables à des anguilles translucides et munis d'une ébauche de colonne vertébrale. Ce sont les ancêtres des vertébrés.

Opabina, un étrange animal contemporain de *Pikaia*. On ne lui connaît aucun descendant.

La conquête de l'air

Ils donnent peu à peu naissance à tous les groupes de poissons. Certains d'entre eux possèdent des nageoires en forme de pattes et des poumons rudimentaires qui leur permettent de coloniser la terre ferme, il y a 380 millions d'années. Leurs descendants, les amphibiens, seront eux-mêmes à l'origine des reptiles, puis des mammifères.

Ichthyostega est l'un des premiers vertébrés terrestres (370 Ma).

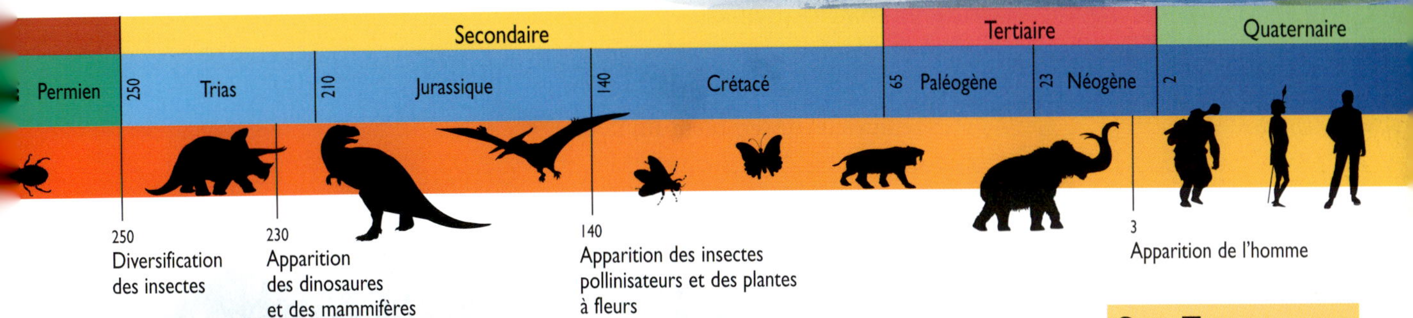

À l'ombre des géants

Pendant presque toute l'ère secondaire, âge d'or des reptiles, les mammifères restent de petits animaux d'aspect peu diversifié. Probablement nocturnes, ils se nourrissent de graines et de racines ou bien d'insectes et de vers. L'abondance et la diversité des dinosaures ne leur laissent pratiquement pas de possibilité d'évolution.

Si la Terre avait un an

Supposons que toute la vie de la Terre soit condensée en un an. Nous sommes le 31 décembre à minuit. La vie est née au début du mois de mars et les premiers animaux début novembre. Les premiers singes sont apparus le 28 décembre. Les premiers hommes modernes sont nés le 31 décembre, vers 23 h 45.

Au jurassique, l'âge d'or des dinosaures.

Une foule de petits singes

Égyptopithèque.

Dès la disparition des dinosaures, c'est l'explosion chez les mammifères ! Ils envahissent tous les milieux, des océans aux plus hautes montagnes, des pôles à l'équateur. Parmi eux, un groupe de petits habitants des arbres, amateurs de fruits…

Le minuscule *Eosimias* vivait il y a 45 Ma, en Asie. On ne sait pas où sont nés les singes car certains des plus anciens fossiles sont africains et d'autres, asiatiques.

De la truffe au nez

À cette époque (entre – 65 et – 34 millions d'années), le monde était plus chaud et plus humide qu'actuellement. Les forêts abritaient une foule de petits mammifères grimpeurs, de la taille d'une souris à celle d'un chat, les premiers primates. Ils vont donner naissance à deux groupes, les lémuriens et les singes.

Les lémuriens ressemblent un peu aux singes, mais ils se distinguent par leur nez. Leur museau se termine par une truffe humide (comme les chiens) alors que les singes présentent un organe nouveau, le nez, sec et sans lien avec la lèvre supérieure.

Lemur fulvus, un lémurien de Madagascar.

Le monde des petits singes

Il y a 32 millions d'années, les singes sont nombreux dans les grandes forêts tropicales d'Afrique de l'Est. Le plus connu d'entre eux est l'égyptopithèque du Fayoum (Égypte). De la taille d'un macaque, il ressemblait beaucoup aux singes actuels. Il était muni d'une longue queue et possédait 32 dents comme nous. C'est probablement dans sa famille que se situe notre ancêtre.

Mâchoire de *Purgatorius*, primate très ancien vivant il y a 62 Ma, peu après la disparition des dinosaures.

Carpolestes **(56 Ma). Les premiers primates ne ressemblent pas encore à des singes !**

La vie dans les arbres

Les premiers primates étaient herbivores, mangeurs de feuilles et de fruits. Leurs yeux, dirigés vers l'avant, permettaient une bonne appréciation des distances, une qualité très utile lorsque l'on saute de branche en branche ! Distinguant bien mieux les couleurs que les autres mammifères, ils repéraient facilement les fruits mûrs et les jeunes feuilles riches en protéines, souvent rouges et non vertes dans les arbres des régions tropicales. Tous les primates ont hérité de ces caractéristiques et les ont gardées bien après avoir quitté leurs forêts d'origine !

Le colobe guereza, un singe d'Afrique.

Le ouistiti à toupets blancs, un singe d'Amérique.

Les cousins d'Amérique

L'Amérique du Sud a été colonisée par les singes il y a 28 millions d'années seulement. Ils arrivaient d'Afrique, peut-être sur des radeaux d'arbres arrachés dérivant d'Afrique en Amérique. Là, ces singes évoluèrent d'une façon indépendante de leurs cousins d'Afrique et d'Asie. Ils se caractérisent tous par un nez aplati, des narines très écartées et une queue préhensile leur servant de « cinquième main ». Ces primates n'ont donné naissance à aucun grand singe à gros cerveau.

Heureux hasard

Sans l'énorme météorite qui a provoqué leur extinction (s'il s'agit bien d'une météorite), les dinosaures n'auraient peut-être pas cédé la place aussi facilement aux mammifères. Des immenses herbivores aux prédateurs gros comme des poulets, ils régnaient depuis plus de 150 Ma. Les mammifères ont survécu à la catastrophe, peut-être grâce à leur petite taille et à leur fourrure qui les a protégés du froid.

La planète des grands singes

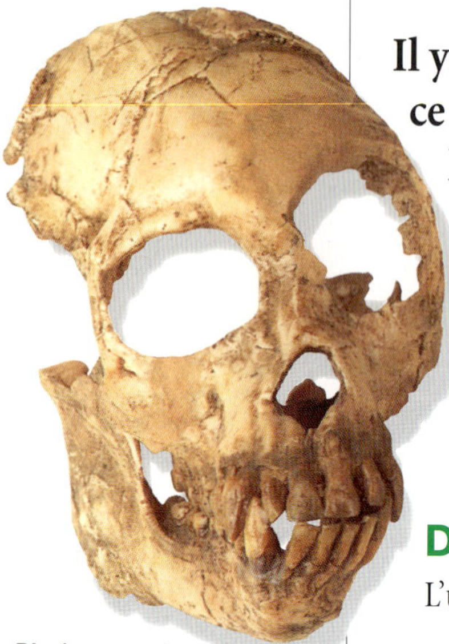

Il y a 34 millions d'années, la planète se refroidit, ce qui provoque un recul général des forêts. De nombreux animaux disparaissent. Puis la planète se réchauffe à nouveau et les forêts regagnent du terrain. Dans les régions tropicales, la cime des arbres est maintenant habitée par des singes hominoïdes, les « grands singes ». Ils se distinguent déjà par la taille de leur cerveau.

D'Afrique…

Oréopithèque.

L'un des mieux connus est le proconsul, un singe africain d'une vingtaine de kilos. Il vivait dans les arbres, mais n'était pas spécialisé comme les gibbons pour se déplacer suspendu par les bras. Il se déplaçait plus lentement et se nourrissait de fruits. Quelques millions d'années plus tard, le kényapithèque semble adapté à un milieu plus ouvert, entre forêt et savane. Ses dents sont en effet recouvertes d'un émail plus épais, ce qui lui permet de broyer des noix ou des bulbes de plantes.

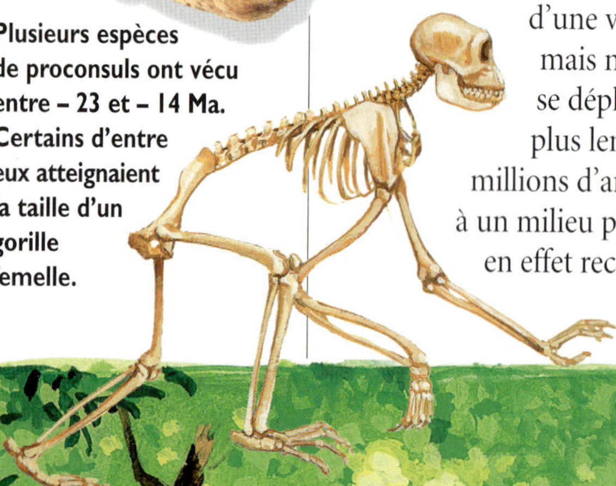

Plusieurs espèces de proconsuls ont vécu entre – 23 et – 14 Ma. Certains d'entre eux atteignaient la taille d'un gorille femelle.

Orang-outan.

… en Europe…

L'Afrique était alors séparée de l'Eurasie par la mer. Grâce aux mouvements des continents, une liaison se forme au niveau du Proche-Orient vers – 17 millions d'années, permettant le passage de la faune. Des singes se répandent alors en Europe et en Asie. Les dryopithèques aux longs bras de gibbons vivent dans les forêts européennes, de l'Espagne à la Hongrie, jusque vers – 9 millions d'années. L'oréopithèque, plus tardif, se balançait de branche en branche, mais la forme de son bassin laisse penser qu'il se déplaçait debout lorsqu'il se trouvait à terre. Un singe bipède non humain ?

Gorille.

… et en Asie

Le sivapithèque et le lufengpithèque vivaient dans les forêts d'Inde et de Chine il y a 10 millions d'années environ. Les grands singes asiatiques de cette période sont les ancêtres des gibbons et des orangs-outans actuels.

L'âge d'or des hominoïdes

C'était il y a 20 millions d'années. Des dizaines d'espèces d'hominoïdes de toutes tailles occupaient les forêts, de la cime des arbres aux lisières des savanes. Aujourd'hui, il ne reste plus que les gibbons, l'orang-outan, le gorille, le chimpanzé, le bonobo (chimpanzé « pygmée ») et l'homme. C'est une autre lignée qui occupe les places laissées libres, celle des « singes à queue » ou cercopithécoïdes : babouins, macaques, colobes, etc.

Chimpanzé bonobo.

Les tribulations du singe de Rama

Dans les années 60, le ramapithèque était candidat au poste d'ancêtre de l'homme. Avec l'accumulation des découvertes, il a fallu changer d'avis : le ramapithèque était sans doute la femelle du sivapithèque ! Les 2 sexes avaient en effet une morphologie assez différente, comme chez les gorilles. Aujourd'hui, on considère que le sivapithèque (et donc le ramapithèque) est un proche parent de l'orang-outan.

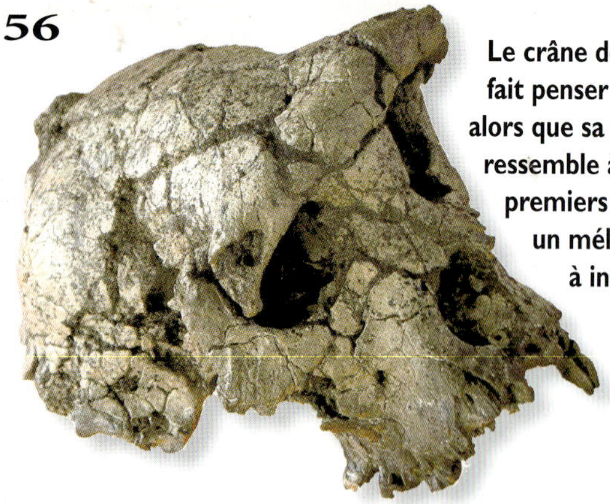

Le crâne de Toumaï fait penser à un gorille alors que sa face ressemble à celle des premiers hommes : un mélange difficile à interpréter !

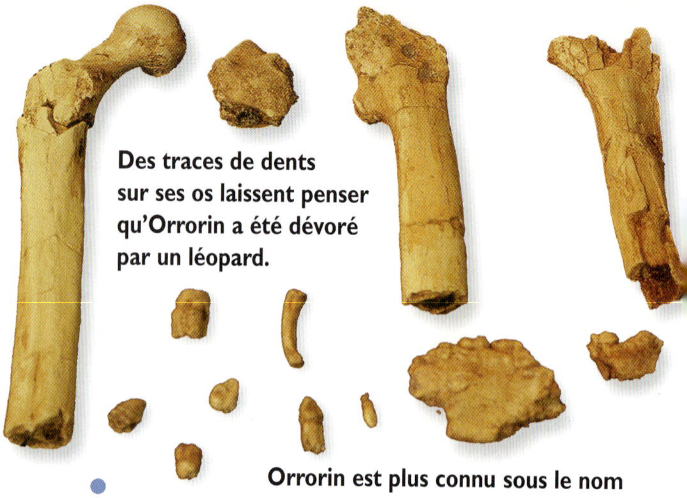

Des traces de dents sur ses os laissent penser qu'Orrorin a été dévoré par un léopard.

Orrorin est plus connu sous le nom de *Millenium Ancestor*, l'« ancêtre du millénaire », car il a été découvert en 2000.

Toumaï et Orrorin

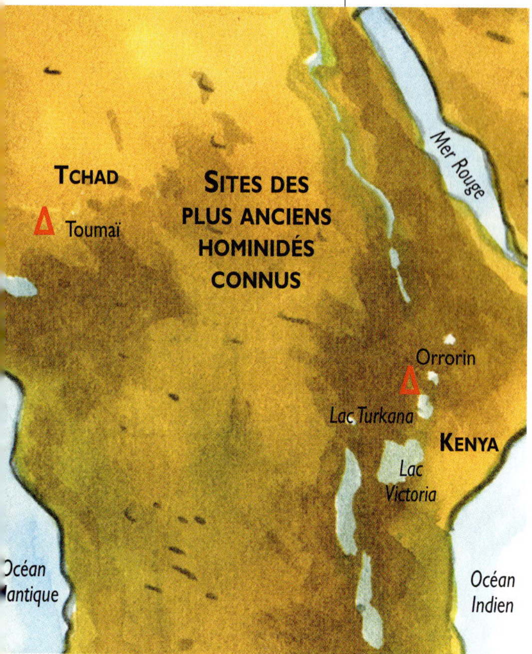

Les fossiles de grands singes sont rares en Afrique pour la période comprise entre – 14 et – 5 millions d'années qui nous intéresse plus particulièrement : c'est à cette époque que vivait l'ancêtre commun des hommes, des chimpanzés et des gorilles.

Toumaï

En 2002, un crâne presque complet trouvé dans le désert tchadien était identifié comme le plus ancien hominidé connu. D'après les fossiles d'animaux trouvés au même endroit, on pense que *Sahelanthropus* (surnommé Toumaï, « espoir de vie ») vivait dans un environnement varié de forêts, de lacs et de savanes, il y a 6 ou 7 millions d'années. La base du crâne laisse penser qu'il était peut-être bipède. Les paléontologues cherchent à déterminer s'il est l'ancêtre des chimpanzés, des gorilles, des hommes ou des trois à la fois ! Peut-être aussi n'est-il que leur cousin et non leur ancêtre.

Les hominidés

C'est la famille qui regroupe l'homme, les 2 espèces de chimpanzés et le gorille. Les paléontologues incluent dans cette famille les ancêtres directs de ces espèces et les grands singes fossiles qui leur sont apparentés. L'orang-outan et ses ancêtres font partie d'une autre famille, les pongidés.

Orrorin

Un autre hominidé avait été découvert deux ans auparavant au Kenya. Il s'agissait de quelques dents et fragments d'os datés de 6 millions d'années. La forme de son fémur indique qu'Orrorin (l'« homme originel ») se tenait debout. Ses phalanges montrent cependant qu'il se suspendait aux branches des arbres. Lui aussi vivait dans un environnement mixte de forêts et de savanes. Un grand singe à moitié terrestre et à moitié arboricole, c'est encore un ancêtre possible pour l'homme.

Remise en question

Toumaï et Orrorin semblent à la fois plus bipèdes et plus « humains » que les australopithèques qui étaient jusque-là considérés comme les ancêtres de l'homme. Or ces deux hominidés sont bien plus anciens que les australopithèques. Ces derniers, connus à partir de – 4 millions d'années, pourraient donc représenter une autre branche de l'évolution des hominidés. Ils seraient des cousins et non des ancêtres directs des hommes. Si cela se confirme, c'est une sérieuse remise en question du scénario admis depuis une vingtaine d'années.

Grands-pères cherchent descendants

Toumaï et Orrorin ne sont pas les seuls à se disputer la place enviée de « grand-père de l'homme ». L'ardipithèque, dont des restes ont été découverts en Éthiopie en 1992 et en 2001, est également sur les rangs. Les paléontologues rencontrent deux obstacles pour trancher. D'une part, comme les restes sont très fragmentaires, il est difficile de comparer les différents fossiles. D'autre part, plus on se rapproche de l'ancêtre commun de l'homme et des grands singes, plus les espèces se ressemblent. Enfin, les chercheurs espèrent lors de chaque découverte qu'il s'agit d'un ancêtre de l'homme et ne font pas toujours preuve d'une objectivité parfaite !

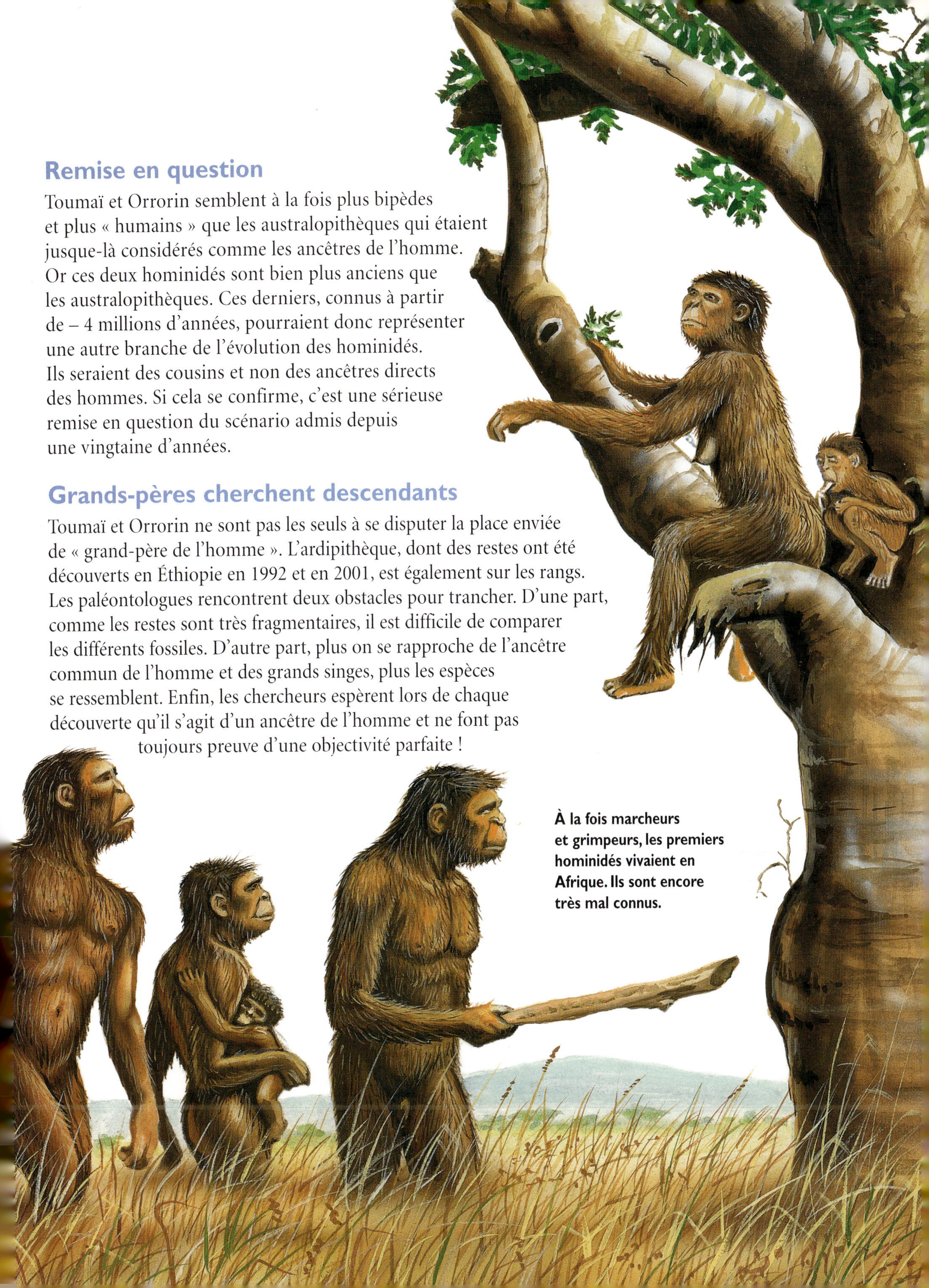

À la fois marcheurs et grimpeurs, les premiers hominidés vivaient en Afrique. Ils sont encore très mal connus.

Debout !

Marche sur les phalanges

À terre, chimpanzés et gorilles se déplacent d'habitude à 4 pattes en s'appuyant sur le dos des 2es phalanges des mains.
Si l'on suppose qu'ils ont hérité cette quadrupédie particulière d'un ancêtre commun, on peut se demander si notre propre ancêtre se déplaçait ainsi.
On peut au contraire imaginer un ancêtre bipède dont certains descendants seraient restés bipèdes (nous) et d'autres auraient adopté un mode de déplacement différent.

Actuellement, l'homme est le seul hominidé dont les pieds soient adaptés à la marche. Il est aussi bien plus habile de ses mains que les singes. La forme des pieds et des mains est un point important pour comprendre l'origine de l'homme.

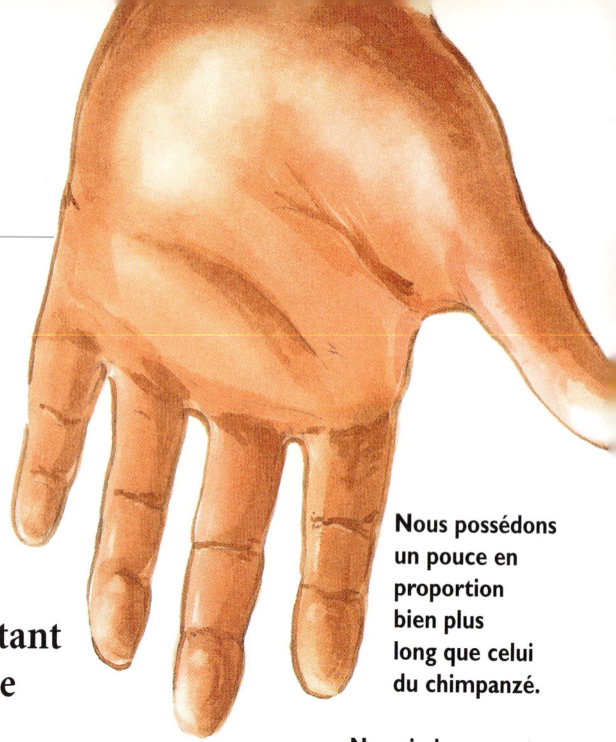

Nous possédons un pouce en proportion bien plus long que celui du chimpanzé.

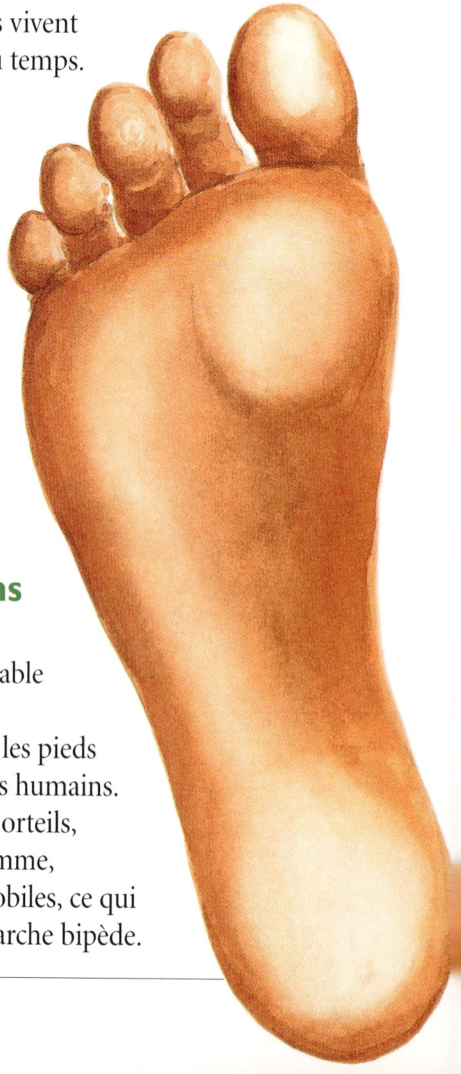

Nos pieds supportent la totalité du poids de notre corps mais ne peuvent rien saisir.

Démarches de singes

Les singes actuels ont des modes de déplacement variés. Ils sont tous plus ou moins arboricoles, c'est-à-dire qu'ils vivent dans les arbres au moins une partie du temps. Les gibbons se balancent de branche en branche avec leurs bras longs et puissants. Les orangs-outans se déplacent plus lentement car ils sont beaucoup plus lourds. Les gorilles et les chimpanzés passent beaucoup de temps à terre. Là, ils se déplacent plutôt à quatre pattes (ils sont quadrupèdes) mais se dressent parfois sur leurs jambes sur de courtes distances (bipédie).

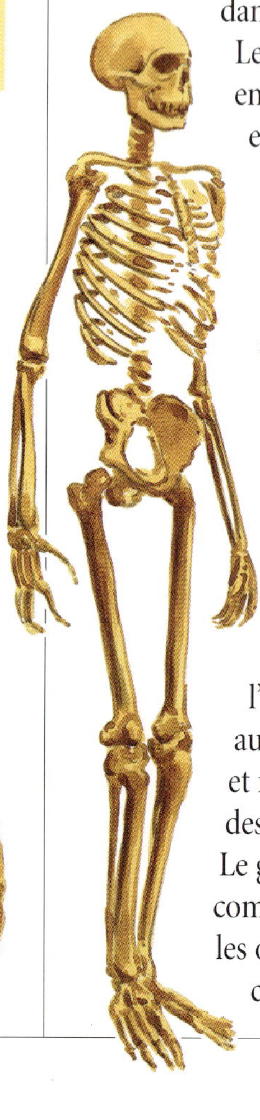

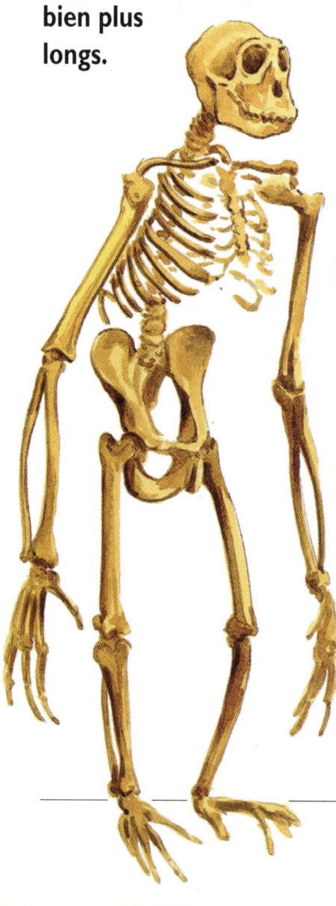

Le chimpanzé adulte est plus petit qu'un humain, et ses bras sont proportionnellement bien plus longs.

Des pieds et des mains

Tous les singes possèdent comme l'homme des mains au pouce opposable aux autres doigts. Ils peuvent saisir et manipuler des objets. Au contraire, les pieds des singes sont très différents des pieds humains. Le gros orteil est opposable aux autres orteils, comme le pouce de la main. Chez l'homme, les orteils sont courts et bien moins mobiles, ce qui correspond à une adaptation à la marche bipède.

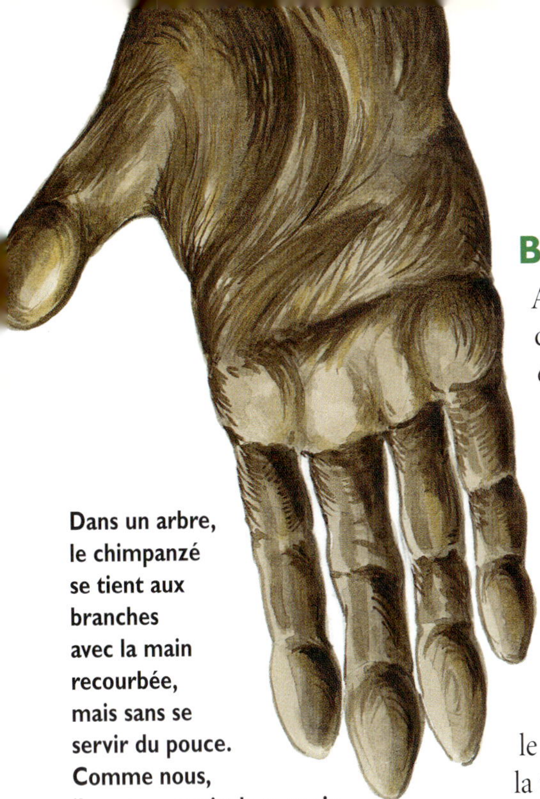

Dans un arbre, le chimpanzé se tient aux branches avec la main recourbée, mais sans se servir du pouce. Comme nous, il peut se servir de sa main comme d'une tenaille pour saisir des objets, mais il ne peut pas les manipuler aussi finement.

Bipède ou quadrupède ?

Avec seulement quelques fragments d'os, comment savoir si un singe était quadrupède ou bipède ? La forme de l'articulation du genou ou de la hanche est un bon indice. La position du trou occipital en est un autre. Il s'agit d'une ouverture dans le crâne, par laquelle passe la moelle épinière. Chez un bipède, comme la colonne vertébrale soutient la tête, le trou occipital est situé sous le crâne. Chez un quadrupède, la tête est à l'avant du corps : le trou occipital est situé vers l'arrière du crâne.

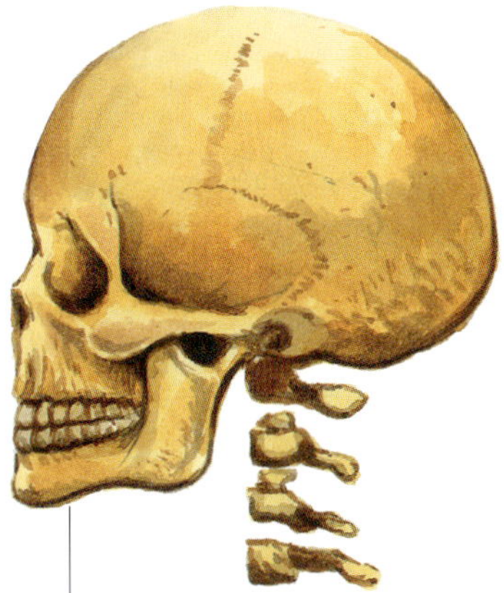

Crâne d'homme moderne.

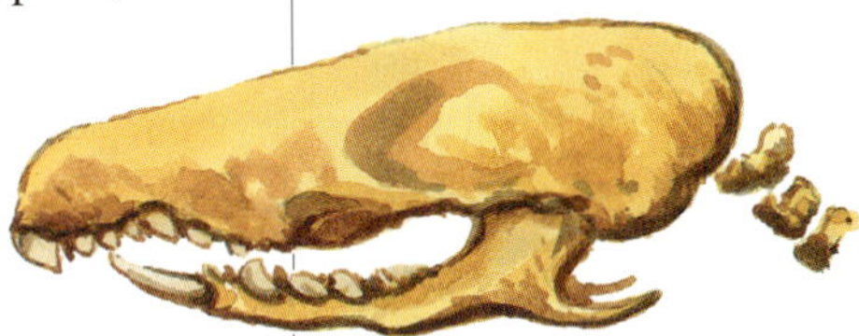

Crâne de musaraigne.

Chez les grands singes, les os des poignets et des avant-bras sont un peu différents des nôtres puisqu'ils sont adaptés à une marche quadrupède. Ces caractéristiques peuvent être observées sur les fossiles afin de déterminer leur type de locomotion.

Les inconvénients de la bipédie

La bipédie nous semble un excellent moyen de se déplacer puisque c'est le nôtre ! C'est pourtant une posture instable, qui demande un apprentissage très long. Avec leurs quatre pattes, les quadrupèdes n'ont pas ces difficultés et courent bien plus vite que nous.

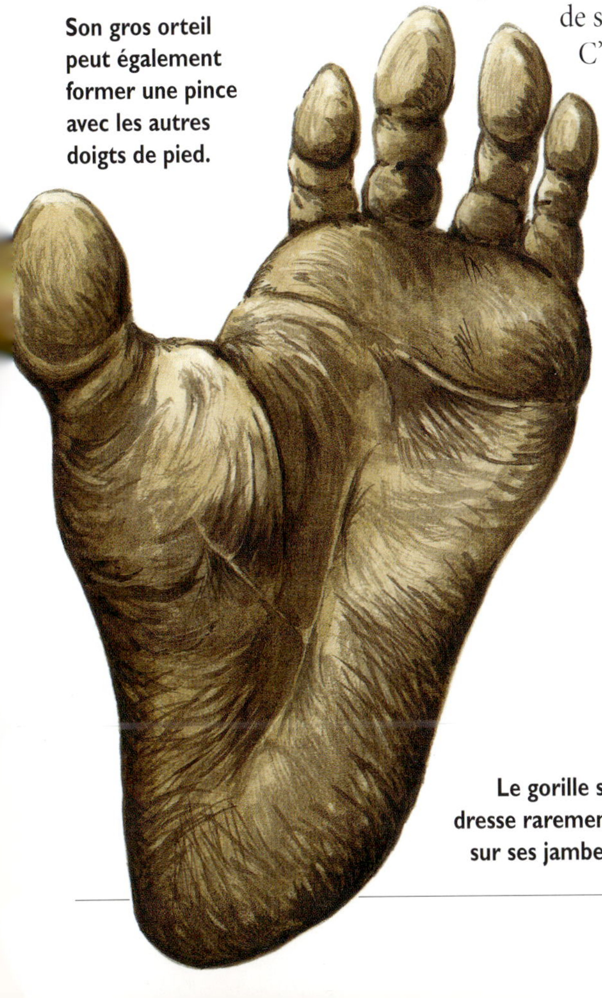

Son gros orteil peut également former une pince avec les autres doigts de pied.

Le gorille se dresse rarement sur ses jambes.

Une démarche d'avenir

Le passage à la bipédie est un phénomène qui a bouleversé l'évolution de certains grands singes, il y a quelques millions d'années. Quelle est l'origine de cette transformation ?

Les babouins sont des singes de savane.

UN SINGE AQUATIQUE ?

Selon une autre théorie, très controversée, l'homme descendrait de singes adaptés au milieu aquatique. Cela expliquerait la perte des poils car plusieurs mammifères aquatiques ont la peau nue, comme les baleines ou les lamantins. Mais les loutres et les ours ont toujours une épaisse fourrure ! De plus, les singes actuels vivant dans les zones marécageuses ne montrent aucune tendance à la perte de fourrure.

Singes de savane

Il semble bien que l'apparition de l'homme et des autres hominidés bipèdes soit liée au développement de la savane. Ces hominidés vivaient en effet en dehors de la forêt, soit dans la savane, soit dans des environnements mixtes de forêts claires, de savanes et de forêts de bord de fleuve. Cette évolution semble liée à des changements climatiques. Depuis 20 millions d'années, la Terre a en effet subi plusieurs périodes de refroidissement. Le climat devient alors plus froid et plus sec et la forêt laisse la place à un milieu plus ouvert de savanes et de prairies.

Les deux lignées

Les paléontologues supposent que certains hominidés se sont adaptés à ce nouveau milieu pendant que d'autres restaient strictement liés aux forêts. Les premiers seraient les ancêtres des hommes (et des australopithèques) et les autres, les ancêtres des chimpanzés et des gorilles. En fait, certains détails montrent que les premiers hominidés bipèdes restaient liés aux arbres. Leurs bras sont longs et les phalanges de leurs doigts sont incurvées.

La bipédie, pour quoi faire ?

Les causes précises du passage à la bipédie sont très discutées chez les paléontologues. Dans un milieu ouvert, il faut sans cesse passer d'un bosquet d'arbres à un autre pour chercher de la nourriture. On peut imaginer que la bipédie présente un avantage pour les déplacements dans les zones de savane, bien que les babouins quadrupèdes soient parfaitement adaptés à ce milieu ! Se tenir debout permet aussi de réduire la surface du corps exposée au soleil. La bipédie a enfin une conséquence importante : elle libère les mains et permet donc de transporter de la nourriture ou des objets. C'est peut-être l'ensemble de ces avantages qui a assuré le succès de la bipédie.

BIPÉDIE ET CERVEAU

La bipédie n'est pas apparue « pour » que notre corps puisse supporter une grosse tête avec un grand cerveau. L'évolution ne transforme pas les êtres en vue des avantages qu'ils en tireront plus tard. Il faut que les avantages liés à la transformation soient immédiats pour que la sélection naturelle la retienne. Parmi les conséquences secondaires de la bipédie, il y a un changement dans la structure du crâne, qui permet la croissance du cerveau. Secondaire peut-être, mais essentielle pour nous !

PAYSAGE DE SAVANE ET FAUNE AFRICAINE, IL Y A 6 MILLIONS D'ANNÉES.

Les australo-pithèques

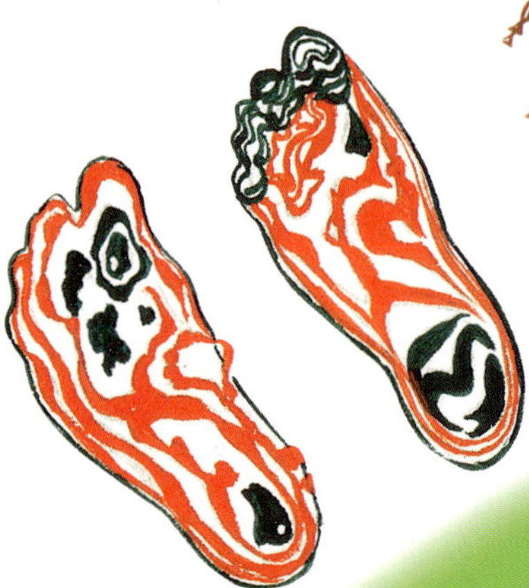

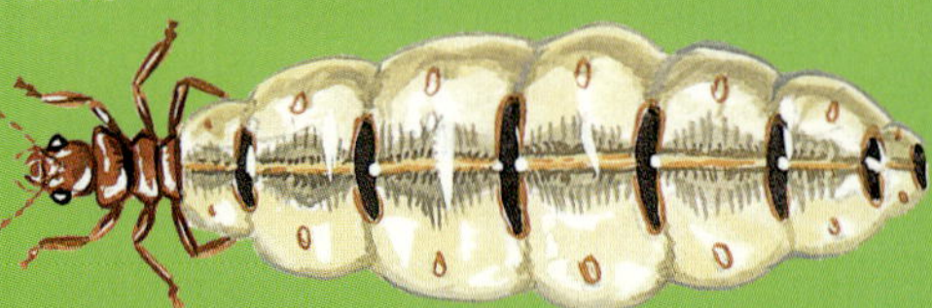

Il y a 4 ou 5 millions d'années, les savanes boisées africaines se peuplent d'australopithèques. Ces nouveaux venus grimpent aux arbres avec habileté et parcourent leur territoire, dressés sur leurs deux jambes. Nous ne savons pas encore placer ces grands singes de savane dans notre arbre généalogique. S'ils ne sont pas nos ancêtres directs, ce sont en tout cas de proches cousins.

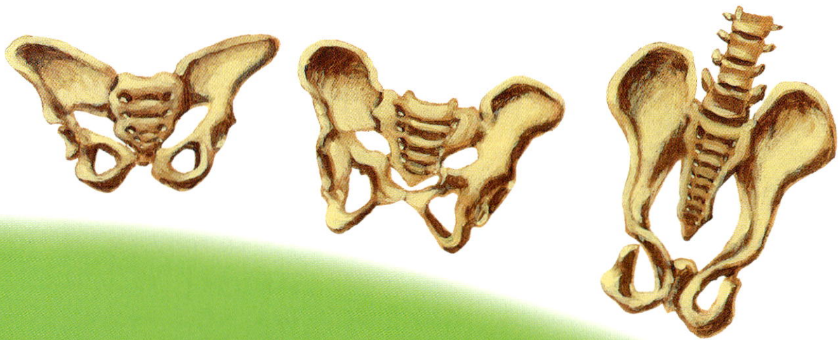

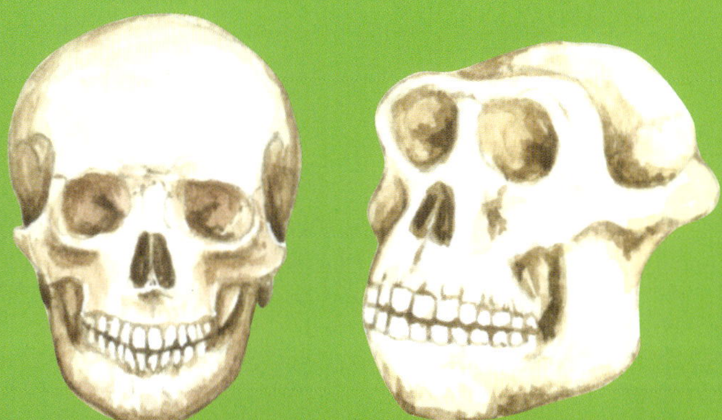

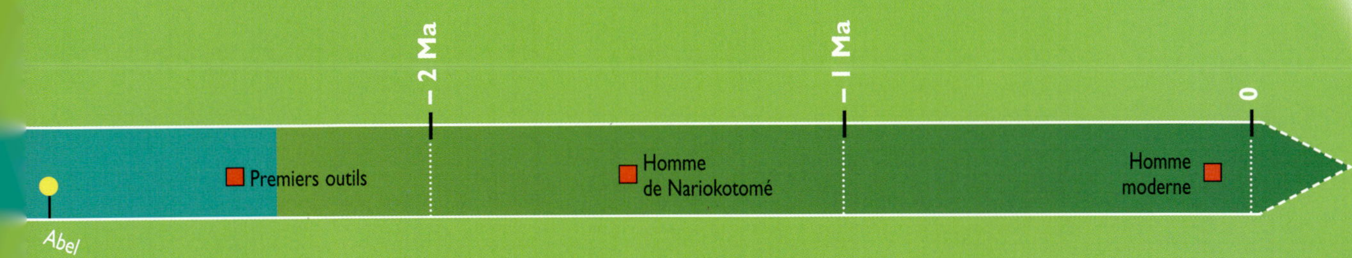

La star de la préhistoire

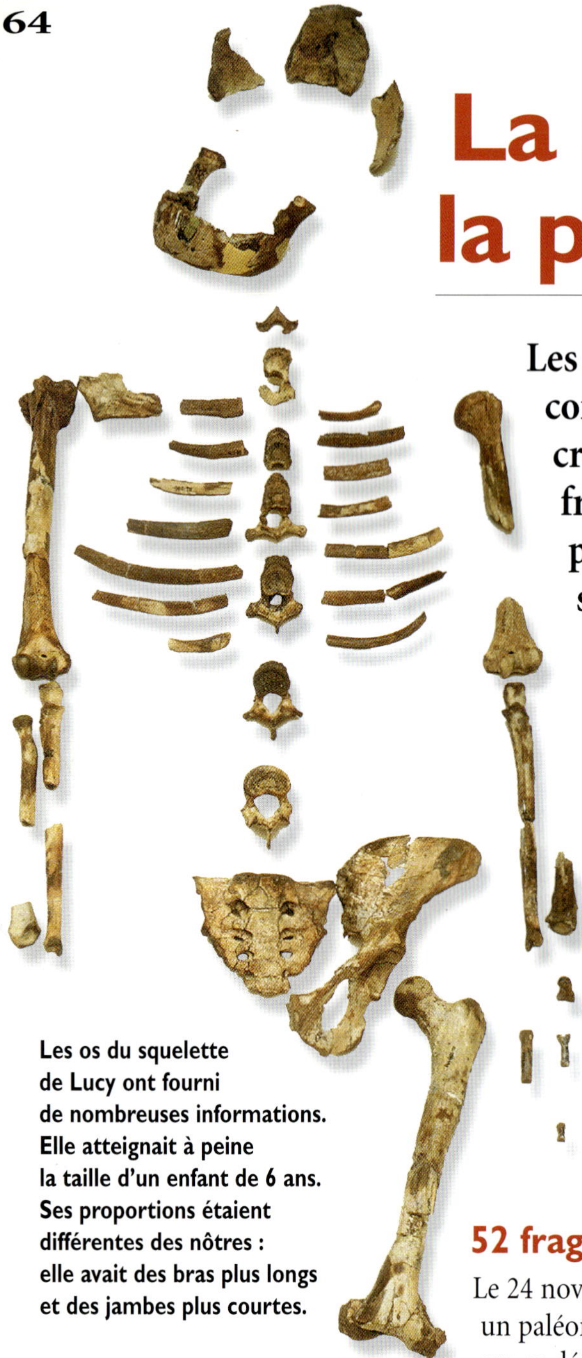

Les australopithèques sont connus depuis 1924, par leurs crânes, leurs dents et quelques fragments d'os. Cependant, pendant 50 ans, aucun squelette complet n'avait été découvert. Et puis Lucy est sortie de terre…

Un site prometteur

En 1974, une équipe internationale fouille la vallée de l'Omo, en Éthiopie, à la recherche d'anciens hominidés. Les chercheurs attendent beaucoup de ce site qui présente des caractéristiques très favorables. C'est une vallée entaillée dans des accumulations de sédiments déposés dans des lacs et des rivières. Les couches de sable s'intercalent avec des dépôts de cendres volcaniques qui permettent de dater tous les niveaux. Du bas de la vallée jusqu'en haut, on parcourt le passé de – 3,6 à – 2,4 millions d'années.

Les os du squelette de Lucy ont fourni de nombreuses informations. Elle atteignait à peine la taille d'un enfant de 6 ans. Ses proportions étaient différentes des nôtres : elle avait des bras plus longs et des jambes plus courtes.

52 fragments

Le 24 novembre, un paléontologue aperçoit un os dépassant du sol, puis d'autres un peu plus loin. Il faudra 3 semaines pour récolter au total 52 fragments, éparpillés sur plusieurs mètres carrés. Les chercheurs n'en reviennent pas : l'ensemble représente 40 % du squelette. C'est la première fois que l'on peut étudier un australopithèque aussi complet. La nouvelle fait le tour du monde et suscite un intérêt passionné pour cette période de notre histoire.

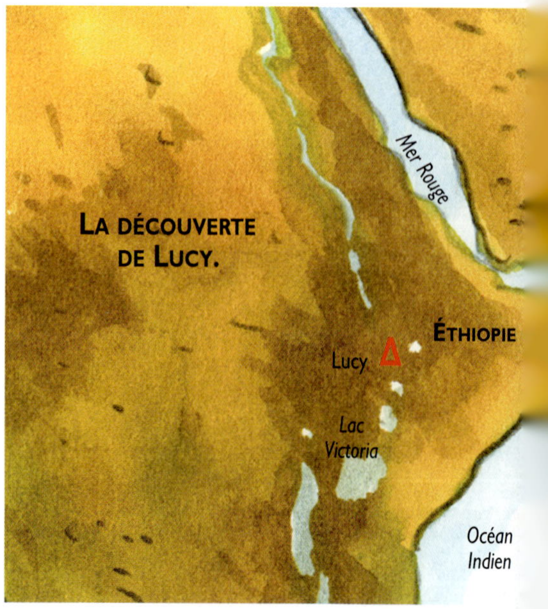

L'équipe internationale était dirigée par Maurice Taïeb, Donald Johanson et Yves Coppens.

La petite Lucy

Lucy (car il s'agissait probablement d'une femelle) était un hominidé de petite taille, environ 1,10 m pour 25 kg. Elle pouvait se déplacer sur ses deux jambes, mais passait sans doute du temps dans les arbres. Bien que bipède, elle ressemblait probablement un peu à un chimpanzé, avec un museau projeté vers l'avant et un petit crâne (et donc un petit cerveau, 400 cm^3).

Danger : crue

Lucy n'a pas été dévorée par une hyène car ses os sont intacts mais la dispersion du squelette indique qu'il a été transporté dans le courant d'un fleuve. Des œufs de tortues et des pinces de crabes ont été recueillis à proximité. On peut imaginer qu'elle se promenait au bord de l'eau et a été emportée par une crue soudaine. Elle avait une vingtaine d'années.

Une chanson pour un fossile

Tout en grattant le sol sous un soleil intense, les chercheurs écoutaient la chanson des Beatles *Lucy in the sky with diamonds*. Le surnom de leur fossile était tout trouvé !

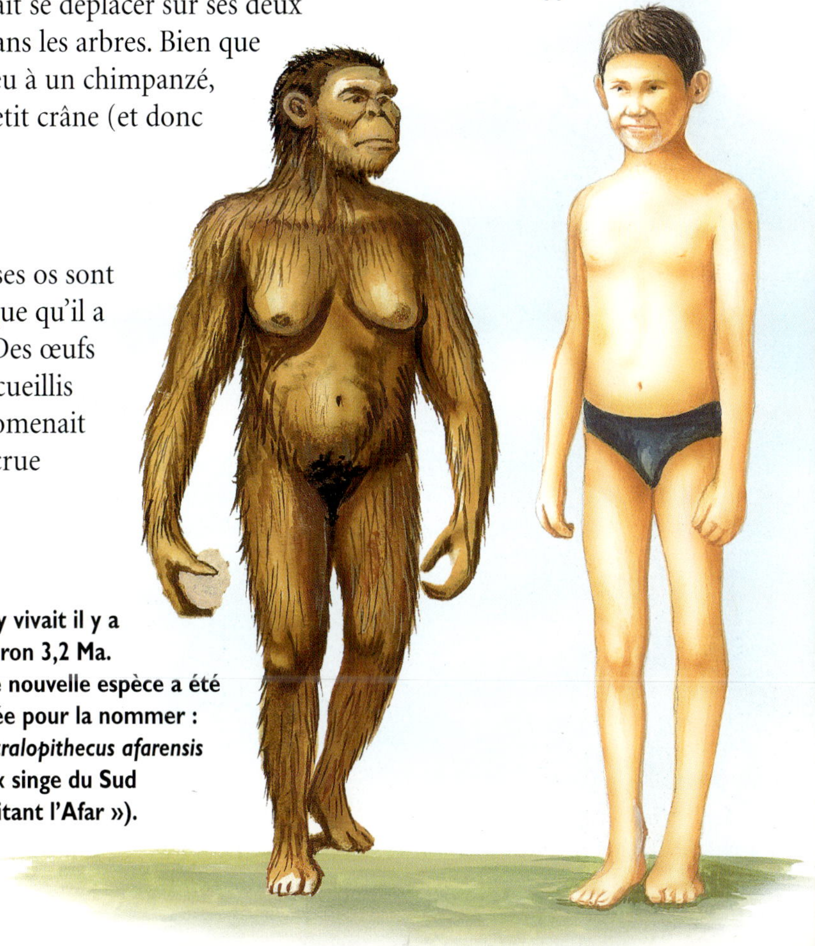

Lucy vivait il y a environ 3,2 Ma. Une nouvelle espèce a été créée pour la nommer : *Australopithecus afarensis* (le « singe du Sud habitant l'Afar »).

Lucy et ses amis

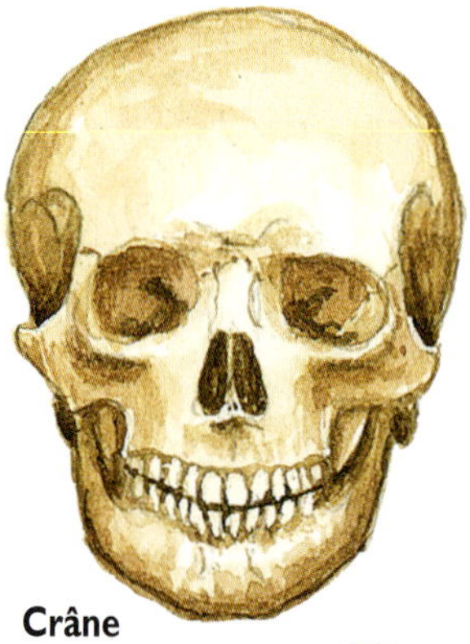

Crâne humain.

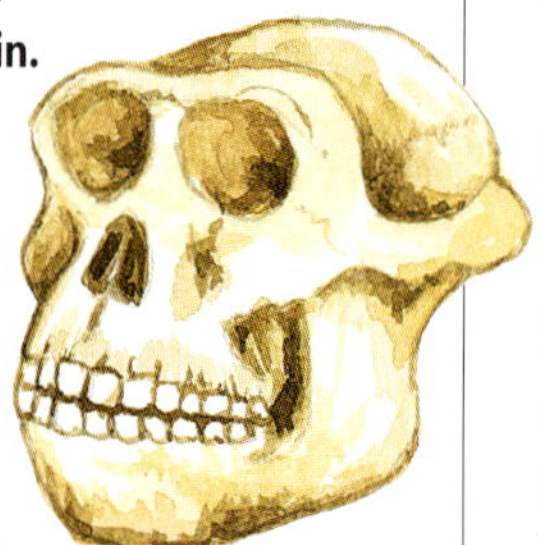

Crâne d'australopithèque.

Mâchoire supérieure australopithèque.

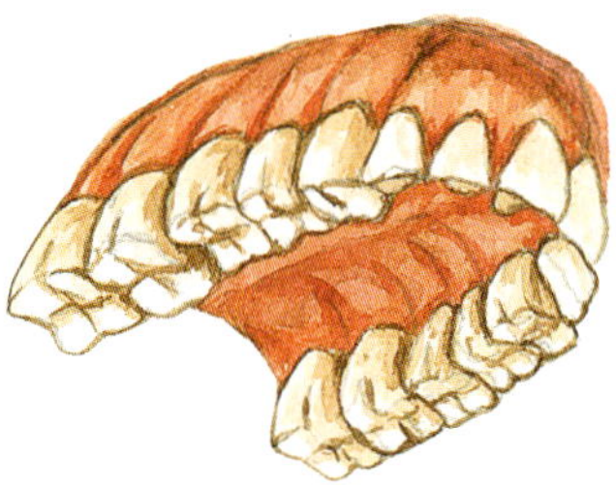

Mâchoire supérieure humaine.

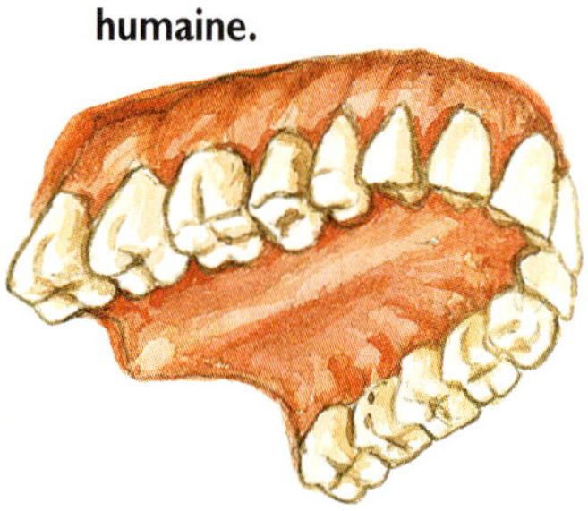

Chez les australopithèques, les prémolaires et les molaires forment 2 rangées parallèles, alors qu'elles sont disposées en arc de cercle chez l'homme.

Après Lucy, des os et des dents appartenant à quelques dizaines d'australopithèques de son espèce ont été trouvés en Afrique orientale. Ces vestiges donnent une bonne image des préhumains d'il y a 3 millions d'années.

Un corps en mosaïque

Les australopithèques présentent ce que les paléontologues appellent un aspect « en mosaïque », c'est-à-dire qu'ils offrent un mélange de caractéristiques simiennes, humaines… et australopithèques. Ils sont assez trapus, avec des bras longs et des jambes courtes. Leur cage thoracique est large en bas, étroite en haut, comme celle des chimpanzés.

Un visage d'australo

La face des australopithèques est projetée vers l'avant, mais moins que chez le chimpanzé. Leur visage est large et ils n'ont pas de menton. Leur nez est probablement assez réduit. On ne connaît pas leurs oreilles, mais elles ressemblaient sans doute aux nôtres ou à celles des chimpanzés. Il ne reste pas non plus la moindre trace de leurs cheveux ou de leur éventuelle fourrure !

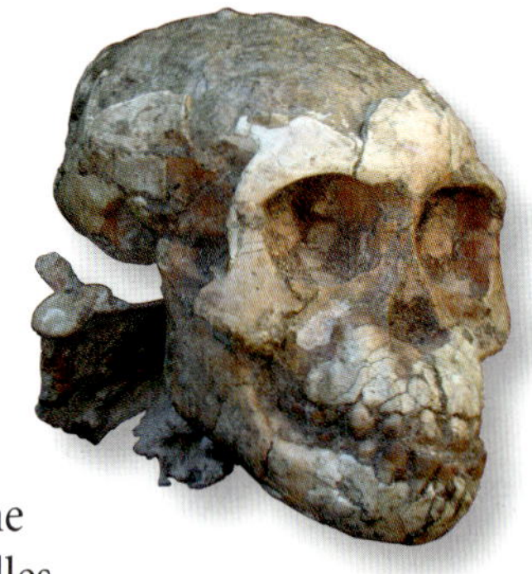

Ce crâne est celui d'un enfant d'australopithèque, âgé de 3 ans et daté de 3,3 millions d'années.

Des bras pour grimper…

Leurs os témoignent de leur capacité à se déplacer facilement dans les arbres. Leurs épaules sont puissantes et ont une grande amplitude de mouvements. Le coude peut se bloquer en position étendue, comme chez le chimpanzé. Les phalanges sont un peu courbes, ce qui facilite la prise des branches.

… et des jambes pour marcher

Leur bassin est large, capable de porter le poids du haut du corps. Le fémur montre qu'ils se tenaient debout, mais l'articulation du genou est plus lâche que la nôtre. Ils marchaient en balançant les hanches de droite à gauche, une technique propre aux australopithèques. Le genou restait probablement plié pendant la marche. Avec de telles caractéristiques, ils pouvaient marcher (pas très longtemps) mais pas vraiment courir.

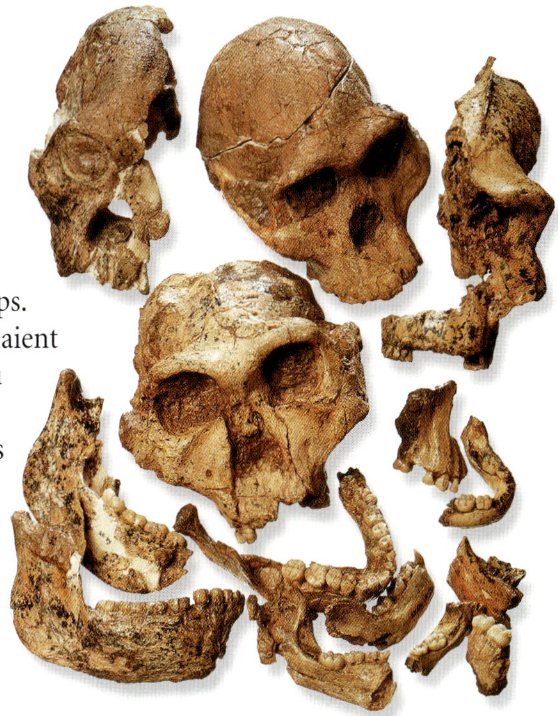

Plusieurs fossiles d'australopithèques ont été découverts en Afrique du Sud entre 1924 et 1954.

Gros Lucien

Les mâles sont nettement plus grands et plus lourds que les femelles. Ils atteignent 1,40 m pour près de 45 kg. Cette différence entre les sexes (les scientifiques parlent de « dimorphisme sexuel ») est plus importante que chez les chimpanzés. De même, les canines de Lucien sont plus longues et plus fortes que celles de Lucy, mais l'écart est dans ce cas plus faible que chez les grands singes.

L'image que l'on se fait des australopithèques dépend beaucoup d'éléments qui nous sont totalement inconnus comme l'abondance ou la couleur de la fourrure !

Une tête bien pleine

Leur cerveau est un peu plus gros que celui des chimpanzés, pour une taille sensiblement égale. Il faut tenir compte de la taille car le volume du cerveau d'un mammifère dépend en partie de son poids corporel. Une baleine a un cerveau plus gros qu'un dauphin, mais cela ne prouve rien quant à leurs capacités mentales respectives. C'est le rapport « volume cérébral/poids du corps » qui permet de conclure à une augmentation de la taille du cerveau. C'était bien le cas des australopithèques dont le cerveau avait de plus une forme différente de celui des chimpanzés.

Traces de pas

Il est toujours possible de déduire le comportement et les mouvements à partir de la forme des os et des articulations, mais rien ne vaut une preuve directe. Une preuve de plus de 3 millions d'années !

Une piste très fréquentée

En 1976, une équipe de paléontologues découvre la preuve attendue à Laetoli (Tanzanie). Il s'agit d'une couche de cendres volcaniques dans laquelle se sont imprimées les pistes de nombreux animaux et, surtout, les traces d'un petit groupe d'hominidés bipèdes… des australopithèques !

Chassés par le volcan

L'analyse de la piste montre que trois australopithèques sont passés là. Un grand (un mâle ?) et un plus petit (une femelle ? un enfant ?) côte à côte, et un troisième (un mâle plus petit ?) marchant dans les traces du grand, comme un enfant qui cherche à suivre les traces de son père. Ils sont passés dans les cendres projetées par un volcan, peut-être chassés par l'éruption. La pluie a ensuite imprégné et cimenté les cendres.

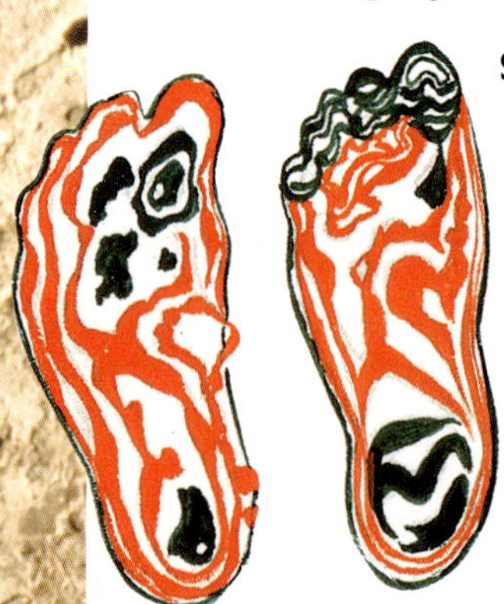

Sur l'empreinte d'australopithèque (*à gauche*), le gros orteil apparaît un peu plus séparé des autres doigts que sur l'empreinte humaine (*à droite*). La voûte plantaire est moins marquée.

Enquête

L'analyse détaillée des empreintes a révélé qu'il s'agissait bien de traces d'australopithèques. Ils marchaient en posant le talon en premier, comme les hommes actuels. Le gros orteil est décalé par rapport aux autres doigts, mais de façon moins marquée que chez le chimpanzé.

La piste de Laetoli (Tanzanie).

D'après la forme de leurs articulations, on suppose que les australopithèques marchaient les genoux un peu fléchis, avec un balancement marqué des hanches, et en équilibrant l'ensemble par de larges mouvements des bras. Une démarche purement… australopithèque !

Hypothèses…

Certains paléontologues, notamment américains, pensent que ces australopithèques sont les ancêtres des humains actuels. En effet, plusieurs de leurs caractéristiques en font des intermédiaires plausibles entre les grands singes fossiles et les humains. D'après ces chercheurs, leur démarche était voisine de celle des hommes. De plus, on ne connaît pas d'autre hominidé de 3 millions d'années.

… contre-hypothèses

Selon d'autres paléontologues, notamment français, les découvertes d'Orrorin et de Toumaï remettent en cause cette hypothèse. Les os suggèrent que leur bipédie était plus affirmée que celle des australopithèques alors qu'ils sont plus anciens. On comprend mal comment la bipédie aurait pu régresser pour se développer une deuxième fois. De plus, les os attribués à ces australopithèques seraient probablement un mélange provenant de 2 espèces distinctes, l'une plus bipède que l'autre. D'autres squelettes complets seraient bien utiles pour trancher entre les différentes opinions.
À vos pioches !

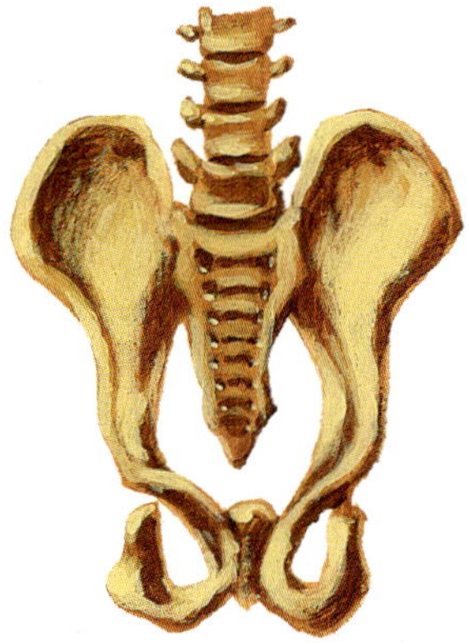

Bassin de chimpanzé.

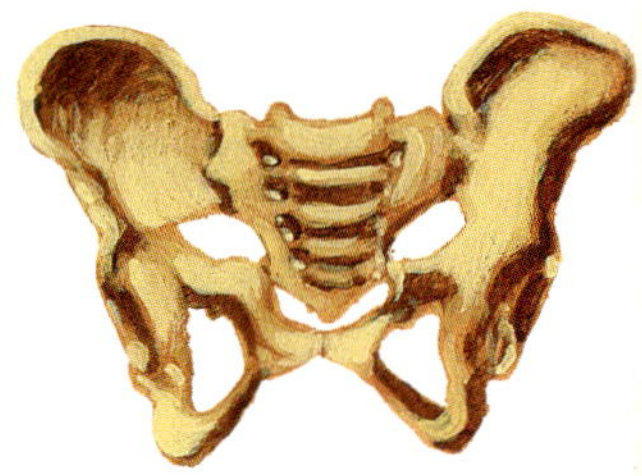

Bassin humain.

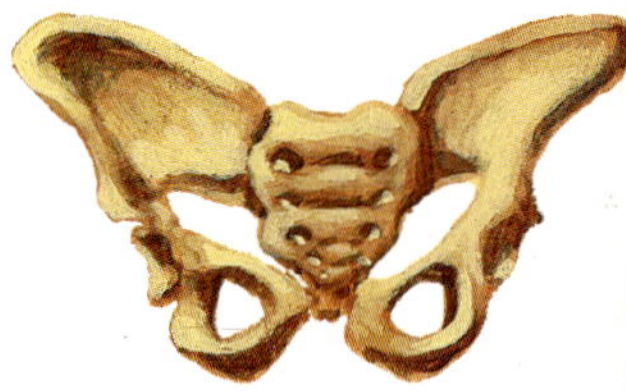

Bassin d'australopithèque.

Le bassin d'un australopithèque, court et large, ressemble plus à celui d'un humain qu'à celui d'un chimpanzé.

Le plus grand des marchés

Tubercules d'igname.

Si l'on ne se montre pas trop difficile, la savane est riche en nourriture. Il faut être capable de manger un peu de tout, selon ce que l'on trouve sur son chemin. Justement, les australopithèques n'étaient pas du tout spécialisés…

Fruits et légumes…

L'alimentation des australopithèques comportait des fruits tendres, de jeunes feuilles et des bourgeons ainsi que des aliments plus durs : noix, racines et bulbes souterrains. Dans la savane, ce sont ces aliments coriaces qui dominent, à l'inverse des forêts où les fruits et les feuilles sont abondants. Mais là, les australopithèques entraient en concurrence avec les grands singes de forêt alors qu'ils étaient presque seuls à pouvoir se contenter des légumes de savane.

… et un peu de viande

Il est peu probable que les australopithèques aient chassé de grandes proies mais, comme les chimpanzés actuels, ils devaient sans doute capturer de petites antilopes ou des rongeurs dans leurs terriers dès que l'occasion se présentait. Ils récoltaient certainement les termites dans les grandes termitières qui parsèment la savane et de grosses larves cachées sous les écorces. Ils agrémentaient peut-être leurs repas avec des œufs et des coquillages d'eau douce ou marins, mais il ne reste aucune trace de ces aliments.

Les palmiers, les buissons et les acacias donnent toutes sortes de fruits comestibles. Les rivières fournissent poissons, coquillages et œufs de crocodiles. Quant aux termitières, elles regorgent de délicieux insectes !

Les termitières dépassent parfois de plusieurs mètres au-dessus du sol.

Outils disparus

Les australopithèques utilisaient probablement des pierres pour casser des noix, comme les chimpanzés – et les humains, parfois ! Ils se servaient sans doute de bâtons pointus pour déterrer les racines comestibles, mais on n'en a trouvé aucune trace, le bois se fossilisant très rarement. Peut-être taillaient-ils des pierres, mais il est difficile de savoir qui est l'artisan des plus anciens outils taillés.

Du côté des dents

Les fortes incisives sont parfaites pour éplucher et couper des morceaux de fruits. Les grosses molaires servent de meules pour broyer les aliments coriaces comme les bulbes et les racines trouvés sous terre. Ces dents sont d'ailleurs recouvertes d'un émail épais qui évite une usure précoce due aux grains de sable recouvrant les racines. Quant aux canines, elles sont plus utiles pour menacer que pour manger !

Le clan des australos

Quel était le mode de vie des australopithèques ? Les paléontologues disposent de deux sources d'informations : l'analyse détaillée des ossements fossiles et la comparaison avec les grands singes actuels.

Les 24 heures de Laetoli

Lorsque la nourriture est dispersée, comme dans la savane, les groupes d'hominidés doivent compter suffisamment d'individus pour se protéger des prédateurs. On suppose qu'ils constituaient des groupes de 30 ou 40 personnes capables de prospecter sur plusieurs dizaines de kilomètres carrés. Comme les chimpanzés d'aujourd'hui, ils cherchaient à manger pendant la journée et, le soir, ils se constituaient un abri dans un arbre.

Comme tous les hominidés, les australopithèques passaient du temps à entretenir des relations sociales avec les autres membres du groupe.

Un groupe très soudé

Ils passaient sans doute beaucoup de temps à jouer et à s'épouiller. Cette dernière activité n'est pas seulement un moyen de se nettoyer mutuellement la fourrure, mais sert aussi à renforcer les liens entre les membres du groupe. Leur gros cerveau était d'ailleurs un avantage pour gérer leurs relations. En effet, dans un groupe de grande taille, l'ensemble des relations sociales et la hiérarchie entre les individus sont bien plus complexes que dans des petits groupes. Comme cela demande une plus grande intelligence, il est possible que ce facteur ait joué un rôle important dans l'augmentation de la taille du cerveau chez les hominidés.

Une vie bien remplie

L'observation fine des dents a révélé comment se déroulait le développement des australopithèques. On peut en effet compter les stries de croissance des dents pour estimer l'âge d'un individu au moment de sa mort. Leur développement était plus rapide que le nôtre, mais ils n'avaient pas de période d'adolescence, au cours de laquelle la croissance s'accélère brusquement, juste avant d'arriver à l'âge adulte. Ils devenaient adultes vers 11 ans et pouvaient alors se reproduire. Ils vivaient probablement une trentaine d'années.

Voyageuses et pantouflards

En comparant avec les grands singes actuels, on peut imaginer que les mâles restaient dans leur groupe d'origine alors que les femelles changeaient de groupe en arrivant à l'âge adulte. Cela permettait d'éviter une trop forte consanguinité (mais évidemment les australopithèques n'en avaient pas conscience). Les groupes devaient comporter moins de mâles que de femelles, du fait de la compétition sexuelle.

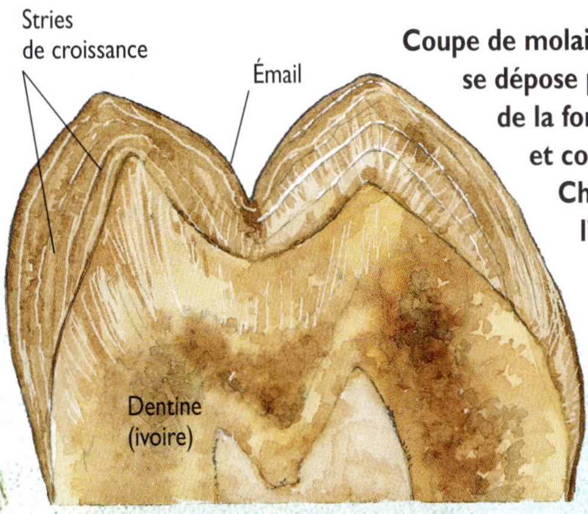

Coupe de molaire humaine. L'émail se dépose peu à peu au cours de la formation de la dent et constitue des stries. Chez les australopithèques, l'émail était épais, comme chez les humains actuels.

Entre savane et forêts

Les australopithèques servaient à l'occasion de repas aux hyènes ou aux grands félins. On a trouvé en Afrique du Sud des crânes portant les traces de dents de léopards.

Il y a 2,5 millions d'années, la faune était bien plus variée qu'aujourd'hui. Certaines espèces nous paraissent très familières alors que d'autres ont disparu depuis longtemps.

Les témoins d'un milieu

Les fossiles animaux que l'on trouve avec les australopithèques confirment qu'ils vivaient dans un milieu de savane arborée, c'est-à-dire dans un environnement de prairies parsemées d'arbres et de forêts peu denses.

❶ *L'hipparion*

Ce petit « cheval » se reconnaît à ses pattes munies de trois doigts (le cheval actuel n'en a qu'un). C'est un brouteur d'herbe, typique de la savane.

❷ Les antilopes

Très nombreuses, elles sont représentées par plusieurs espèces. Les impalas et les gazelles de cette période se nourrissent de feuilles et dépendent donc d'un environnement boisé.

❸ Les félins

Des félins ressemblent à des panthères, d'autres à des lions, mais avec des canines d'une longueur démesurée…

❹ Les hyènes

Depuis des millions d'années, les hyènes débarrassent la savane des cadavres d'animaux, mais n'hésitent pas à s'attaquer à un hominidé isolé.

❺ Les singes

Des petits singes vivent dans les arbres et de grands babouins entrent parfois en concurrence avec les australopithèques.

❻ Le sivathérium

Le sivathérium, de la famille de la girafe, est plus massif et porte des bois semblables à ceux des élans actuels.

❼ Les rhinocéros

Il en existe au moins deux espèces, peu différentes des rhinocéros actuels. De même pour les hippopotames qui occupent les fleuves et les marais.

❽ Les éléphants

La mâchoire inférieure du dinothérium porte deux défenses recourbées vers le bas.

Une famille buissonnante

Les australopithèques ont vécu plus de 2 millions d'années dans une grande partie de l'Afrique. Les os fossilisés montrent que plusieurs espèces se sont succédé ou ont coexisté. Cette famille est encore mal connue des paléontologues.

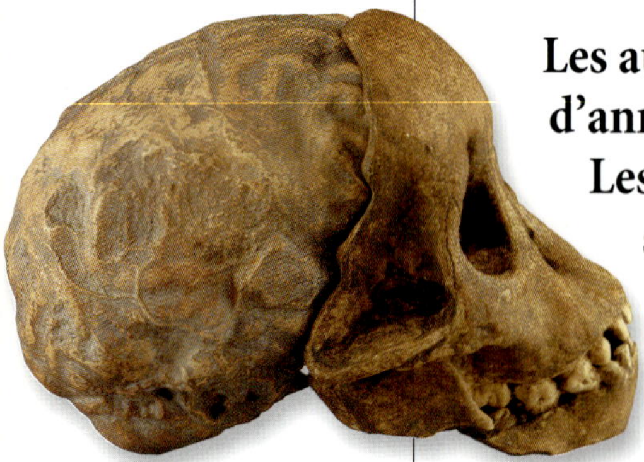

Le premier spécimen connu d'australopithèque, un crâne d'enfant surnommé « l'enfant de Taung ».

Au fond des grottes

En 1997, un squelette entier d'australopithèque est trouvé incrusté dans une paroi de la grotte de Sterkfontein (Afrique du Sud). Surnommé *Little Foot* (« Petit Pied »), il est âgé de 3,6 millions d'années. Il devient donc le plus ancien squelette presque complet d'hominidé. De nombreux vestiges d'australopithèques ont été découverts dans cette grotte et dans la région. On les regroupe sous le nom d'*Australopithecus africanus* (« singe du Sud africain »), comme le premier crâne trouvé par Raymond Dart en 1924.

Le site de Sterkfontein, en Afrique du Sud.

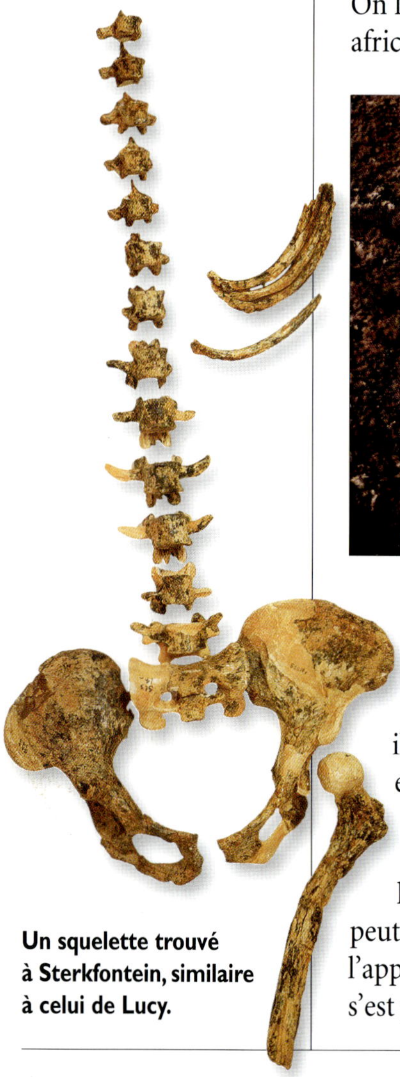

Un squelette trouvé à Sterkfontein, similaire à celui de Lucy.

Abel

Cette mâchoire a créé la surprise lors de sa découverte en 1995. Nommé *Australopithecus bahrelghazali* (« australopithèque de la rivière aux Gazelles »), il vivait au Tchad alors que l'on croyait ces hominidés confinés dans l'est et le sud de l'Afrique. On pensait qu'ils étaient apparus à l'Est à la suite d'un assèchement du climat responsable d'une transformation du paysage forestier en savanes. Abel et Toumaï ont obligé les paléontologues à modifier cette hypothèse. C'est peut-être un changement climatique qui a provoqué l'apparition des hominidés bipèdes mais cela ne s'est probablement pas produit seulement à l'Est.

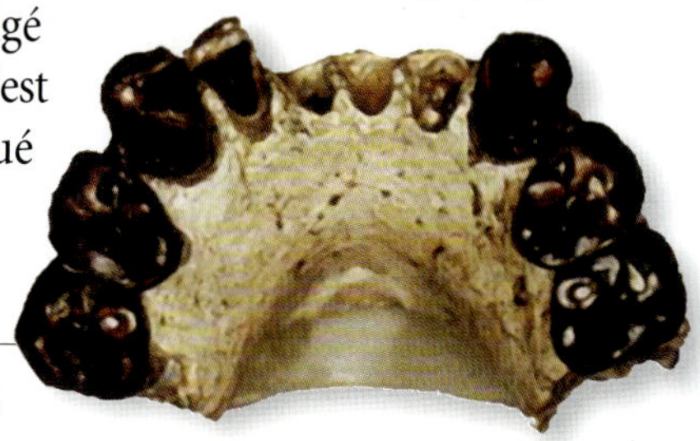

La mandibule d'Abel.

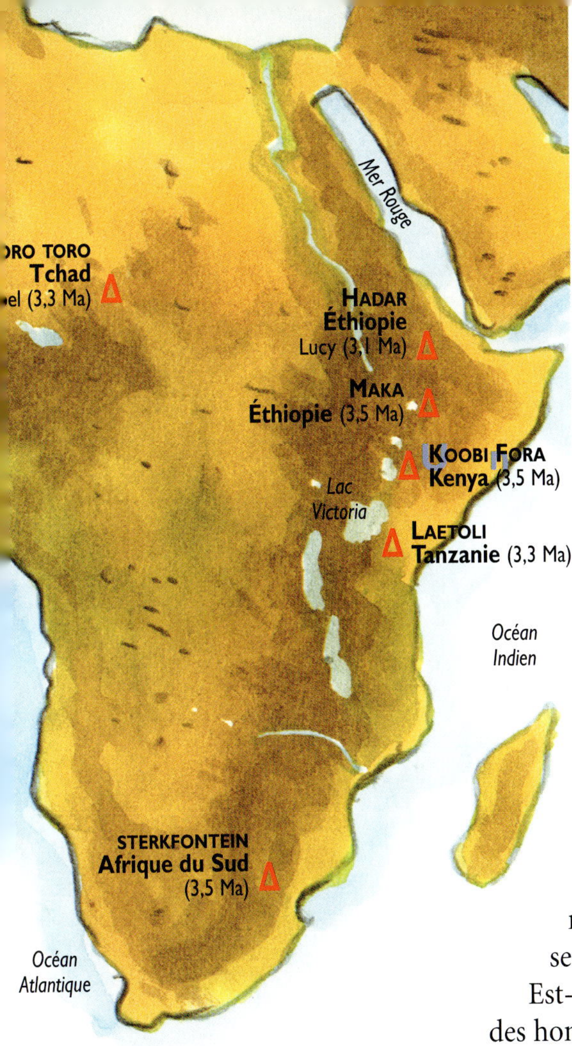

LES PRINCIPAUX SITES DE DÉCOUVERTES D'AUSTRALOPITHÈQUES.

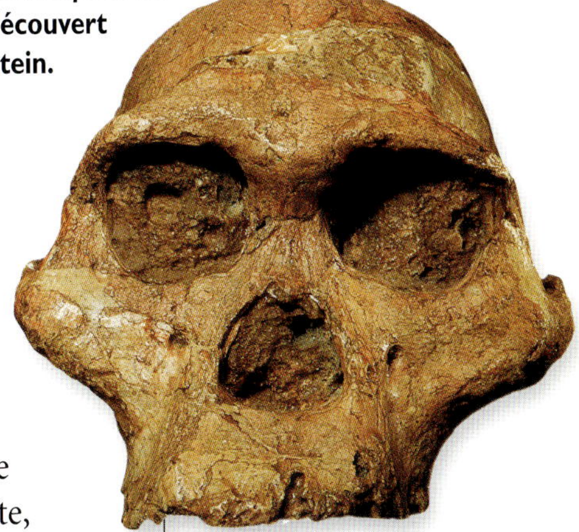

Crâne d'*Australopithecus africanus* découvert à Sterkfontein.

Ancêtre plus présentable ?

Si Lucy n'est pas notre ancêtre direct, mais notre grand-tante, nos grands-parents pourraient se trouver chez une autre espèce, *Australopithecus anamensis* (l'« australopithèque du lac »), trouvée au Kenya en 1994. Daté d'environ 4 millions d'années, il est plus ancien que Lucy, mais son genou et son coude semblent plus « humains ». Est-il un ancêtre de Lucy ? des hommes ? des deux ?

Australopithecus africanus.

Un buisson de plus en plus touffu

Les spécialistes reconnaissent au moins cinq espèces différentes dans les centaines de fragments recueillis. Certaines d'entre elles sont plus anciennes et d'autres plus jeunes, mais leur répartition dans le temps ne suffit pas pour établir qu'une espèce descend d'une autre. Les australopithèques ne constituent pas une « lignée » unique mais un buisson de plusieurs lignées ramifiées. Ils descendent peut-être même d'ancêtres différents. Actuellement, les données sont encore insuffisantes pour se faire une idée claire de leur arbre généalogique.

ESPÈCES D'AUSTRALOPITHÈQUES !

Les australopithèques du Sud et de l'Est sont-ils de simples variétés de la même espèce (comme le gorille des plaines et le gorille des montagnes) ou bien 2 espèces différentes ? Pour le déterminer, il faudrait un grand nombre de squelettes, ce qui donnerait une idée de la variabilité naturelle au sein de chaque groupe.

Un nouveau venu

Une nouvelle espèce a été décrite en 2001 : *Kenyanthropus platyops*, l'« homme du Kenya à face plate ». Ce kényanthrope vivait au Kenya il y a 3,5 millions d'années. Avec un petit cerveau associé à un visage aplati, il semble suffisamment différent des australopithèques pour constituer une lignée à part. Encore une branche pour le buisson !

Kenyanthropus platyops.

Les paranthropes

Les derniers australopithèques ont certainement rencontré les premiers hommes. Ils ont également côtoyé leurs cousins, les paranthropes. Malgré leur allure plus massive et leurs énormes mâchoires, les paranthropes étaient largement aussi malins que les australopithèques. Peut-être même les surpassaient-ils dans l'art de tailler les pierres !

88 La famille des paranthropes

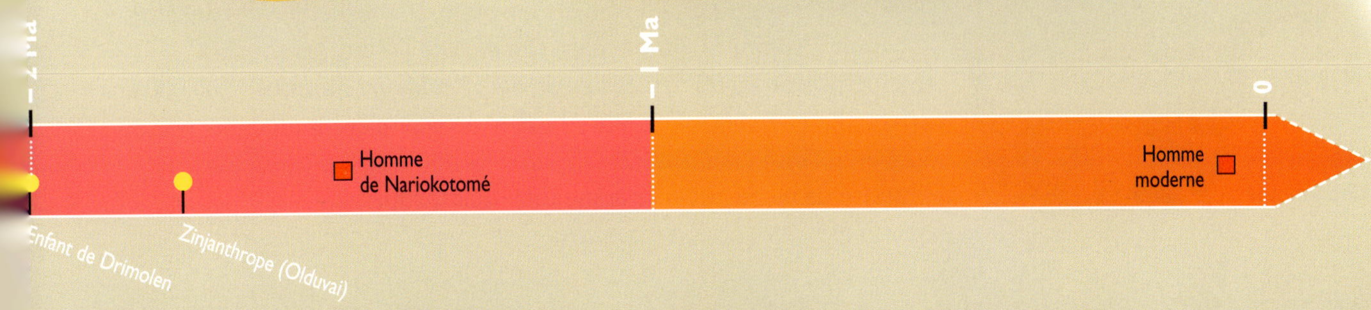

Casse-Noix

Vue d'une partie du chantier de fouilles, qui s'étend sur la Rift Valley.

Olduvai, 1959. Dix ans après la découverte d'outils de pierre grossièrement taillés, un crâne étrange donne le signal d'une nouvelle « ruée vers l'os » dans toute l'Afrique de l'Est.

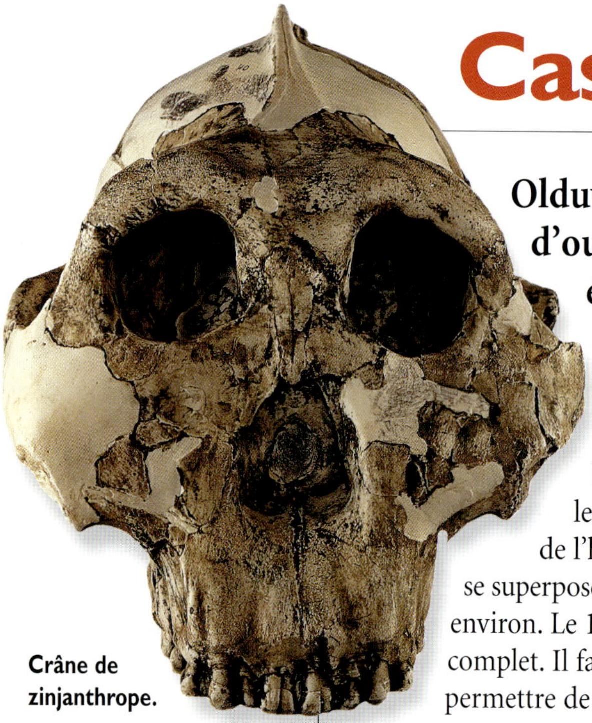

Crâne de zinjanthrope.

Trente ans de fouilles

Pendant 30 ans, Louis et Mary Leakey ont parcouru les gorges d'Olduvai, en Tanzanie, à la recherche des ancêtres de l'homme. Comme dans la vallée de l'Omo, les couches se superposent sur 90 m d'épaisseur, de 2,2 millions d'années à 100 000 ans environ. Le 17 juillet 1959, Mary Leakey découvre enfin un crâne presque complet. Il fallut 19 jours pour dégager les 400 fragments qui allaient permettre de reconstituer le crâne du zinjanthrope.

Mâchoire d'un paranthrope d'Afrique du Sud (2 Ma). Les molaires semblent assez humaines mais elles sont bien plus grosses que les nôtres.

Une meule dans la mâchoire

Âgé de 1,8 million d'années, le crâne est surmonté d'une crête osseuse sur laquelle s'inséraient les muscles de la nuque et des mâchoires, comme chez les gorilles actuels. D'autres crânes trouvés par la suite montrent que cette crête est absente chez les femelles. Autre surprise : les molaires sont énormes. Leur surface atteint le double de ce que l'on observe chez les humains actuels alors que le zinjanthrope ne dépassait pas 1,50 m.

DE NOM EN NOM

Le crâne OH 5 (l'hominidé d'Olduvai n° 5) fut d'abord appelé *Zinjanthropus boisei*, c'est-à-dire l'« homme du Zinj de M. Boise » (le Zinj est un ancien nom de la Tanzanie ; M. Boise était le mécène des fouilles). Il fut aussitôt surnommé M. Zinj ou Casse-Noix. Quelques années après, le zinjanthrope fut considéré comme un australopithèque et donc renommé *Australopithecus boisei*. Lorsque fut créé le groupe des paranthropes, son nom devint évidemment *Paranthropus boisei* (« le presque homme de Boise »). Mais tout le monde n'a pas adopté cette nouvelle identité !

Mary Leakey à Laetoli, Tanzanie, en 1978.

Naissance des paranthropes

Le zinjanthrope et d'autres hominidés d'Afrique du Sud partageant les mêmes caractéristiques ont d'abord été classés dans un groupe particulier d'australopithèques dits « robustes ». Les autres étaient appelés australopithèques « graciles ». Par la suite, des paléontologues décidèrent de distinguer les « robustes » en leur attribuant un nouveau nom : les paranthropes. Ils sont bien caractérisés par leurs dents énormes et leurs crânes aux crêtes spectaculaires.

Les grosses têtes

Les paranthropes n'étaient pas beaucoup plus grands que les australopithèques, mais leur tête était bien plus massive, avec un cerveau un peu plus gros et surtout d'énormes mâchoires.

« Casse-noix »

Les grosses molaires couvertes d'un émail épais sont adaptées à broyer une nourriture coriace à base de racines, de tubercules ou de noix. Les paranthropes sont donc plus spécialisés dans leur alimentation que les australopithèques. Ce sont des végétariens assez stricts, même si des indices révèlent qu'ils ne refusaient pas de grignoter quelques termites quand l'occasion se présentait. Leurs mâchoires sont parfaitement adaptées à ce régime. Les arcades zygomatiques sont projetées vers l'avant, formant de larges pommettes qui masquent presque le nez. Elles laissent une large ouverture aux muscles puissants des mâchoires, nécessaires pour faire fonctionner les meules que constituent les dents. Avec cet appareil masticatoire impressionnant, les paranthropes passaient beaucoup de temps à mâcher !

Richard Leakey tient dans ses mains un crâne de paranthrope découvert en 1969 à East Turkana au Kenya.

Gros cerveaux

Le crâne des paranthropes offre au cerveau un volume de 550 cm^3, plus élevé que celui des australopithèques (même si l'on tient compte des différences de taille). Les empreintes du cerveau sur les os du crâne indiquent aussi que les deux hémisphères cérébraux sont un peu différents l'un de l'autre, ce qui montre une certaine spécialisation des diverses zones.
Si un gros cerveau est bien utile pour maîtriser la vie en société, c'est aussi un atout important pour repérer des nourritures différentes en fonction des saisons et de l'environnement, surtout quand on ne dispose pas d'un odorat très développé.

Évolutions parallèles

Des hominidés bipèdes et à gros cerveau, c'est une combinaison qui rappelle un autre groupe, celui des hommes ! L'évolution des paranthropes a en effet suivi une voie parallèle à celle des hommes (voir p 92-93 chap. 6), mais ils se sont spécialisés comme végétariens alors que les hommes sont devenus de plus en plus généralistes dans leur alimentation.

Carottes et oignons, toujours d'actualité !

Des pieds et des mains

Un tel cerveau permet aussi de mieux contrôler ses gestes. Leurs mains sont en effet plus fortes que celles de leurs cousins australopithèques, avec un pouce et des doigts capables de manipulations plus précises. Les paranthropes sont toujours aptes à grimper dans les arbres, mais leur bipédie semble plus efficace que celle des australopithèques.

Reconstitution d'une scène de ravitaillement. Les paranthropes se nourrissaient de baies mais aussi de vers et d'insectes qu'ils trouvaient sous les pierres.

Racines d'aujourd'hui

Certains hominidés actuels n'ont pas abandonné les aliments coriaces des paranthropes ! Nous continuons à consommer des racines (carottes, betteraves, radis), des tubercules (pommes de terre, patates douces) ou des bulbes (oignons, ails), sans oublier les multiples sortes de noix.

Qualité et quantité

Les feuilles et les racines sont abondantes dans la nature mais pas très nourrissantes. C'est pourquoi les animaux strictement végétariens doivent manger beaucoup pour se procurer suffisamment d'énergie. Cela demande du temps, autant pour trouver la nourriture que pour l'ingérer !

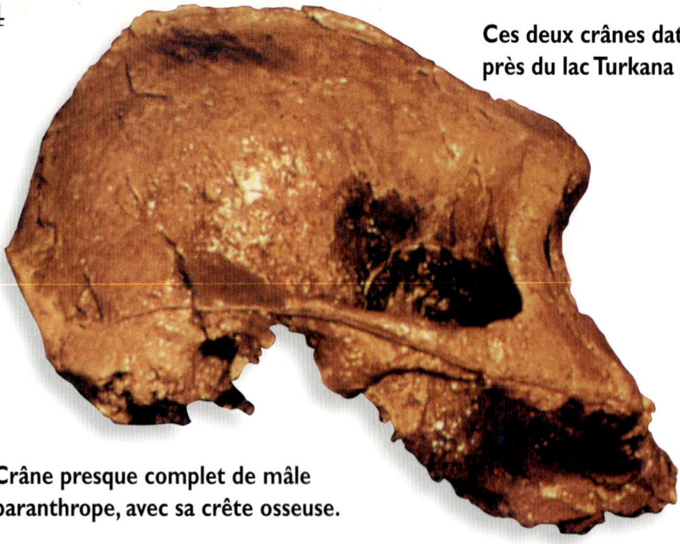

Ces deux crânes datés de 1,7 Ma ont été découverts en 1969 et 1970 près du lac Turkana (Kenya).

Crâne presque complet de mâle paranthrope, avec sa crête osseuse.

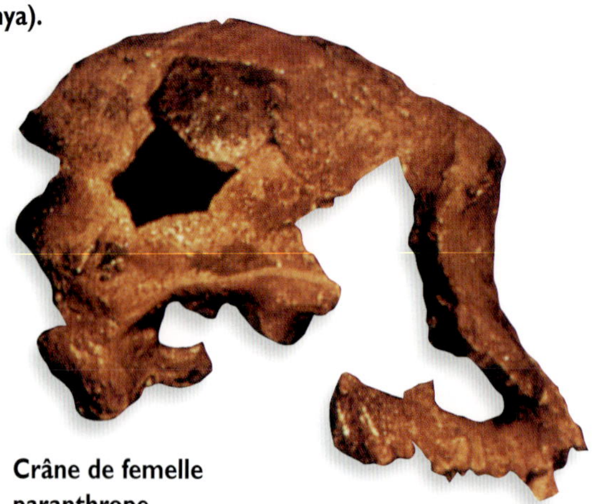

Crâne de femelle paranthrope.

Monsieur Zinj et ses dames

Une des particularités des paranthropes est la forte différence de taille entre mâles et femelles, un indice intéressant pour reconstituer leur mode de vie.

Des sexes très différents

Les mâles atteignent 1,50 m pour un poids estimé de 55 kg alors que les femelles ne dépassent pas 1,20 m pour une trentaine de kilos. Une telle différence s'observe chez les gorilles, mais pas chez les chimpanzés ni chez les humains. Les gorilles des deux sexes diffèrent également par la taille des canines, beaucoup plus grandes chez les mâles. Chez les paranthropes, les canines sont nettement plus petites, avec tout de même une différence entre les sexes.

Chez les cousins des paranthropes

Chez l'être humain, l'homme est en moyenne plus grand que la femme, mais la différence est bien plus réduite que chez les paranthropes. Les canines sont petites et pratiquement de même taille dans les deux sexes. Nos origines suggèrent donc une structure sociale intermédiaire entre celle des chimpanzés et celle des gibbons. Mais, dans ce domaine, la culture prend le pas sur la nature !

De gauche à droite, des canines d'humain, d'australopithèque et de chimpanzé.

Le gorille mâle est beaucoup plus massif que la femelle (*à droite*).

Le gibbon noir femelle est… gris-brun, mais a la même taille que le mâle.

Les machos de la forêt

À quoi servent les canines des gorilles ? Pas à tuer des proies puisqu'ils sont strictement herbivores. De même, ils ont peu d'ennemis naturels à combattre. Les seules vraies altercations concernent les mâles entre eux à propos des femelles. Les gorilles vivent en effet en « harem ». Un groupe est constitué d'un mâle adulte, de plusieurs femelles et de quelques jeunes. Parfois, un jeune mâle tente de prendre la place du mâle dominant. C'est alors que les caractéristiques des mâles se révèlent vraiment utiles : grande taille et longues canines pour effrayer l'adversaire, et éventuellement user de la force contre lui. Comme seuls les mâles les plus grands et les plus forts se reproduisent, ces caractéristiques s'accentuent au cours de l'évolution de l'espèce.

Le couple des gibbons

Les gibbons vivent en couple, pour la vie. Les 2 sexes se ressemblent beaucoup. Comme la compétition entre mâles est réduite, il n'y a aucune raison de voir apparaître un fort dimorphisme sexuel.

Les machos de la savane

Le fort dimorphisme sexuel des paranthropes laisse à penser que la compétition entre mâles était forte et qu'ils vivaient un peu comme les gorilles. Alors pourquoi n'avaient-ils pas de grandes canines ? Peut-être est-ce dû à leur alimentation. En effet, les canines très longues limitent les mouvements latéraux de la mâchoire. Or les paranthropes passaient leurs journées à broyer graines et racines. Il leur fallait donc se contenter de canines courtes.

Une mimique d'intimidation.

La troupe des chimpanzés

Chez les chimpanzés, le dimorphisme sexuel est plus faible et les canines plus petites que chez les gorilles. Le groupe est constitué de plusieurs femelles et de plusieurs mâles. L'un des mâles est dominant, mais moins nettement que chez les gorilles. Comme la compétition entre mâles est moins forte, tous peuvent se reproduire et transmettre leurs caractéristiques à leurs descendants. Il n'y a donc pas d'évolution de l'espèce vers des mâles toujours plus forts.

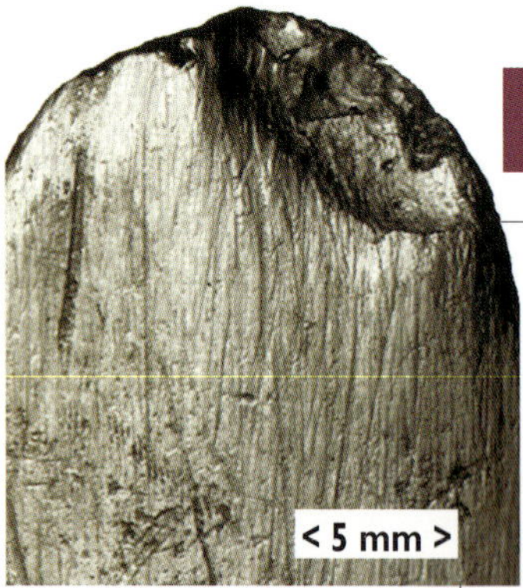

Extrémité d'une baguette d'os attribuée au paranthrope (Afrique du Sud). Observées au microscope, ces fines rainures correspondent exactement à ce qu'on obtient en utilisant ce type d'outil pour capturer des termites. Les paranthropes, bien que plutôt végétariens, appréciaient aussi les insectes !

Des outils préhumains

Contrairement à ce que l'on a longtemps pensé, l'utilisation d'outils n'est pas réservée aux êtres humains. Les chimpanzés se servent de bâtons et de pierres. Les paranthropes en utilisaient et peut-être en fabriquaient.

Un paranthrope sous-estimé

Avec le zinjanthrope, Mary et Louis Leakey avaient trouvé dans les gorges d'Olduvai des pierres taillées très grossières. Ils les ont d'abord attribuées à M. Zinj, avant qu'un homme du même âge soit également découvert. Comme à l'époque il était admis que seul un homme était capable de fabriquer un outil, les paléontologues lui attribuèrent tout naturellement la paternité des pierres taillées.

Un atelier d'ouverture de noix, chez les chimpanzés.

Outils de singes

L'observation des chimpanzés a révélé qu'ils utilisent couramment des pierres pour casser des noix dures. Même s'ils ne les taillent pas, c'est une technique qui demande des gestes précis. Il faut des années d'apprentissage à un jeune chimpanzé pour bien la maîtriser. Avec leur gros cerveau, les paranthropes étaient certainement plus habiles que les chimpanzés, et peut-être autant que les premiers hommes. Ils utilisaient sans doute toutes sortes d'outils : des bâtons pour creuser le sol, des pierres pour casser les noix, des éclats de pierres pour tailler des branches ou des os en pointe.

Grimper ou tailler, il faut choisir

Une main ne peut pas tout faire bien. Les fortes mains des chimpanzés, avec des doigts recourbés et un pouce court, conviennent bien pour grimper dans les arbres, mais sont moins habiles que les mains des hommes. Les chimpanzés ne parviennent pas à coordonner suffisamment leurs gestes pour tailler une pierre. Si on leur montre les gestes à exécuter, ils martèlent la pierre de façon peu précise et n'obtiennent que des éclats de piètre qualité ! La précision des gestes dépend aussi de la taille et de la structure du cerveau.

Les débuts de la technique

Les plus anciens outils connus ont plus de 2,5 millions d'années. Il s'agit de galets frappés avec une pierre de manière à en détacher quelques éclats, ce qui laisse un bord tranchant. Ces outils sont assez irréguliers, preuve d'une technique encore rudimentaire. Rien ne permet d'identifier les premiers artisans. À cette époque vivaient en effet des australopithèques, des paranthropes ainsi que des hommes archaïques.

Reconstitution d'une scène représentant des paranthropes en train de fabriquer des outils.

Certains outils sont taillés à partir de galets de rivière qui ont naturellement une forme et une taille convenables. Ils ne sont taillés que d'un côté, ce qui donne un tranchant assez irrégulier.

Recherche artisan qualifié

Des os d'antilopes et de chevaux trouvés en Éthiopie, datés de 2,5 millions d'années, semblent avoir été grattés à l'aide d'outils de pierre. On suppose que l'artisan boucher était un australopithèque puisque les paranthropes étaient végétariens. Le bord tranchant des galets taillés est cependant aussi utile pour gratter une racine ou tailler en pointe un bâton à fouir. Les paranthropes en ont-ils eux-mêmes fabriqués ? Utilisaient-ils des pierres façonnées par d'autres ? Cette question se pose également pour les australopithèques, mais n'a toujours pas de réponse !

OUTILS DISPARUS

Dans une grotte sud-africaine, des ossements de paranthropes étaient associés à un os d'animal taillé en pointe et montrant des traces d'usure. Il servait probablement de « bâton à fouir », utilisé pour déterrer racines et tubercules. Un outil d'os peut ainsi se conserver pendant des millions d'années alors qu'il ne reste pratiquement aucune trace des outils de bois ou de corne, qui étaient probablement nombreux mais se fossilisent mal.

Une ou deux espèces ?

Chez les animaux actuels, 2 individus appartiennent à la même espèce s'ils peuvent se reproduire ensemble (s'ils sont mâle et femelle, bien sûr). Comment savoir si 2 fossiles appartiennent ou non à la même espèce ? Comme le critère de reproduction est invérifiable, on se sert d'autres indices. Dans une espèce, comme les individus sont tous différents les uns des autres, on peut établir l'étendue des variations de taille et de forme pour le crâne, les dents et les différents os. Si un nouveau fossile n'entre pas dans les variations admises, on considère qu'il s'agit d'une nouvelle espèce. Comme cette appréciation n'est pas toujours évidente, ce sujet provoque de vives discussions entre paléontologues.

La famille des paranthropes

La vallée de l'Omo, en Éthiopie, est aujourd'hui bien plus aride qu'à l'époque des paranthropes.

Les paranthropes sont apparus à peu près à la même époque que les premiers hommes. Ce sont pour nous de lointains cousins qui se sont éteints sans laisser de descendants.

Les robustes

Les paranthropes sont connus par de nombreux crânes et quelques vestiges de squelettes. Les paléontologues en distinguent plusieurs espèces. Les plus anciens datent de 2,7 millions d'années. Ce sont les *Paranthropus aethiopicus*, (les « paranthropes d'Éthiopie »), trouvés en Afrique de l'Est. On en connaît peu de fossiles. Ensuite, deux espèces ont vécu jusque vers 1 million d'années : *Paranthropus boisei* (le zinjanthrope), en Afrique de l'Est, et *Paranthropus robustus* (le « paranthrope robuste »), en Afrique du Sud. Il s'agit d'ailleurs peut-être simplement de deux variétés locales de la même espèce.

Le « crâne noir » est un fossile de paranthrope éthiopien coloré par le manganèse contenu dans la roche où il se trouvait. Sa crête est située plus en arrière que celle du zinjanthrope.

Le Kenya est l'un des pays les plus riches en fossiles d'anciens hominidés.

Apparition des paranthropes…

L'examen des grains de pollen fossiles de la vallée de l'Omo a révélé un changement de climat qui s'est produit il y a trois millions d'années. Le pollen d'herbes de savane a commencé à devenir de plus en plus abondant, alors que le pollen d'arbres se raréfiait. L'apparition des paranthropes correspond donc à une période d'aridification de l'environnement. Ils descendent probablement d'une des espèces d'australopithèques, peut-être *Australopithecus africanus*. Ils étaient bien adaptés à leur milieu sec et peu boisé, puisqu'ils ont vécu près de 2 millions d'années.

Quelques os d'un jeune enfant d'homme archaïque, trouvés à Drimolen (Afrique du Sud).

… et extinction

Contemporains des derniers australopithèques et des premiers hommes, les paranthropes ont disparu sans descendance alors que les hommes avaient déjà colonisé l'Europe et l'Asie. Les hommes sont-ils responsables de leur disparition ? Les paranthropes se sont-ils éteints à cause de nouvelles variations du climat ?

Vestiges du crâne d'un très jeune paranthrope découvert à Drimolen.

LES ENFANTS DE DRIMOLEN

Les fossiles d'enfants sont rares car leurs os, fragiles, se conservent mal, mais ils sont essentiels pour comprendre comment les anciens hominidés se développaient au cours de leur vie. Les os découverts dans une grotte à Drimolen (Afrique du Sud), en 1997, sont donc très intéressants. Ils proviennent en effet de 2 enfants, un paranthrope âgé de moins de 1 an et un homme archaïque (*Homo habilis*) d'environ 3 ans, qui ont tous deux trouvé la mort il y a 2 Ma, peut-être l'un et l'autre dévorés par un léopard…

Les **premiers** hommes

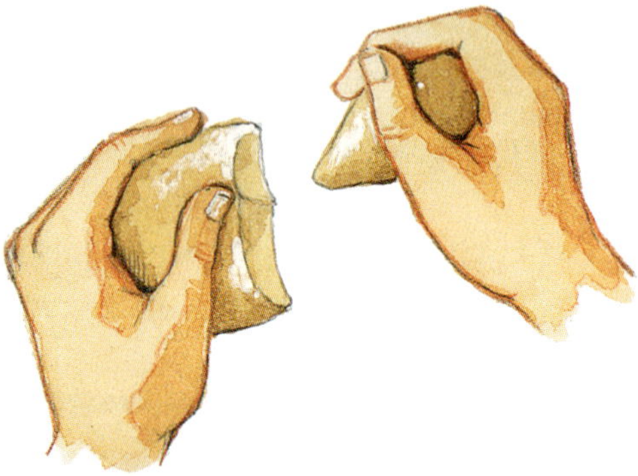

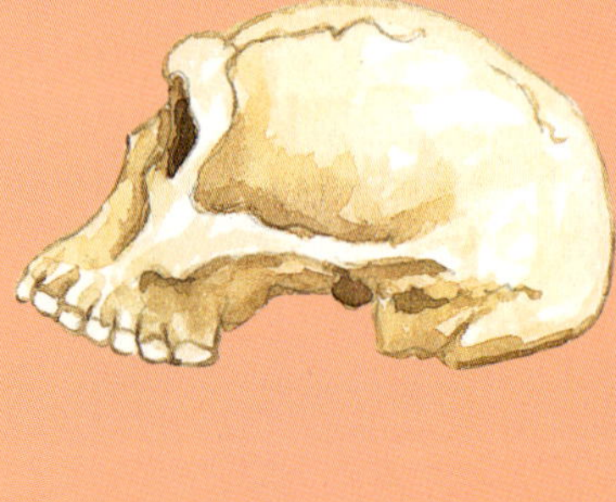

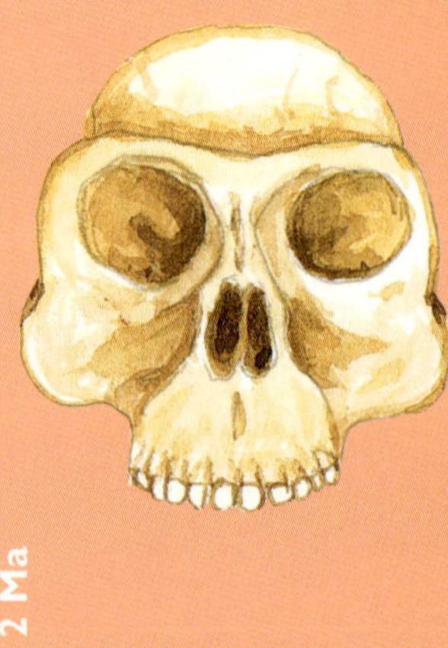

Le début de l'ère quaternaire est marqué par un événement en apparence insignifiant. Quelque part en Afrique, l'un des grands singes de savane est devenu un peu meilleur marcheur que les autres, un peu plus ouvert dans ses habitudes alimentaires, un peu plus habile, peut-être un peu plus intelligent… C'est pour l'ensemble de ces petites différences qu'on l'appelle « premier homme ». En réalité, la différence essentielle est encore imperceptible. De tous les grands singes des savanes africaines d'il y a 2,5 millions d'années, c'est le seul à être notre ancêtre !

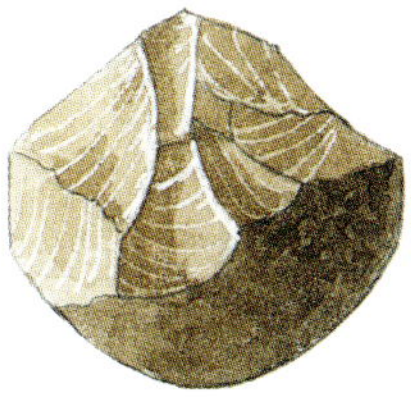

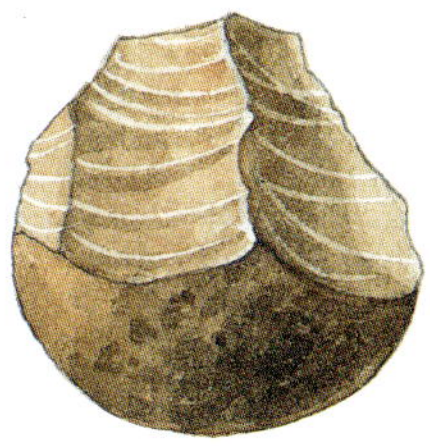

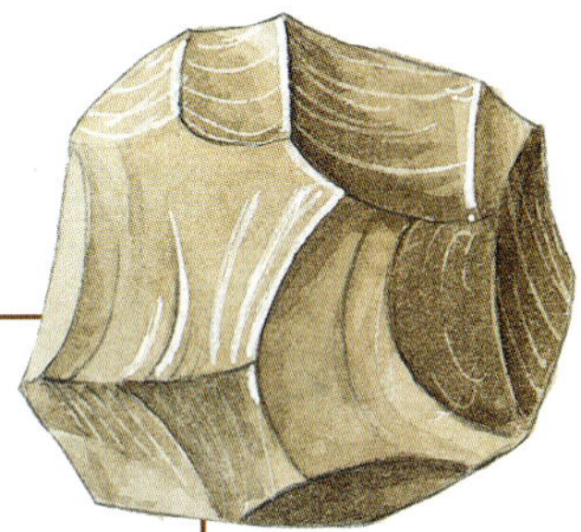

Naissance des hommes

Le crâne KNM-ER 1813, découvert à Koobi Fora (Kenya) en 1973, est le plus complet attribué aux premiers hommes.

Il y a 2,5 millions d'années coexistaient plusieurs espèces d'hominidés parmi lesquels se trouvaient nos ancêtres. Comment reconnaître les premiers hommes ? Peut-on définir une limite nette entre des singes préhumains et des humains encore un peu simiesques ?

Fragments dispersés

De nombreux fragments d'os et quelques crânes plus ou moins complets, datés d'environ 2,5 millions d'années, n'ont pas pu être attribués aux paranthropes ni aux australopithèques. Des paléontologues y reconnaissent les premiers hommes mais certains vestiges sont très controversés. Aucun squelette équivalent à celui de Lucy n'a été découvert. Pour s'en faire une idée plus complète, il faut parfois réunir des os provenant de lieux éloignés les uns des autres. L'image de ce premier homme est donc encore un peu imprécise, même si certains points font (presque) l'unanimité.

Les premiers hommes

Ce qui frappe chez tous les préhumains, c'est l'importance de la face par rapport au crâne. Les premiers hommes ont un crâne un peu plus gros (environ 680 cm^3) et une face plus réduite. Le front reste très fuyant et les pommettes sont en retrait, à l'inverse des paranthropes. Le nez est probablement plus allongé. Les hommes mesurent 1,40 m pour un poids de 25 à 30 kg, les femmes un peu moins. Ils sont donc moins corpulents que les paranthropes et les différences entre les sexes sont moins fortes. Leurs jambes nous paraîtraient trop courtes et leurs bras, trop longs : leurs membres n'ont pas les proportions des humains actuels.

Essai de reconstitution de la face du premier homme.

Ancêtres inconnus

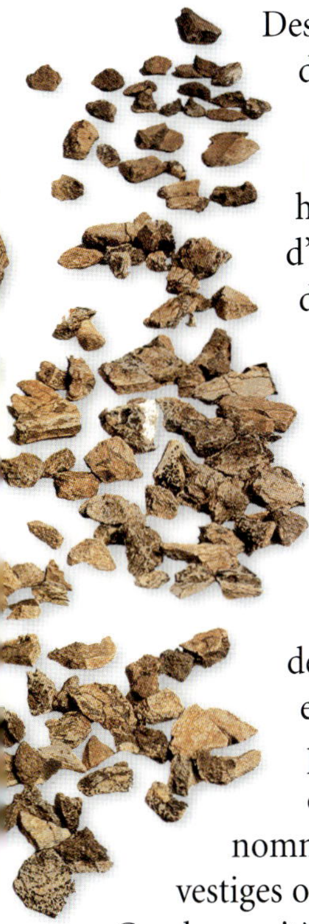

Des paléontologues pensent que ces hommes descendent de certains australopithèques. Mais les plus anciens vestiges qui pourraient être attribués aux premiers hommes sont datés de 4 à 3,5 millions d'années, donc plus anciens que la plupart des australopithèques.

Il a fallu plusieurs semaines de travail pour reconstituer ce crâne, véritable puzzle (incomplet !) de 150 pièces.

Qu'est-ce qu'un homme ?

Les premiers paléoanthropologues estimaient que l'homme se distingue des grands singes par la taille de son cerveau et par la bipédie qui rend la main disponible pour d'autres tâches comme la production d'outils. Le premier homme a d'ailleurs été nommé *Homo habilis* (l'« homme habile »), car ses vestiges ont été immédiatement associés aux outils trouvés au même endroit. Ces deux critères ne semblent pourtant pas vraiment déterminants si l'on tient compte des australopithèques bipèdes et des paranthropes au gros cerveau. Finalement, c'est plus une série de détails sur la forme et la taille des divers os qui permet de distinguer les différents groupes, sans qu'il y ait de frontière évidente entre un hominidé non humain et un hominidé ancêtre de l'homme !

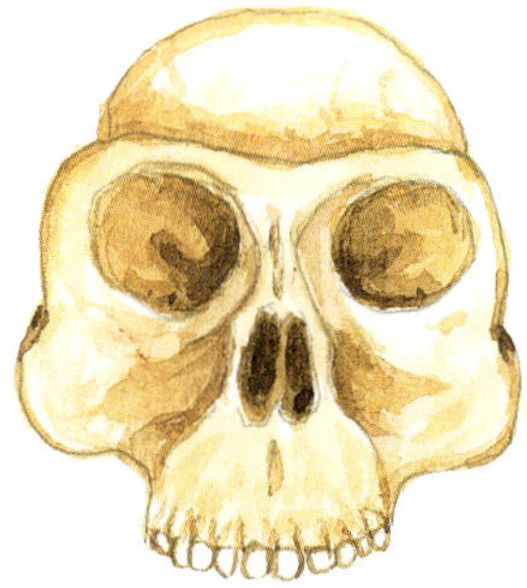

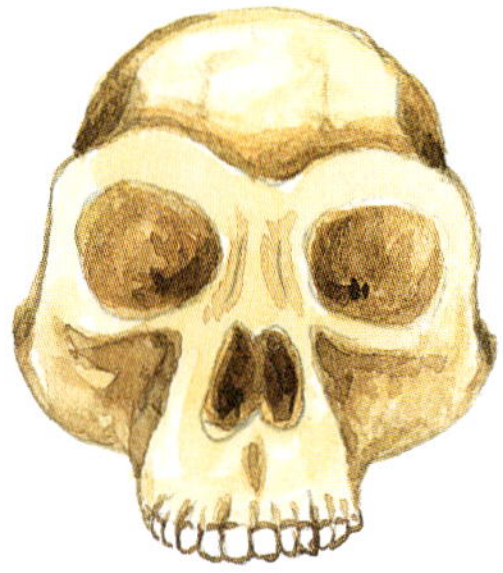

Le crâne KNM-ER 1470, *en haut*, et le crâne KNM-ER 1813, *en bas*.

Les crânes KNM-ER 1470 et 1813, âgés de 1,9 Ma, proviennent de Koobi Fora (Kenya). S'agit-il de deux espèces différentes (par exemple un homme et un australopithèque) ou bien d'un mâle et d'une femelle d'*Homo habilis* ? Les spécialistes ne sont pas d'accord du tout…

Chez les premiers hommes, le front est peu marqué.

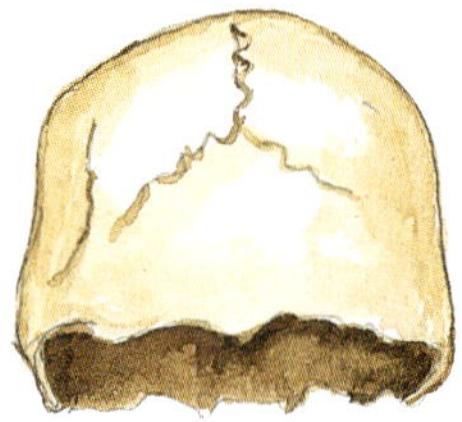

La moitié haute du crâne est plus étroite que sa partie basse (c'est l'inverse chez l'homme moderne).

Le crâne est très étroit derrière les orbites (« rétrécissement post-orbitaire »).

MÂCHOIRE D'*HOMO HABILIS* (*À GAUCHE*) ET D'HOMME MODERNE (*À DROITE*).

La mâchoire des premiers hommes, plus large que celle des australopithèques, ressemble plus à celle des hommes actuels mais leurs molaires sont bien plus grosses que les nôtres.

À table !

Des prédateurs et des charognards, comme les lions et les hyènes, se partagent une carcasse.

Dans un environnement à la fois riche et dangereux, les premiers hommes faisaient preuve de grandes qualités d'adaptation, tirant parti pour leur alimentation de tout ce qu'ils pouvaient trouver.

CADAVRES

Les carcasses exploitées par les premiers hommes sont les cadavres d'animaux morts de faim ou de soif, tués par des prédateurs ou noyés lors de la traversée d'un fleuve. Les hommes devaient parvenir à mettre en fuite les petits charognards, mais évitaient sans doute tout contact avec les félins à dents de sabre ou les bandes de hyènes. Cette source de nourriture était probablement plus abondante en fin de saison sèche, quand les animaux sont affaiblis. À la saison des pluies, les hommes mangeaient plus de végétaux.

Omnivores

Comme leurs ancêtres, ils étaient toujours amateurs de feuilles et de racines, qu'ils complétaient par des œufs, des poissons ou des coquillages. À la saison sèche, les poissons sont faciles à attraper lorsqu'ils se sont fait piéger dans de petites mares boueuses. Les hommes étaient donc omnivores, comme les australopithèques, mais ils mangeaient probablement plus de viande. À poids égal, la viande apporte bien plus d'énergie que des racines. La digestion est plus courte et consomme donc moins d'énergie : autant de gagné pour nourrir le cerveau !

Charognards…

Les outils découverts à proximité d'os d'éléphants n'ont certainement pas servi à abattre ces animaux. Les hommes ont seulement profité de la découverte d'une carcasse pour se procurer de la nourriture. Ils ne mangeaient pas sur place mais tranchaient des morceaux et retournaient à l'abri des arbres pour manger. Il leur fallait agir vite car les grands prédateurs étaient nombreux et charognards eux-mêmes. Sur certains os fossiles, les traces de dents sont recouvertes par les marques laissées par les outils. Les hommes sont donc passés après les carnivores.

… ou chasseurs ?

Il est peu probable que ces premiers hommes aient été de grands chasseurs. Ils ne couraient sans doute pas suffisamment bien pour poursuivre des antilopes et leurs armes n'étaient pas assez puissantes pour les grands herbivores comme les éléphants ou les hippopotames. Mais ils capturaient certainement des lièvres, des porcs-épics, des rats et peut-être des animaux plus gros affaiblis par la faim ou la soif.

Les nettoyeurs de la savane

Les carcasses étaient nettoyées rapidement avant que la viande soit avariée. Ils avaient quelques jours pour en retirer la chair, les entrailles, le cerveau, et aussi la moelle des os, riche en graisse donc très nourrissante. En fin de saison sèche, lorsque les animaux sont maigres, c'est même la seule source pour se procurer certains éléments nutritifs indispensables. Il faut donc casser les os des membres et les os plats comme les omoplates pour en extraire la moelle. Seules les hyènes étaient capables de briser les os avec leurs puissantes mâchoires ainsi que les hommes, grâce aux outils qu'ils avaient fabriqués.

Ces galets aménagés, qui servaient d'outils, étaient obtenus par percussion d'une pierre sur une autre. Leurs éclats tranchants étaient utilisés pour le dépeçage des carcasses.

Tailleurs de galets

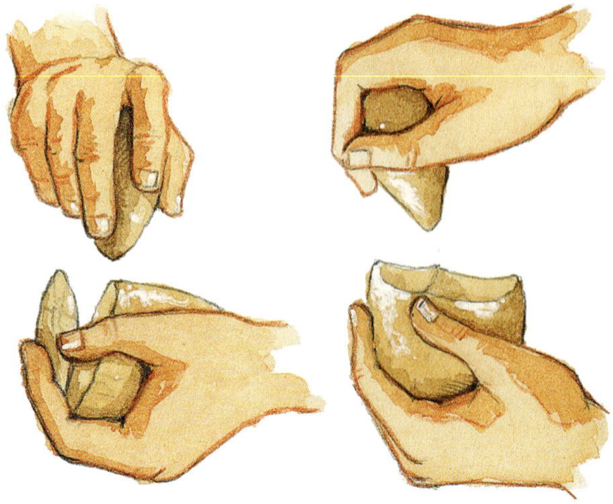

Les préhistoriens ont appris à tailler les pierres avec un « marteau » constitué d'une pierre dure, selon la technique des premiers hommes.

Les premiers hommes ne se contentent pas de fabriquer un outil lorsque le besoin s'en fait sentir. Ils organisent des « ateliers » où ils fabriquent des séries entières d'outils destinés à être transportés et utilisés ailleurs.

Un atelier au bord du lac

Dans la région de Lokalalei, sur la rive ouest du lac Turkana (Kenya), des paléontologues ont découvert une accumulation de 3 000 blocs et éclats de pierres volcaniques, étalés sur seulement 17 m^2. Il s'agissait des vestiges d'un véritable atelier de production d'outils de pierre, daté de 2,3 millions d'années. Cherchant à assembler les éclats entre eux, ils ont pu reconstituer les blocs initiaux et comprendre la technique utilisée. Les gros blocs étaient frappés à l'aide d'une pierre dure pour en détacher des éclats tranchants. Les coups n'étaient pas donnés au hasard puisque plusieurs dizaines d'éclats étaient produits à partir d'un même bloc. On ne sait pas quels hominidés sont à l'origine de ces outils, parmi les plus anciens qui aient été trouvés.

Galets aménagés

Des outils un peu plus récents, attribués aux premiers hommes, montrent une technique de taille plus précise. Il s'agit de galets provenant d'une rivière et dont plusieurs éclats ont été détachés afin d'obtenir un côté bien tranchant. Pour aboutir à ce résultat, il faut frapper le galet avec une pierre dure et les coups doivent être nets et précis. La technique est simple mais demande une certaine habileté.

Le paléolithique

Les préhistoriens séparent les temps préhistoriques en 2 périodes : le paléolithique (« ancien âge de pierre ») et le Néolithique (« nouvel âge de pierre »). Le néolithique couvre les 10 derniers millénaires seulement alors que le paléolithique dure plus de 2,5 Ma. Il débute avec les premiers outils, qui définissent la culture oldowayenne (« d'Olduvai », en Tanzanie). On utilise souvent un terme anglais, *pebble culture*, c'est-à-dire « culture des galets », puisque ces premiers outils sont souvent taillés à partir de galets de rivière.

Le site de Lokalalei, au Kenya, 2,3 Ma.

Outil du site de Hadar, en Éthiopie, 2,6 Ma.

Percuteur.

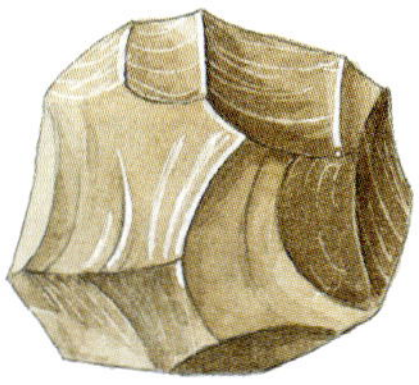

Polyèdre.

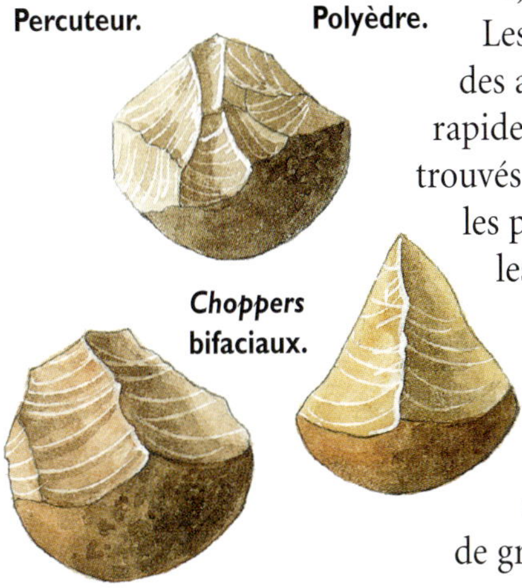

Choppers bifaciaux.

Tranchoirs et éclats

L'outil le plus courant à l'époque est le tranchoir, souvent appelé de son nom anglais, le *chopper*. Il va durer près de 1,5 million d'années sans beaucoup changer. Les galets aménagés ne sont probablement pas des armes mais des outils destinés à exploiter rapidement les carcasses des grands animaux trouvés dans la savane. Il fallait en effet couper les pattes au niveau des articulations et trancher les tendons afin de pouvoir emporter la viande avant l'arrivée des charognards. D'autres outils, des pierres taillées en forme de boules, servaient probablement à casser les os pour en extraire la moelle. De simples éclats au tranchant bien net devaient servir de grattoirs pour tailler le bois ou les os.

Technique et cerveau

Les outils sont d'excellents témoins des capacités des premiers hommes. En effet, la technique de fabrication peut être reconstituée du début à la fin. On repère les coups portés et donc l'habileté de l'artisan. On a ainsi pu constater que les premiers hommes étaient plutôt droitiers. Cela signifie que les 2 hémisphères du cerveau étaient spécialisés, ce qui augmentait ses capacités globales.

Artisan ou artisane ?

Il ne faudrait pas imaginer *a priori* que les hommes taillaient les pierres pendant que les femmes faisaient la cuisine. On ne sait pas s'il y avait un partage des tâches dans ces premiers groupes humains, et, s'il y avait partage, qui faisait quoi ! Chez les chimpanzés, ce sont les femelles qui se montrent les plus habiles à manipuler les pierres pour briser les noix !

Outil du site de Lokalalei, 2,3 Ma.

Réunion de famille

CHACUN SA NICHE

Chaque espèce dispose d'une « niche écologique » qui représente son espace de vie, ses aliments et les autres ressources dont elle a besoin. Sur un même territoire, plus les niches sont différentes, moins la compétition entre espèces est forte. Les paranthropes, très végétariens, concurrencent peu les premiers hommes, qui sont plus généralistes et ont accès à une nouvelle ressource : la viande des grands animaux.

Après quelques dizaines d'années de fouilles en Afrique orientale, les chercheurs doivent faire face à une masse de fragments osseux bien difficiles à classer. Il est possible qu'il n'ait pas existé « un » premier homme mais plusieurs !

Les deux premiers

Les premiers fossiles d'hommes archaïques ont été découverts en 1960 à Olduvai (Tanzanie). De nombreux autres fragments provenant de plusieurs régions d'Afrique orientale ont ensuite été attribués à ces premiers hommes.
Avec l'accumulation des données, des paléontologues ont estimé que ces restes étaient trop différents les uns des autres et appartenaient en fait à deux espèces. À côté d'*Homo habilis*, ils ont défini une nouvelle espèce : *Homo rudolfensis* (« l'homme du lac Rodolphe », l'ancien nom du lac Turkana).

Le lac Turkana, au Kenya.

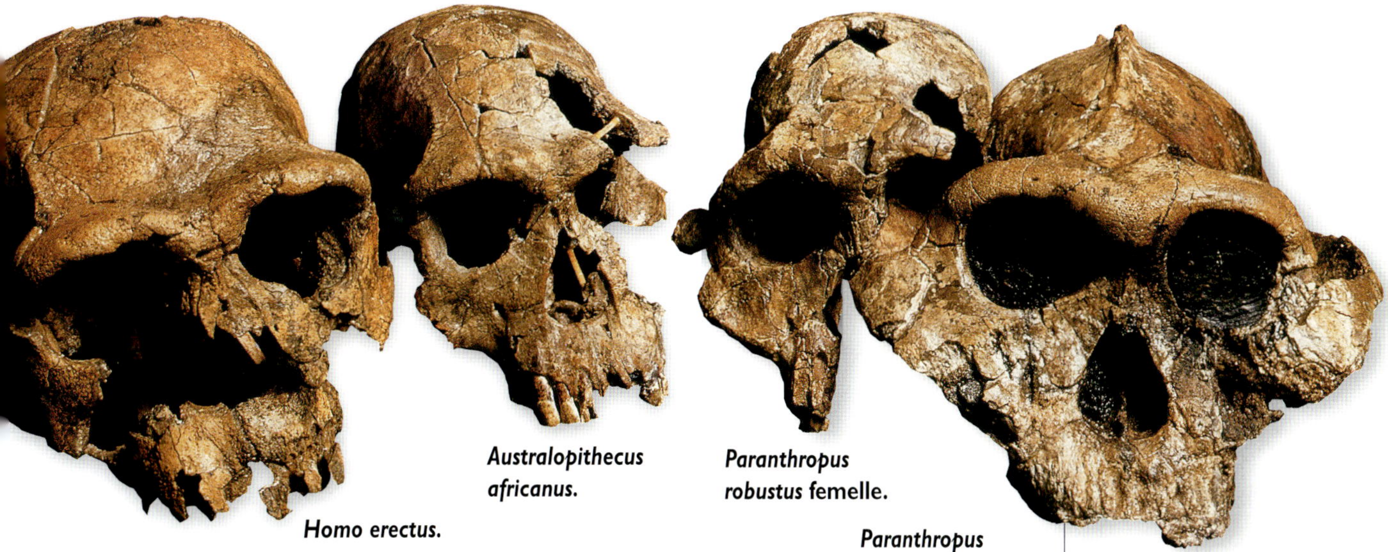

Homo erectus.

Australopithecus africanus.

Paranthropus robustus femelle.

Paranthropus robustus mâle.

Collection de fossiles d'hominidés trouvés à East Turkana au Kenya entre 1968 et 1972.

La tête et les jambes

Les premiers hommes semblent encore liés aux arbres, surtout *Homo habilis*, qui ressemblerait plus aux australopithèques, bien que ses mâchoires soient plus humaines. *Homo rudolfensis*, plus grand, plus massif et meilleur bipède, aurait un cerveau un peu plus gros mais des mâchoires plus primitives. Les différentes parties du corps n'évoluent pas à la même vitesse, ce qui complique encore les essais de classification des différentes espèces d'hominidés.

Les cousins

Entre 2,5 et 2 millions d'années, la savane semble surpeuplée ! Les derniers australopithèques rencontrent les premiers hommes, pendant que les paranthropes se développent tranquillement. Ce tableau est très différent de l'ancienne vision de l'évolution de l'homme. On n'observe pas une transformation graduelle d'un singe en homme, mais plusieurs évolutions simultanées, dans des directions un peu différentes et dont l'une aboutira à l'homme. Il reste à comprendre pourquoi tous nos cousins ont disparu sans laisser de descendants.

La valse des étiquettes

Certains paléoanthropologues ne reconnaissent pas ces 2 espèces d'hommes archaïques et les considèrent comme des australopithèques. Pour d'autres, *Homo habilis* serait en fait *Australopithecus habilis*, et *Homo rudolfensis*, un descendant du kényanthrope. Il faudrait alors le nommer *Kenyanthropus rudolfensis*. De quoi y perdre son latin ! Ces controverses viennent à la fois de l'état fragmentaire des fossiles et des théories personnelles des différents spécialistes.

De gauche à droite : *Australopithecus afarensis*, *Homo rudolfensis*, *Homo habilis*, *Paranthropus boisei*.

Sous l'influence du climat

Les bouleversements climatiques ont sans doute joué un rôle déterminant dans l'évolution des hominidés. En effet, chaque espèce vivante est adaptée à son environnement. Lorsque le climat change, elle évolue ou disparaît.

Coup de froid

L'apparition des premiers hominidés bipèdes coïncide avec un refroidissement global du climat terrestre. L'expansion des calottes glaciaires, en immobilisant de grandes quantités d'eau douce, aurait en effet provoqué une diminution de la pluviosité et un remplacement des forêts par des steppes et des savanes dans de vastes régions. La bipédie serait une adaptation des grands singes à ce nouvel environnement. Le phénomène aurait été accentué en Afrique orientale par la formation des grands rifts.

Avis de sécheresse

Il y a 2,5 millions d'années, le climat se dégrade à nouveau. En Afrique de l'Est, l'environnement devient plus sec et les zones de forêts diminuent. C'est le moment où apparaissent les premiers hommes et les paranthropes. Ces derniers exploitent des nourritures très coriaces, abondantes en savane. Les hommes deviennent au contraire de moins en moins spécialisés, capables de se nourrir d'aliments très variés.

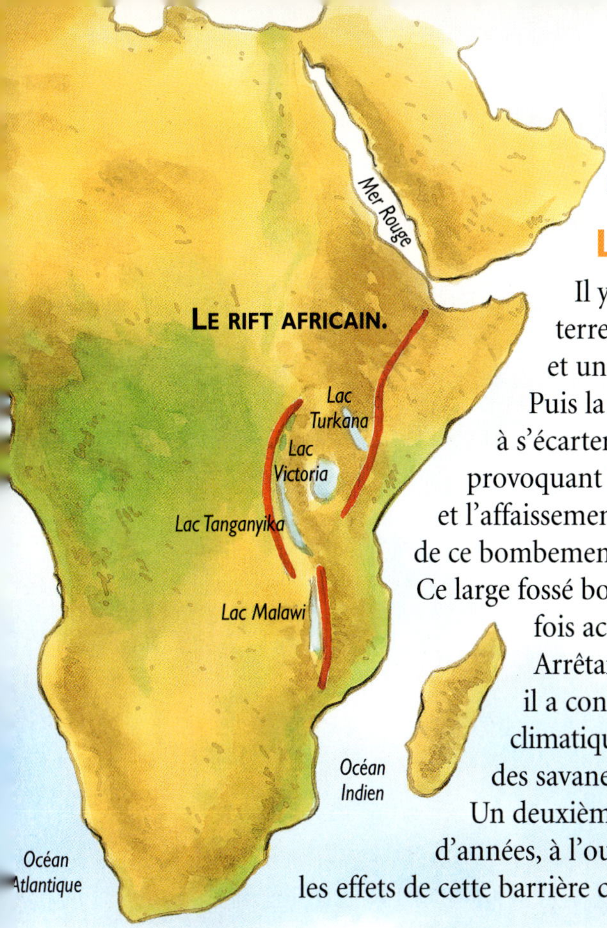

Les grands lacs africains (Turkana, Victoria, Tanganyika, Malawi) occupent aujourd'hui les vallées centrales des 2 rifts.

Le grand rift

Il y a 8 millions d'années, la croûte terrestre a subi un échauffement et un soulèvement à l'est de l'Afrique. Puis la partie orientale a commencé à s'écarter du reste du continent, provoquant la fracturation et l'affaissement de la zone centrale de ce bombement, de l'Éthiopie à l'Angola. Ce large fossé bordé de hautes falaises s'est plusieurs fois activé au cours de son histoire. Arrêtant les pluies venant de l'ouest, il a constitué une barrière climatique qui a favorisé l'extension des savanes en Afrique orientale. Un deuxième rift est apparu il y a 2,6 millions d'années, à l'ouest du précédent, accentuant encore les effets de cette barrière climatique.

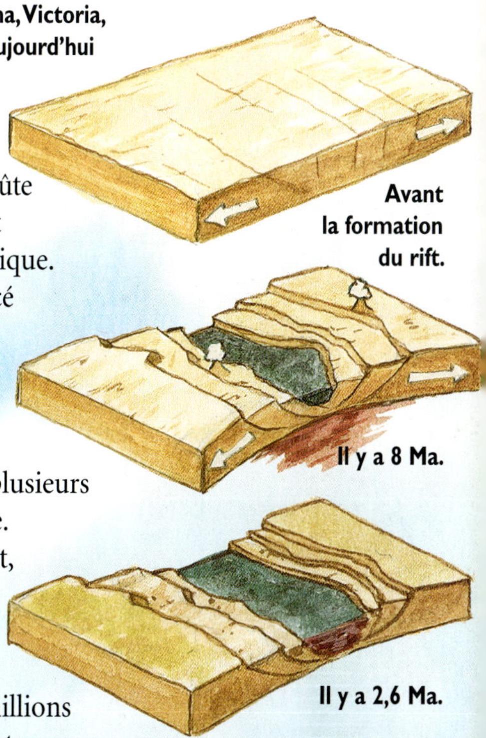

Avant la formation du rift.

Il y a 8 Ma.

Il y a 2,6 Ma.

East Side Story

Au début des années 80, le paléoanthropologue Yves Coppens avait émis l'hypothèse que la formation du rift est-africain était à l'origine de l'apparition des hominidés bipèdes. D'après lui, l'événement fondamental avait été la séparation du continent en zones différentes. Du côté ouest, pluvieux, les grands singes seraient restés adaptés aux forêts, leur évolution aboutissant aux chimpanzés et aux gorilles. À l'est, ils se seraient adaptés à un milieu de savanes, plus sec et plus ouvert. La découverte de Toumaï à l'ouest du rift remet en question cette « *East Side Story* » (« histoire du côté est »), comme l'avait nommée son auteur. Il y a bien eu un changement climatique, mais la bipédie semble être apparue dans un environnement plus boisé qu'on ne le pensait.

Indépendants !

Avec leur gros cerveau qui leur permet de fabriquer des outils et d'élaborer des stratégies de chasse plus complexes, les hommes ont accès à toutes sortes de nourriture, et surtout à plus de viande. C'est justement ce qui leur est nécessaire pour faire fonctionner correctement ce nouvel organe. L'évolution des premiers hommes s'explique peut-être par cette indépendance qu'ils acquièrent par rapport aux contraintes du milieu.

Les grands hommes

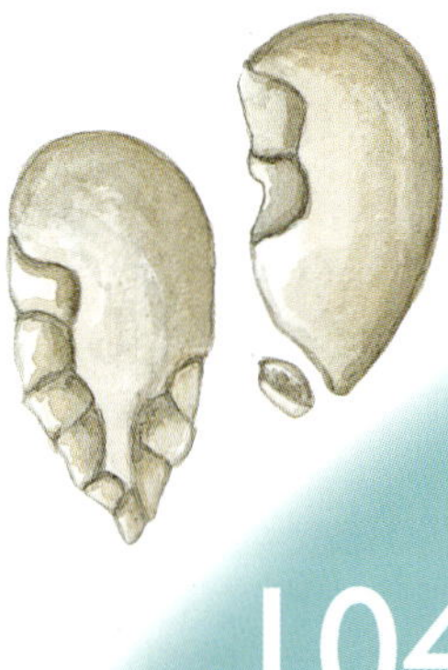

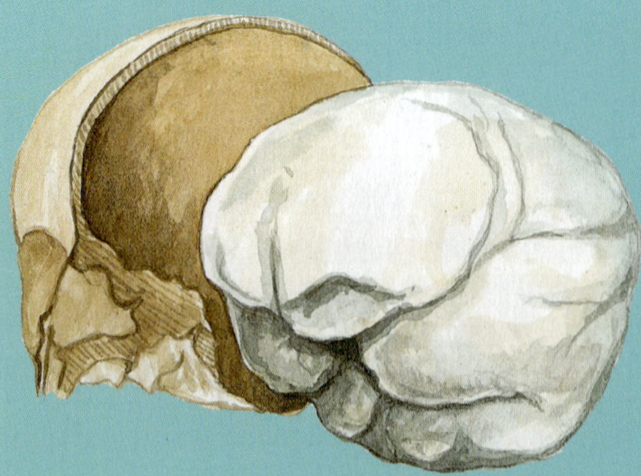

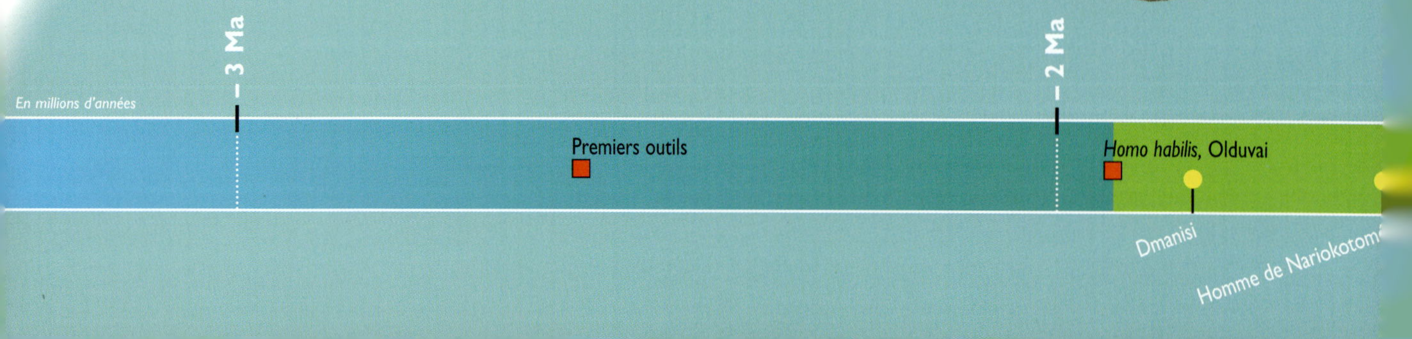

Après le premier homme apparaît, en bonne logique, le deuxième homme ! Plus grand et athlétique que ses prédécesseurs, il marche parfaitement droit et court comme un sportif, bien qu'il n'ait pas encore la figure d'un homme moderne. Pour nous qui connaissons la suite de l'histoire, il fait un ancêtre très présentable malgré ses gros sourcils et son front fuyant !

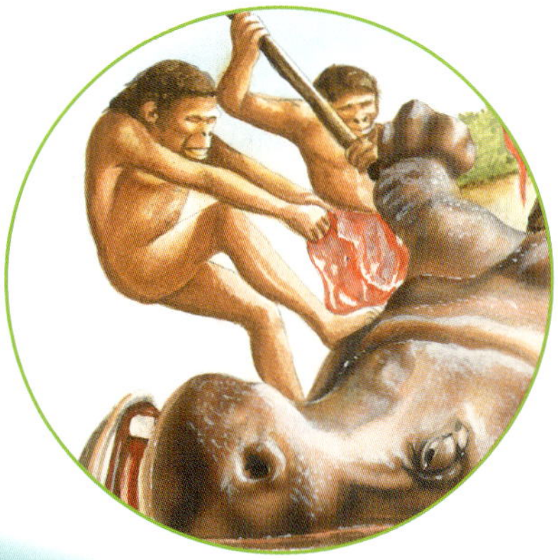

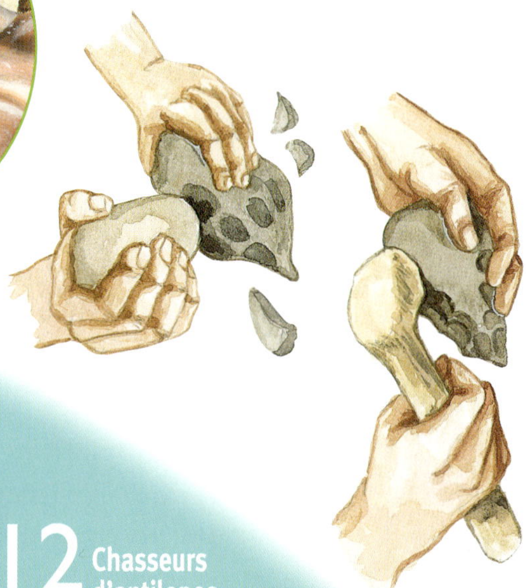

112 Chasseurs d'antilopes

114 Campement

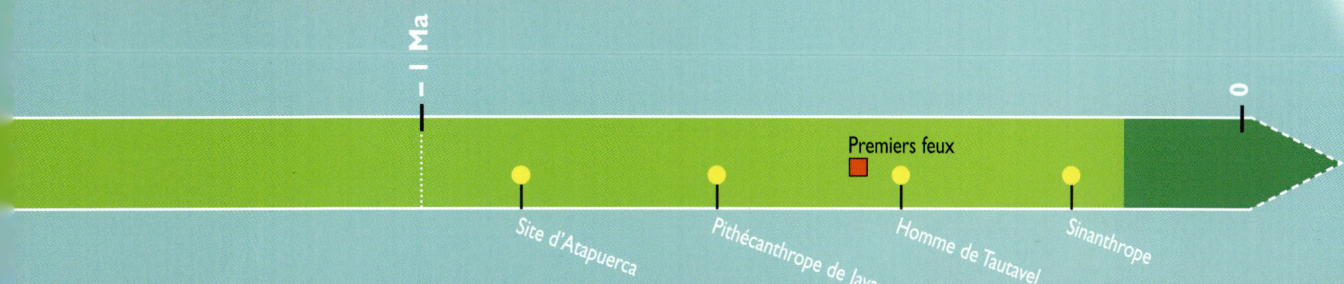

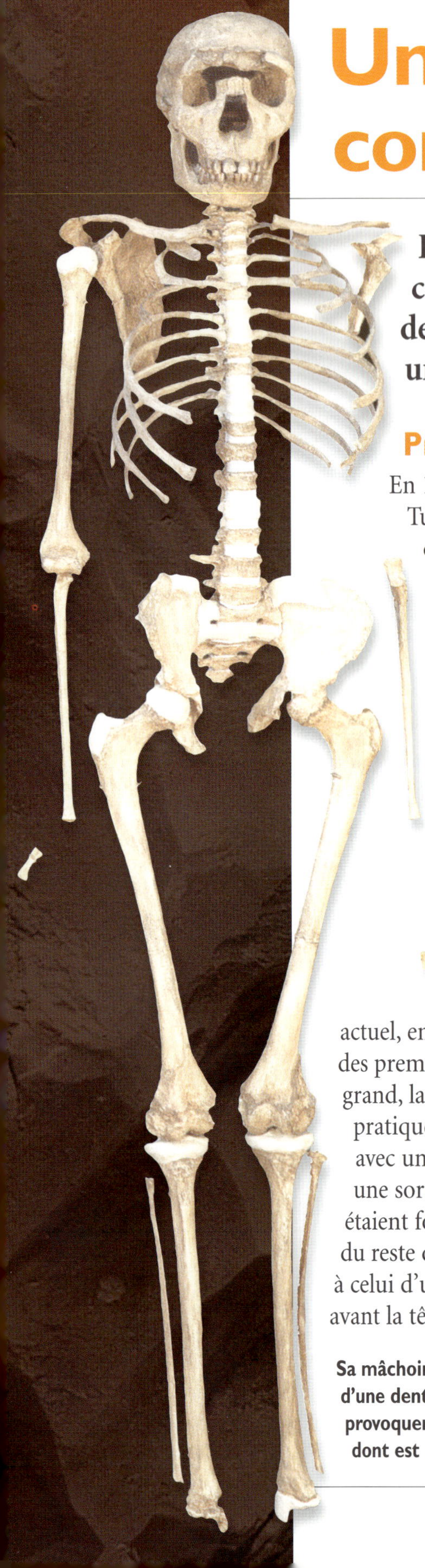

Un garçon comme les autres

Dix ans après Lucy, un nouveau squelette presque complet sort de terre et bouleverse le monde de la paléontologie. Voici l'adolescent de Nariokotomé, un homme d'il y a 1,6 million d'années.

Presque complet

En 1984, une équipe de paléontologues prospectait la rive ouest du lac Turkana (Kenya). Le 22 août, Kamoya Kimeu aperçoit un fragment d'os qui dépasse du sol. Il faudra déblayer des centaines de tonnes de sable pour finalement dégager un squelette presque complet à l'aspect très humain. Les paléontologues obtenaient enfin une image détaillée de l'anatomie d'un de nos ancêtres directs.

Un grand ado

D'après l'usure des dents et la présence de cartilages de croissance au niveau des os des membres, les paléontologues supposent qu'il n'avait pas fini de grandir. Âgé de 12 ou 13 ans, il mesurait 1,60 m et aurait probablement atteint 1,85 m à l'âge adulte. Il était donc beaucoup plus grand que tous les autres hominidés. Les proportions de ses membres étaient semblables aux nôtres, avec des os épais et solides. Son cerveau était cependant assez petit : il aurait atteint un volume de 900 cm^3 (pour 1 400 cm^3 chez l'homme actuel, en moyenne). Certes, c'est plus que les 700 cm^3 des premiers hommes mais, comme il était nettement plus grand, la proportion du cerveau par rapport au corps reste pratiquement la même. Les os du crâne étaient très épais, avec un gros bourrelet osseux au-dessus des yeux, formant une sorte de visière. Son front était fuyant, ses mâchoires étaient fortes mais il n'avait pas de menton. Au contraire du reste du corps, le crâne ne ressemble pas vraiment à celui d'un homme actuel. Le corps est devenu moderne avant la tête !

Sa mâchoire porte la trace d'un abcès à la racine d'une dent. S'il n'est pas soigné, un abcès peut provoquer une septicémie, une infection généralisée, dont est peut-être mort ce jeune garçon.

Son environnement ressemblait aux savanes actuelles de l'est africain.

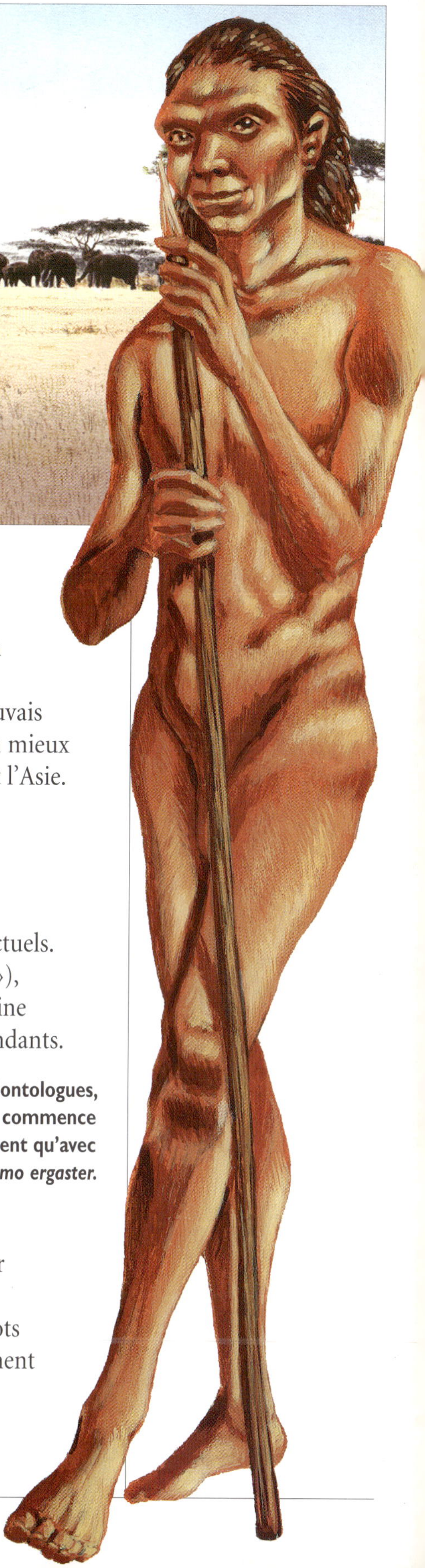

Marcheur mais pas grimpeur

Le garçon du lac Turkana représente une nouvelle espèce d'homme, bien plus proche de la nôtre. On ne sait pas exactement qui sont ses ancêtres, parmi les différentes espèces de premiers hommes. Bon marcheur et mauvais grimpeur, ce « grand homme » est également capable de courir vite, bien mieux que ses ancêtres. Comme ses ancêtres, il va lui aussi coloniser l'Europe et l'Asie.

Debout ou travailleur ?

Pour certains chercheurs, ce fossile appartient à l'espèce *Homo erectus* (l'« homme debout ») que l'on trouve en Afrique, en Europe et en Asie entre 2 millions d'années et 300 000 ans, et ancêtre des hommes actuels. Pour d'autres, c'est un *Homo ergaster* (un « homme travailleur »), distinct des *Homo erectus* d'Asie. *Homo ergaster* serait à l'origine des humains actuels, les *Homo erectus* s'éteignant sans descendants.

La tête de cet *Homo ergaster* frappe par l'importance de la face et des mâchoires par rapport au crâne. Les os sont épais et un gros bourrelet osseux surmonte les orbites.

Pour certains paléontologues, l'homme ne commence vraiment qu'avec cet *Homo ergaster*.

Un événement rarissime

Avant les premières sépultures, les morts restaient en plein air et étaient mangés par les charognards. Le squelette disparaissait peu à peu sous l'action du soleil et de la pluie, ou broyé sous les sabots des troupeaux. Mais en cas de noyade, le cadavre était parfois rapidement recouvert par la boue d'une crue et mis hors d'atteinte des animaux. C'est à ce type d'événement, très rare, que l'on doit la découverte de squelettes complets.

Les premiers hommes se posaient-ils des questions sur leur propre existence ? Parmi nos ancêtres, lesquels ont commencé à réfléchir à l'avenir de leur espèce ?

Les intellos de la savane

On dit parfois, avec une certaine prétention, que le cerveau humain est l'objet le plus complexe de l'univers ! Il est certain qu'un gros cerveau est un avantage pour vivre dans un milieu difficile, mais c'est parfois un inconvénient. Pourquoi l'évolution a-t-elle favorisé cet organe aussi fragile que performant ?

Des têtes bien pleines

En 2 millions d'années, il s'est produit un événement étonnant : le cerveau de certains hominidés a presque doublé de volume alors que leur taille globale ne changeait pratiquement pas. Il est passé de 400 cm^3, volume normal d'un cerveau de chimpanzé, à 800 cm^3 chez les grands hommes jusqu'à atteindre les 1 400 cm^3 des humains actuels. Pourquoi cet accroissement énorme, à l'origine du succès écrasant de l'homme moderne ? Le cerveau ne s'est pourtant pas développé « pour » que nous puissions jouer aux échecs ou philosopher sur le sens de la vie, même s'il permet aujourd'hui ces activités et bien d'autres.

Des cerveaux, pour quoi faire ?

À taille égale, la plupart des singes ont un cerveau plus gros que celui des autres mammifères. Il est possible qu'il ait été au départ sélectionné par l'évolution parce qu'il permettait d'assurer la cohésion des groupes de singes, animaux très sociaux. En effet, pour se situer dans un groupe, il faut se souvenir de ses liens avec chacun des autres membres, mais aussi des liens entre les autres membres du groupe. Quand la taille du groupe augmente, le nombre d'informations à retenir et à comprendre croît beaucoup plus vite. De plus, les individus changent au cours du temps : autant d'informations supplémentaires à retenir. Si l'on ne s'en souvient pas ou si l'on n'en tient pas compte, on risque de gros ennuis dans le groupe.

MÉLANINE

La réduction de la fourrure s'est accompagnée d'une forte production de mélanine, un pigment brun qui protège la peau du soleil. Les premiers hommes avaient probablement la peau noire.

Cerveaux fossiles d'homininés.

Nourrir le cerveau…

Le cerveau est un organe gourmand. Il consomme presque un quart de l'énergie totale dépensée par l'organisme, alors qu'il ne représente que 2 % de son poids. Pour le nourrir, il faut donc trouver plus de nourriture, notamment des graisses animales, d'où l'intérêt d'une alimentation plus riche en viande.

… et le refroidir

Le fonctionnement du cerveau exige une température constante, à 37 °C. Il faut donc le réchauffer s'il fait froid et surtout le refroidir s'il fait trop chaud. La plupart des grands mammifères halètent pour se refroidir, mais les singes transpirent grâce à leurs glandes sudoripares, de petites glandes situées dans la peau et qui produisent la sueur. C'est l'évaporation de la sueur qui permet l'évacuation de la chaleur du corps. Sans que l'on comprenne vraiment pourquoi, le nombre de glandes sudoripares a beaucoup augmenté chez l'homme, au détriment des poils. Nous avons perdu notre fourrure, sauf les cheveux qui protègent efficacement le cerveau contre les risques de surchauffe.

Homme moderne.

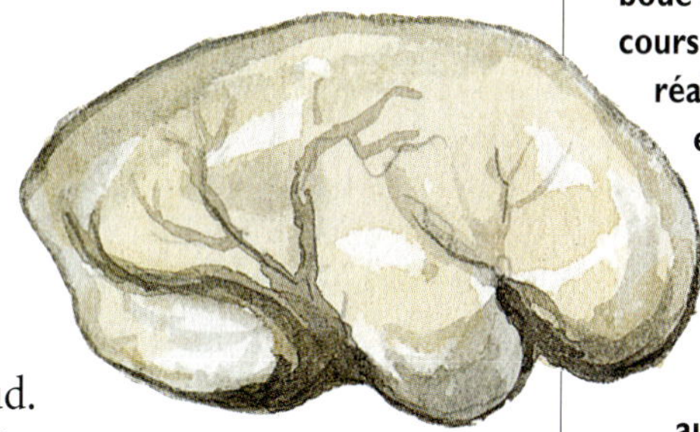

Homo erectus.

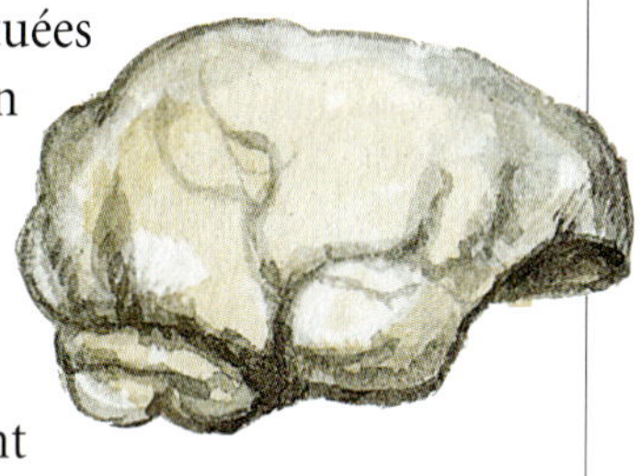

Australopithèque.

Un crâne se fossilise parfois rempli d'une boue qui se solidifie au cours du temps. Cela réalise un « moulage endocrânien » qui conserve la forme précise de l'intérieur du crâne et qui correspond au cerveau entouré de ses enveloppes. Ce moulage présente souvent la trace des vaisseaux sanguins qui irriguaient le cerveau. Cela indique notamment si les 2 moitiés du cerveau sont un peu différentes comme chez l'homme moderne. On peut aussi avoir une idée des quantités de sang reçues par les différentes aires du cerveau, par exemple celles qui jouent un rôle dans le langage.

Héritage

La possession d'un gros cerveau complique l'accouchement. Pour que la tête puisse passer à travers les os du bassin, l'enfant doit naître plus tôt. La naissance se produit alors à un stade plus précoce du développement, alors que l'enfant est encore très immature. Il demande donc plus de soins, et pendant plus longtemps, qu'un chimpanzé nouveau-né. Son développement sera plus long pour permettre à sa tête et à son cerveau de croître. Le jeune sera donc plus longtemps dépendant de sa mère, peut-être un début de répartition des tâches entre les sexes ! Tout cela suppose aussi que le groupe tout entier consacre plus de temps et d'énergie pour les jeunes. C'était vrai il y a 2 millions d'années, et c'est toujours aussi vrai !

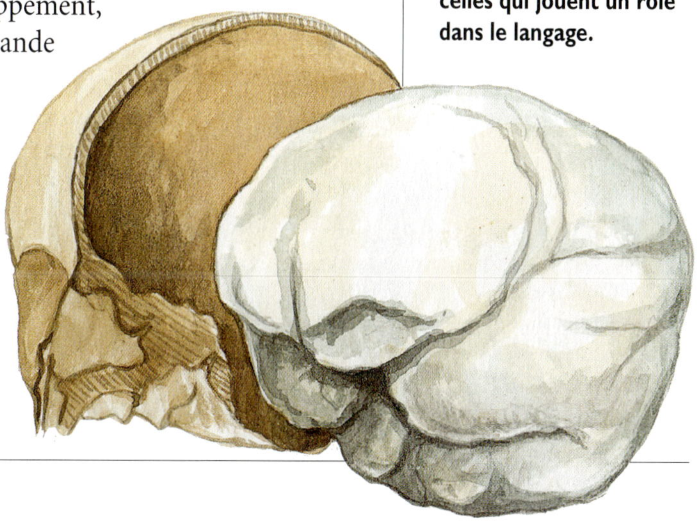

Bavardages

On ne sait pas du tout qui a commencé à parler. Peut-être le premier homme, ou bien son successeur. Peut-être aussi le langage n'apparaît-il qu'avec les hommes modernes. Les indices sont encore insuffisants pour pouvoir trancher.

On ne connaît pas bien la forme du larynx des premiers hommes car les cartilages qui le soutiennent se fossilisent très rarement. Il est donc difficile de savoir s'ils disposaient des structures nécessaires pour produire un langage articulé.

Au salon de coiffure

Le toilettage est une activité très importante chez les primates. Il permet bien sûr de maintenir la fourrure propre, mais c'est surtout un moment agréable qui renforce les liens entre les membres du groupe. Après une dispute, c'est un bon moyen d'apaiser les tensions. Le toilettage renforce la confiance entre les individus, ce qui est important pour se défendre collectivement contre les prédateurs. Chez les singes, plus le groupe est important, plus le toilettage dure longtemps. Mais au-delà d'un certain nombre de participants, il prendrait bien trop de temps. Le langage pourrait être un moyen d'effectuer une sorte de « toilettage » verbal, que l'on peut pratiquer aussi bien pendant les déplacements qu'au cours des repas. Discuter de tout et de rien avec les copains, c'est le meilleur moyen d'être bien inséré dans le groupe !

Chez les chimpanzés, le toilettage est l'une des meilleures façons de conclure une dispute !

Les potins de la savane

Il est possible de vivre sans parler : les chimpanzés parviennent à chasser ou à construire leurs nids pour la nuit sans échanger de mots, même s'ils disposent d'autres moyens de communication (mimiques, signes, cris…). Cependant, dans un groupe de grande taille, la parole est un avantage certain pour préparer un campement, organiser le nettoyage d'une carcasse d'éléphant ou enseigner aux jeunes les techniques de fabrication d'outils. C'est aussi l'idéal pour intégrer les autres à une partie de chasse ou leur indiquer une nouvelle source de nourriture.

Quand les hommes ont-ils commencé à parler ?

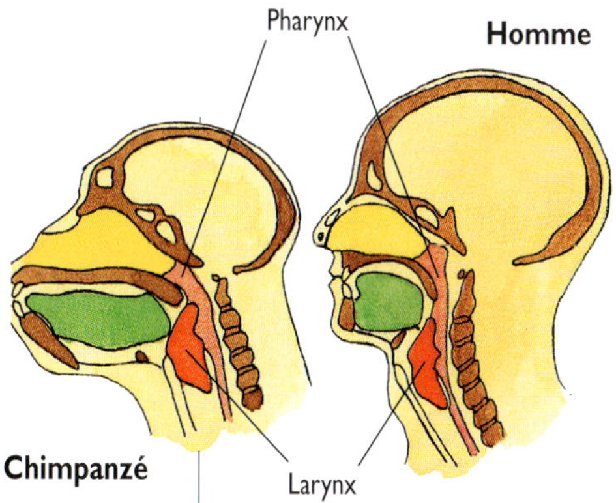

Le larynx des chimpanzés ne leur permet pas d'articuler des sons comme le font les humains.

Les outils du langage

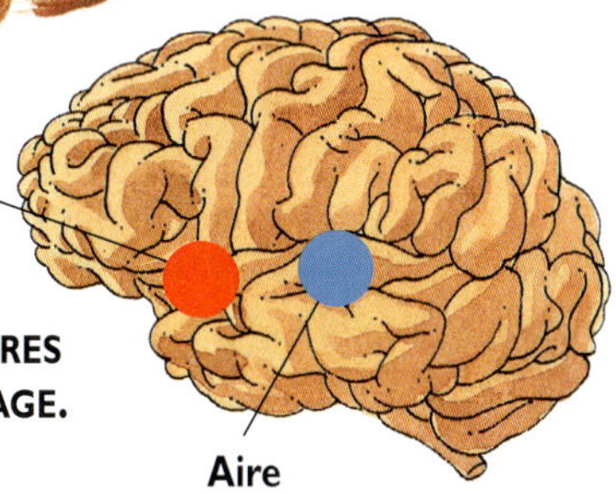

LES CENTRES DU LANGAGE.

Pour parler, deux organes sont nécessaires : un larynx grand et conformé de manière à pouvoir articuler des sons ; un cerveau susceptible de contrôler le larynx… et de comprendre les sons émis par les autres membres du groupe ! Il faut aussi être capable de bien contrôler les muscles du thorax et du ventre pour pouvoir parler tout en respirant (voire en mangeant !). Les os du crâne conservent l'empreinte du cerveau. Or, sur les os des premiers hommes, on note la présence de deux zones impliquées dans la production du langage : les aires de Broca et de Wernicke. Autrement dit, ces premiers hommes montraient des aptitudes à parler, ce qui ne prouve pas qu'ils le faisaient. Certains paléoanthropologues pensent que le langage est né avec l'homme moderne, d'autres que les grands hommes maîtrisaient déjà une forme de langage, même primitive.

DES SINGES QUI PARLENT

Les chimpanzés et les gorilles ne peuvent pas produire un langage comme le nôtre du fait de la structure de leur larynx (qui ressemble à celle d'un bébé humain). Mais des chercheurs ont pu leur apprendre un grand nombre de mots, dans le langage par signes, utilisé par les sourds-muets. Ils se sont révélés capables de construire des phrases simples en assemblant les mots de façon originale (donc pas seulement par imitation). Laissés seuls, ils ont appris certains mots à leurs petits. La capacité à parler est donc sous-jacente chez eux, bien qu'ils n'en aient pas l'usage naturellement.

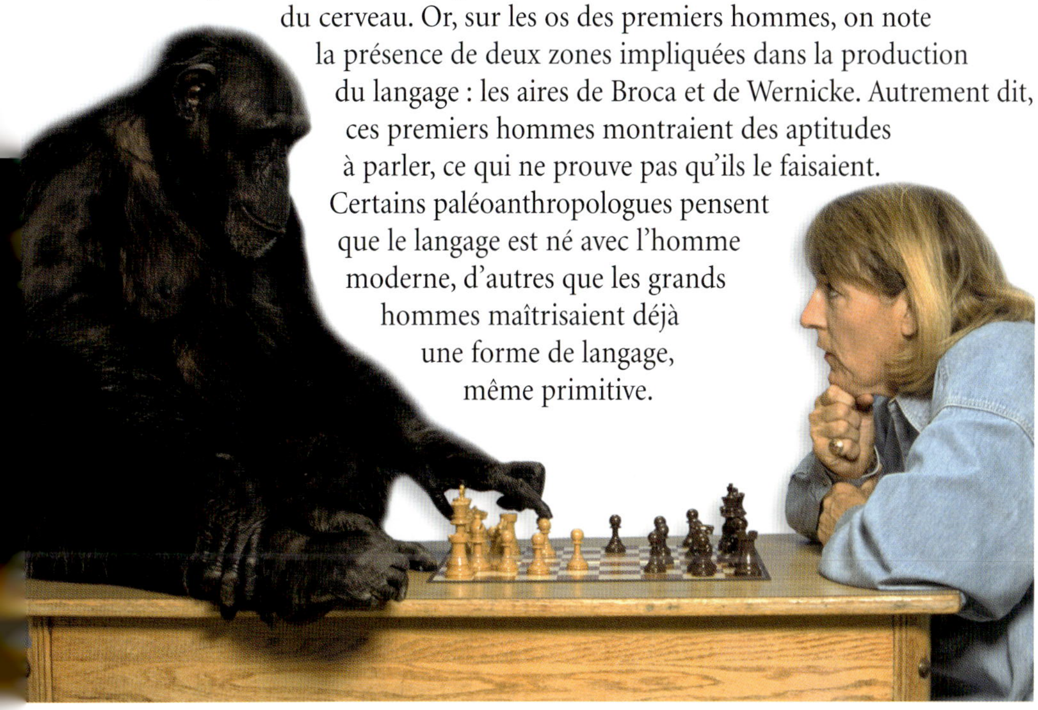

Chimpanzés et gorilles peuvent utiliser des symboles pour communiquer... mais ne peuvent jouer aux échecs !

Sur les sites, les bifaces sont associés aux fossiles d'*Homo erectus* ou d'*Homo ergaster*.

Bifaces

Si l'utilisation et même la production d'outils de pierre ne sont pas des caractéristiques strictement humaines, ce sont des hommes qui vont inventer la fabrication à grande échelle d'objets standardisés : les bifaces.

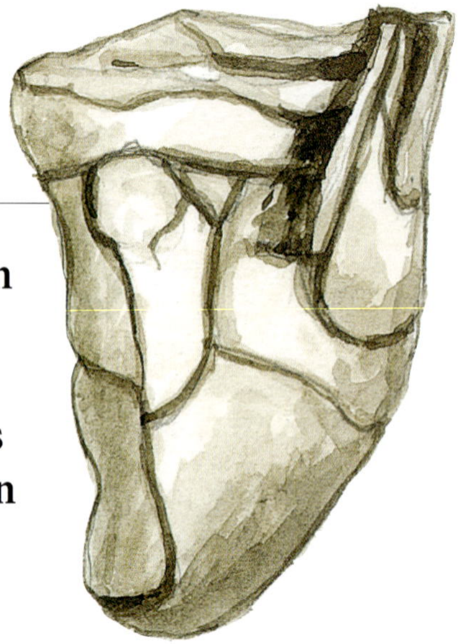

À partir des éclats trouvés sur le site, les chercheurs ont reconstruit le bloc de pierre initial. Ils peuvent ainsi reconstituer la chronologie du travail et analyser la technique utilisée par le tailleur.

Nouveau modèle

Vers –1,6 million d'années apparaissent de nouveaux outils en forme d'amande. Comme leurs deux faces sont symétriques, on les nomme « bifaces ». L'artisan commence par donner une forme convenable à la pierre qu'il a sélectionnée. Il choisit ensuite un percuteur dur (une autre pierre) ou tendre (en os ou en bois de cervidé) pour détacher avec précision des éclats jusqu'à ce qu'il obtienne l'outil qu'il souhaite.

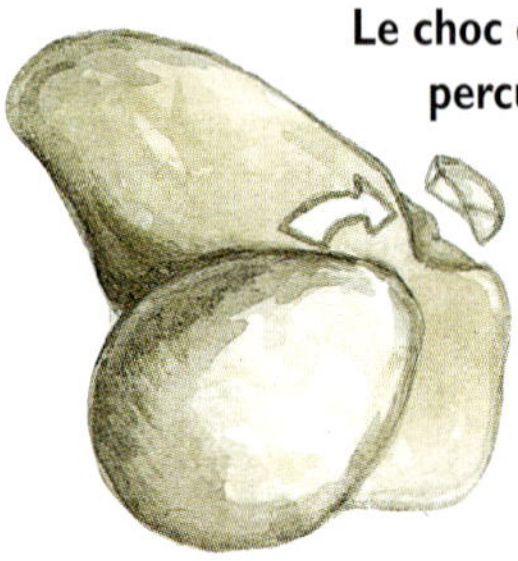

Le choc du percuteur… … détache un éclat sur le bord de la pierre.

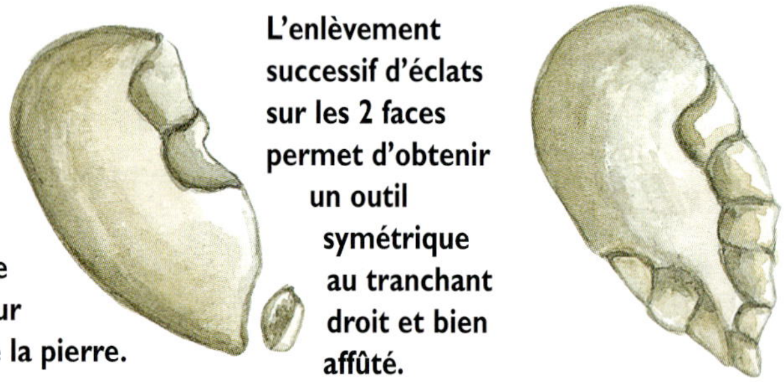

L'enlèvement successif d'éclats sur les 2 faces permet d'obtenir un outil symétrique au tranchant droit et bien affûté.

Un biface, à quoi ça sert ?

Ce travail était une activité importante qui demandait du temps et une bonne technique. Pourtant les préhistoriens ne savent pas précisément à quoi servaient ces outils. Malgré leur ancien nom de « coup-de-poing », ce ne sont pas des armes très pratiques. Certains bifaces semblent avoir été fixés à l'extrémité d'un bâton mais la plupart d'entre eux n'ont pas été conçus dans ce but. En réalité, ils étaient probablement utilisés pour désarticuler les cadavres d'animaux et trancher la viande. Les plus grands, qui atteignent 20 cm de long, étaient peut-être seulement des armes de prestige, possédées par les chefs !

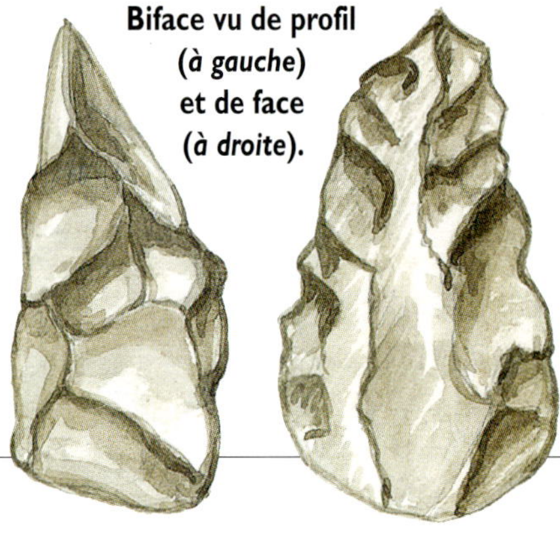

Biface vu de profil (*à gauche*) et de face (*à droite*).

Les deux techniques

Au cours de la préhistoire, les hommes ont utilisé 2 techniques de taille différentes. La première consiste à partir d'un galet, ou d'une pierre, et à le transformer en outil. La deuxième demande un gros bloc, un « nucléus », dont on détache des fragments, les « éclats ». Ce sont eux qui, une fois retaillés, servent d'outils. Le nucléus est abandonné quand on ne peut plus en tirer d'éclats intéressants. La deuxième technique devient peu à peu dominante. Elle est plus complexe car elle suppose que l'artisan prépare le nucléus en fonction de la forme qu'il veut obtenir. Il ne s'agit pas seulement d'« aménager » un galet mais de se représenter à l'avance la forme à laquelle on veut aboutir.

Une boîte à outils complète

Sur les sites, les bifaces sont accompagnés de hachereaux, qui ont un tranchant à une extrémité, un peu comme une hache, et qui servaient à tailler ou à creuser. Les nombreux éclats produits lors de la fabrication d'un biface peuvent eux-mêmes être retaillés et servir d'outils : racloirs à tranchant aiguisé pour nettoyer les peaux de bêtes ou tailler des lances, « scies » au tranchant dentelé, « perçoirs »…, au total une douzaine d'outils différents.
Les nouvelles techniques ne remplacent pas tout de suite la précédente : les hommes continuent à produire les *choppers* (tranchoirs) de la période antérieure, puis finissent par les abandonner.

Bifaces sur le site d'Olorgesailie, au Kenya.

Le marteau sert à dégrossir la forme de l'outil.

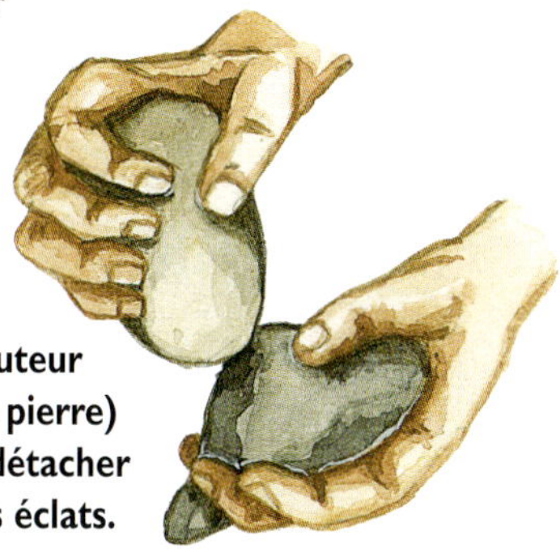

Le percuteur dur (une pierre) permet de détacher de gros éclats.

Avec le percuteur tendre (un os), on peut effectuer un travail plus précis.

Une science des traces

Les paléontologues taillent des pierres avec les techniques des premiers hommes. Ils les utilisent ensuite sur des animaux morts, pour en désarticuler les membres, en trancher la viande ou en briser les os. Ils essaient aussi de tailler des épieux en pointe ou de creuser le sol à la recherche de racines. Chaque activité laisse sur les outils des traces bien particulières, qu'ils peuvent observer au microscope. Cela permet de mieux connaître l'utilisation réelle des outils que l'on découvre.

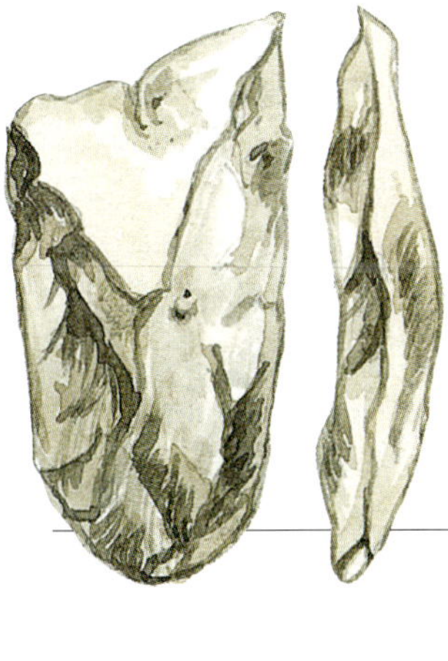

Hachereau, vu de face et de profil.

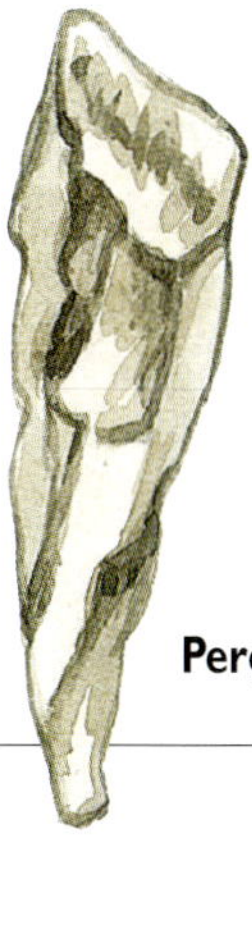

Perçoir.

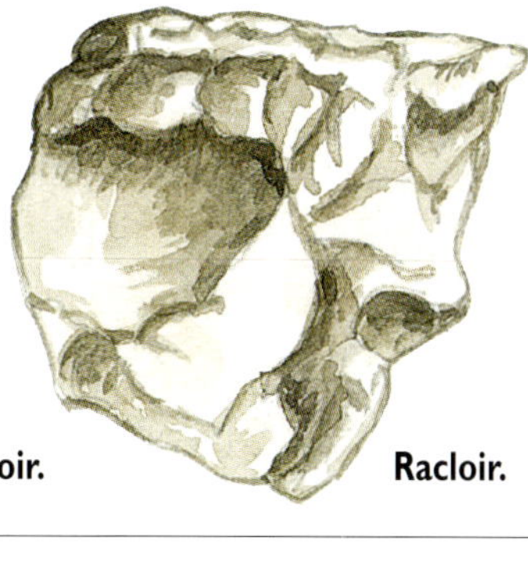

Racloir.

L'Acheuléen dure plus de 1 Ma ! En Europe, la production de bifaces continue jusque vers – 100 000 ans.

L'Acheuléen

Les bifaces sont caractéristiques de la deuxième grande « culture » humaine, l'Acheuléen (de Saint-Acheul, près d'Amiens, où furent trouvés les premiers bifaces). En Afrique comme en Asie, l'Acheuléen est associé aux restes des *Homo erectus* (au sens large). Mais certains d'entre eux ont conservé les techniques plus anciennes (de l'Oldowayen) jusque très tard. Il est difficile d'associer précisément une « culture » et un type d'hommes.

Chasseurs d'antilopes

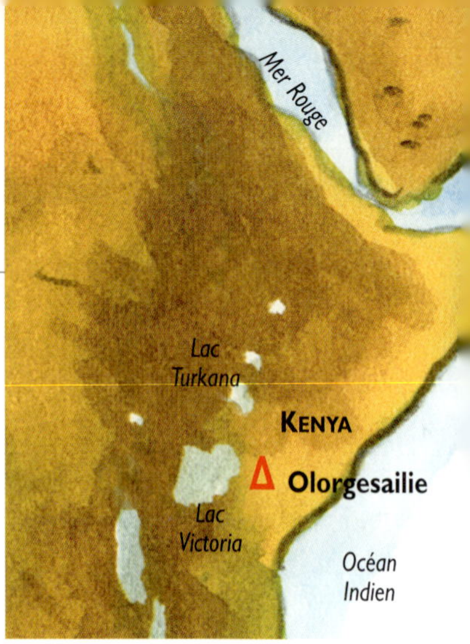

L'environnement des grands hommes regorgeait d'animaux de toutes tailles. Devenus plus grands et plus véloces, équipés d'armes plus efficaces, les hommes ont probablement développé leurs techniques de chasse.

Au moment du repas

Les dangers liés à la chasse et l'excitation qu'elle provoque contribuent à resserrer les liens entre les membres du groupe. Cette activité comporte un autre moment important : le partage de la nourriture, en particulier pour ceux qui n'y ont pas participé. Pour certains paléontologues, la chasse a été un facteur important pour le développement de l'organisation sociale.

Un vrai athlète

Cet homme a l'anatomie d'un vrai coureur. Ses jambes sont longues et capables de supporter de longs déplacements. Plus rapide, il est en mesure de poursuivre des proies jusqu'à épuisement. Sa cage thoracique est plus large, ce qui permet une meilleure ventilation. De plus, il marche droit et non en balançant les hanches et les épaules comme les australopithèques. Ses mouvements consomment donc moins d'énergie.

Le site d'Olorgesailie (Kenya). À Olorgesailie, il y a 900 000 ans, des hommes ont probablement attaqué une troupe de babouins géants dont 50 auraient été tués et mangés.

Preuve par l'exemple

Le paléoanthropologue Louis Leakey était lui-même capable d'attraper un lièvre à mains nues ! De même, certains chasseurs actuels parviennent à approcher suffisamment les antilopes pour les abattre.

Chasseur ?

Qu'il ait été physiquement susceptible de chasser ne prouve pas qu'il ait pratiqué quotidiennement cette activité. De nombreux sites d'Afrique orientale montrent des associations d'ossements de grands animaux et d'outils de pierre. Il ne s'agissait peut-être que de charognage, comme pour leurs ancêtres. Les traces de campements et les ateliers de taille d'outils sont cependant les signes d'une activité sociale croissante. Les chimpanzés chassent en groupe quand l'occasion se présente ; les lions eux-mêmes utilisent des tactiques d'encerclement de leurs proies. Pourquoi ces hommes n'auraient-ils pas été à même d'élaborer des stratégies de chasse plus complexes, d'autant qu'ils disposaient d'armes plus efficaces ?

Ossements de rhinocéros et outils de pierre.

Même s'ils consommaient un peu plus de viande, ces hommes conservaient une alimentation variée. Les noix, riches en graisse, les racines, les fruits formaient toujours l'essentiel des repas, avec des insectes, des œufs, des coquillages, etc.

Chez le boucher

Quelle que soit la façon dont ils se procuraient leurs proies, il est certain que ces hommes pratiquaient la boucherie ! Sur certains sites sont accumulés les ossements de nombreux animaux d'espèces différentes : un hippopotame, un éléphant, des antilopes, des zèbres ou des singes. Les membres sont désarticulés, parfois manquants, les crânes sont ouverts, les os brisés. Ces ateliers de boucherie s'organisaient probablement autour du cadavre : comment transporter un éléphant ? Il est peu probable qu'ils aient mangé directement sur place au risque d'affronter prédateurs et charognards. Peut-être transportaient-ils les quartiers de viande jusqu'au campement ou bien jusqu'à l'atelier de taille, où ils disposaient des outils pour achever le nettoyage des carcasses.

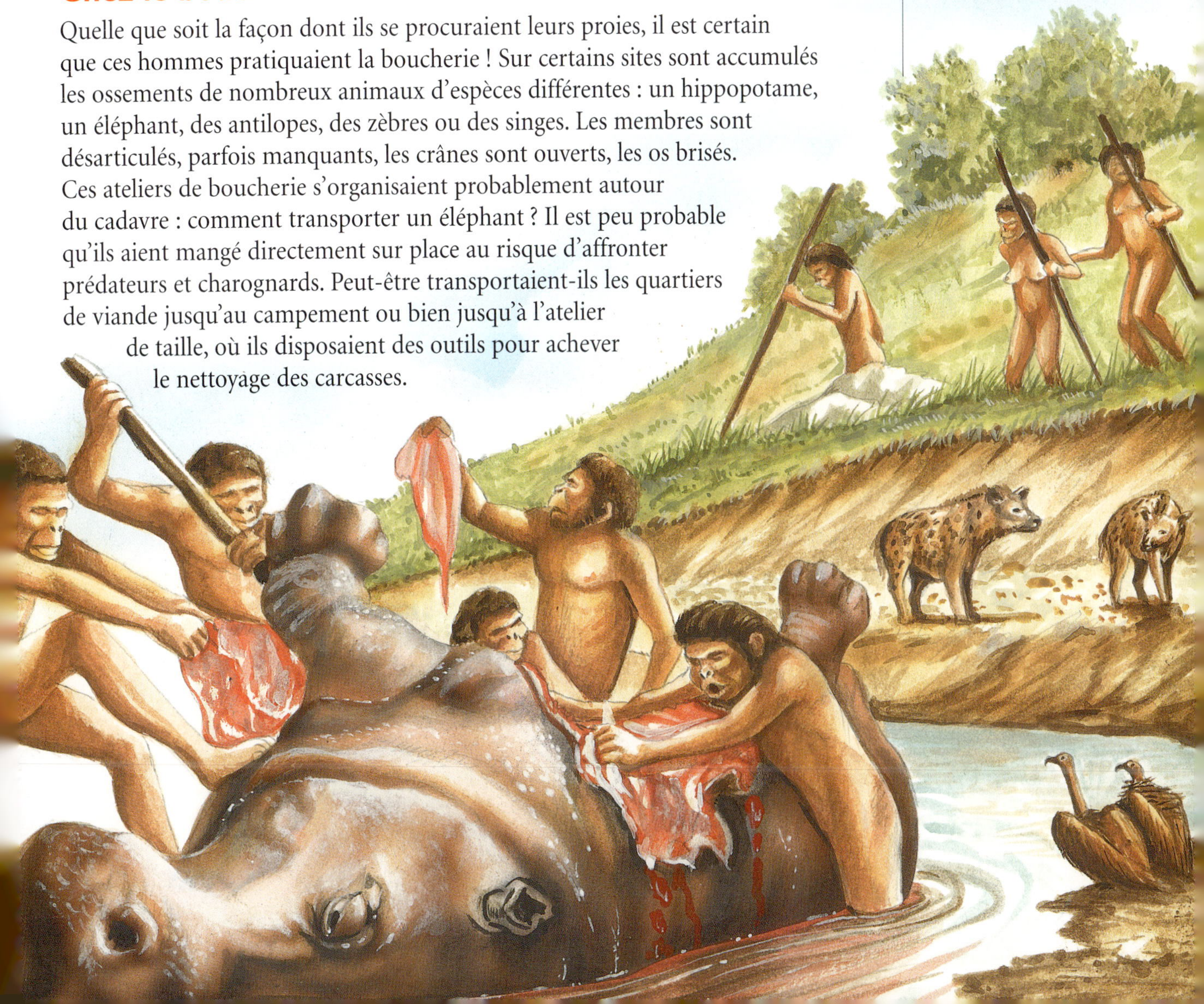

Campement

Il ne faut pas se représenter nos ancêtres comme de pauvres créatures errant dans la savane et survivant misérablement, toujours à la merci de la famine ou d'une mort brutale. Ils ont vécu sans grands changements pendant plus d'un million d'années, bien adaptés à leur environnement et parfaitement capables de faire face à ses dangers.

Comme seules subsistent les traces de leurs campements…

… on peut se représenter leurs abris sous diverses formes. Ils avaient d'ailleurs peut-être des habitudes différentes selon les régions.

Le camp de base

Certains sites riches en outils ont livré d'autres traces des activités humaines. Des trous et certaines accumulations de pierres laissent penser qu'ils se construisaient des abris faits de branches calées par des cailloux, et peut-être recouverts de peaux de bêtes. Devenus parfaitement bipèdes, ils grimpaient moins bien et ne dormaient probablement pas dans les arbres. Des surfaces nettoyées, sans éclats de pierres, font penser à des aires réservées au repos. Le site est parfois entouré d'un cercle sans déchets que l'on interprète comme la trace d'une haie d'épineux destinés à protéger le campement pendant la nuit.

Des traces de sols brûlés ont été observées à partir de 1,3 million d'années, mais rien ne prouve que le feu était maîtrisé.

L'un des plus anciens campements connus a été trouvé dans les gorges d'Olduvai (Tanzanie).

L'eau, utile et dangereuse

Les hommes ne s'installaient jamais loin de l'eau car elle était difficile à transporter. Peut-être utilisaient-ils pour cela des calebasses ou des œufs d'autruche, mais il n'en reste aucune trace. Les arbres proches des rivières pouvaient éventuellement leur servir de refuge et leur procuraient de l'ombre et des fruits. C'est d'ailleurs cette situation qui a permis la conservation de ces campements, noyés sous la boue de crues brutales dues aux violents orages tropicaux.

L'œuf d'autruche, une bouteille naturelle...

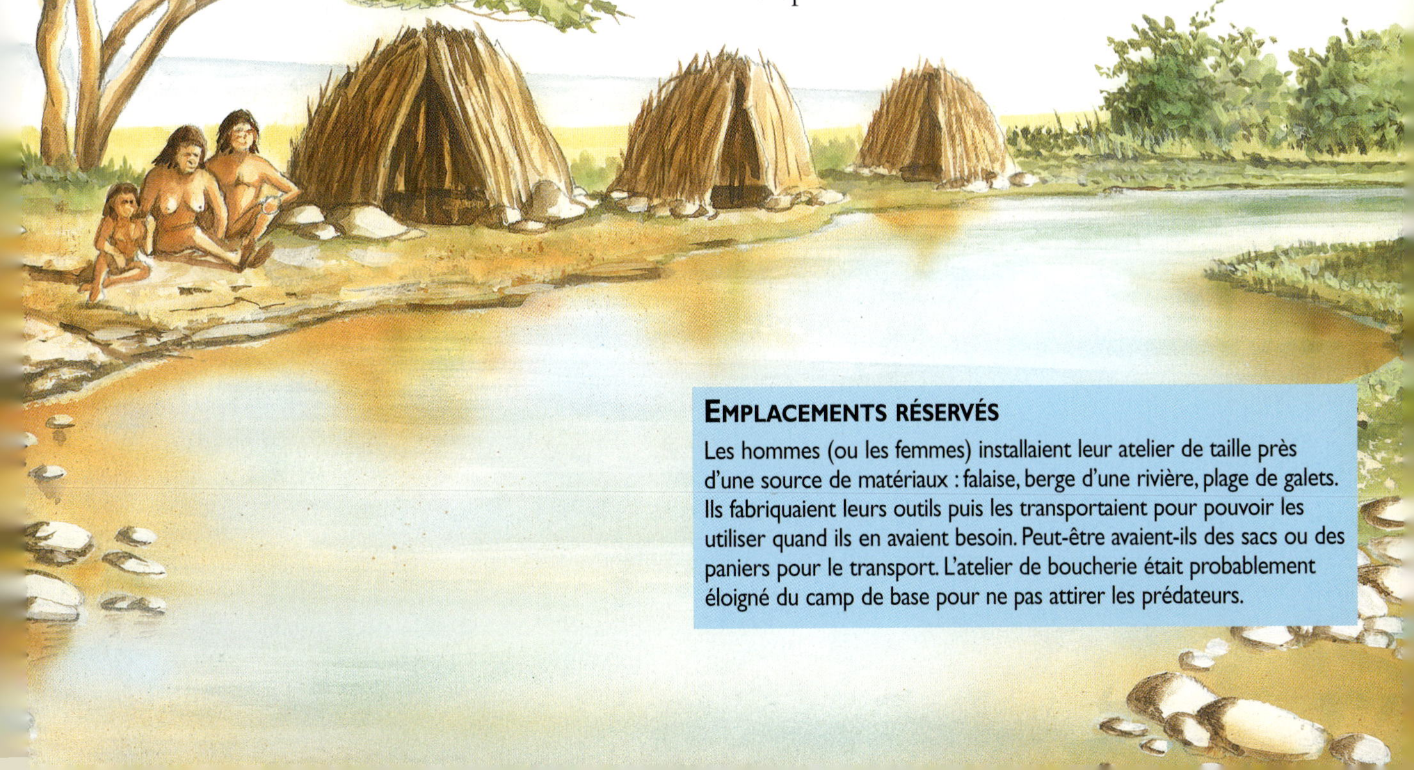

Emplacements réservés

Les hommes (ou les femmes) installaient leur atelier de taille près d'une source de matériaux : falaise, berge d'une rivière, plage de galets. Ils fabriquaient leurs outils puis les transportaient pour pouvoir les utiliser quand ils en avaient besoin. Peut-être avaient-ils des sacs ou des paniers pour le transport. L'atelier de boucherie était probablement éloigné du camp de base pour ne pas attirer les prédateurs.

À la conquête du monde

Les grands hommes maîtrisent de mieux en mieux leur environnement. Et voici qu'ils se sentent capables d'en changer ! Ils sont certainement aussi curieux que leurs ancêtres singes et possèdent maintenant l'endurance nécessaire aux explorateurs. Pour la première fois, les hommes quittent leur berceau tropical et affrontent le monde.

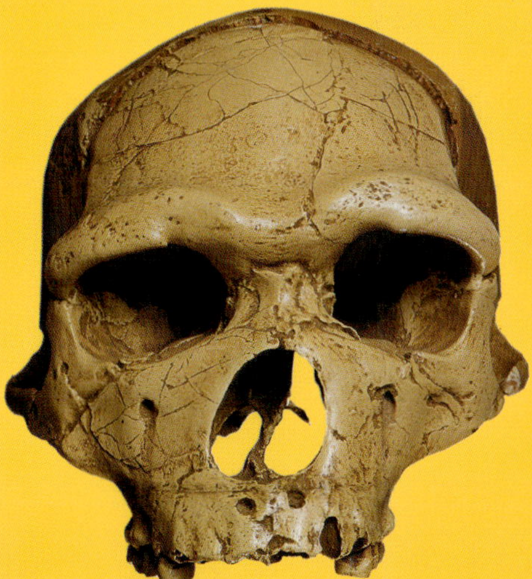

126 À pied sec

128 L'homme de Flores

130 La conquête du feu

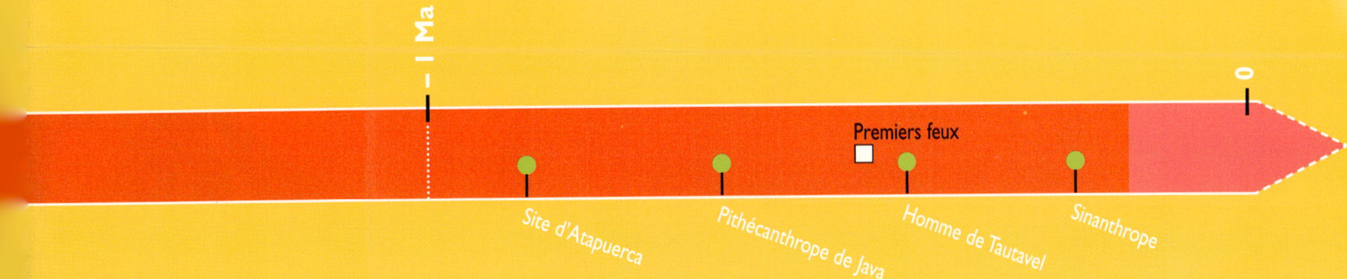

De lents nomades

Mouvements de faune

L'homme suit l'expansion de la savane et des grands troupeaux d'antilopes. Il est accompagné par d'autres représentants de la faune : les rhinocéros, les éléphants et aussi les hyènes et les redoutables tigres à dents de sabre.

Dix kilomètres par génération

Ces premières « migrations » humaines ne sont certainement pas de longs voyages entrepris par des hommes décidés à aller « au bout de la terre ». En avançant de 10 km par génération, il suffit de 30 000 ans pour arriver en Chine, une durée très courte pour des hommes qui ont vécu 1 Ma.

Très vite, des hommes voyagent et quittent l'Afrique. C'est la première fois qu'ils affrontent des milieux non tropicaux. On ne sait pas exactement qui est parti le premier, car des fossiles découverts en Géorgie montrent un mélange de caractéristiques propres aux premiers hommes et de traits plus modernes.

Migrations saisonnières

Les campements étaient sans doute provisoires, les hommes suivant les troupeaux dans leurs migrations annuelles. Des périodes de sécheresse d'une longueur inhabituelle poussaient parfois les animaux à se déplacer plus loin vers le nord ou vers le sud. Les hommes découvraient alors de nouvelles terres. Ils ont fini par occuper toute l'Afrique avant d'être arrêtés par la mer. Vers le nord, au niveau du Proche-Orient actuel, ils ont pu passer sur l'immense continent eurasiatique, encore vierge de toute présence humaine.

La plupart des grands herbivores de la savane, comme les zèbres ou les gazelles, se déplacent au cours de l'année en fonction de la nourriture disponible.

En climat tropical, il existe en effet une saison sèche et une saison des pluies. Dans chaque région, l'herbe n'est donc pas abondante toute l'année.

Lors des migrations, les animaux sont parfois épuisés, un gibier facile pour les chasseurs... et les prédateurs.

Un globe-trotter involontaire

Qu'est-ce qui a poussé l'homme à quitter l'Afrique ? Il n'avait bien entendu aucune idée de la géographie des continents et allait là où les conditions étaient bonnes pour lui. Les hommes se sont répandus partout, sans spécialement le vouloir, simplement en se déplaçant un peu plus loin, peut-être poussés par une croissance de la population. Apte à se déplacer sans efforts, capable de produire des outils, mangeant un peu de tout, l'homme est le premier hominidé capable de quitter ses savanes boisées d'origine.

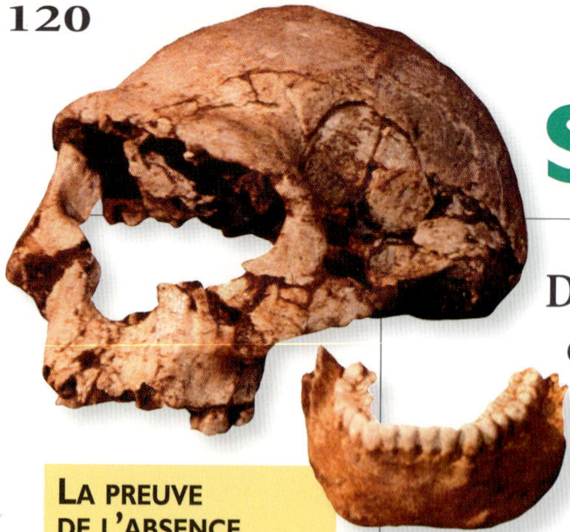

Sortie d'Afrique

Des hommes sortent d'Afrique et gagnent l'Europe et l'Asie où ils vont prospérer pendant des milliers de siècles. L'Amérique et l'Australie sont encore hors de portée de leurs capacités de navigation.

Fossiles de Dmanisi. Il s'agit probablement d'un jeune adulte car ses dents de sagesse ne sont pas usées. Elles venaient donc juste de sortir lors de sa mort.

LA PREUVE DE L'ABSENCE

Les fossiles de Dmanisi prouvent que des hommes étaient présents en Eurasie il y a 1,8 Ma, mais ne donnent aucune indication sur la véritable époque de la sortie d'Afrique. L'absence de découverte ne prouve pas qu'il n'y ait aucun fossile plus ancien, et même l'absence de fossile plus ancien ne prouverait pas que les hommes n'aient pas été présents auparavant. Seule la présence d'un fossile prouve quelque chose. L'absence ne prouve rien !

Aux portes de l'Europe

Les plus anciennes traces humaines hors d'Afrique sont datées d'environ 1,8 million d'années. Trouvées à Dmanisi, en Géorgie, il s'agit de quelques os humains et d'outils oldowayens, accompagnés d'ossements d'autruches géantes, de loups et de girafes primitives. De qui s'agit-il ? Il est difficile de trancher entre les différentes espèces d'hommes, car les vestiges présentent un mélange de caractéristiques propres aux premiers hommes et aux *Homo erectus*.

Effacées par les glaciers

Entre – 2 et –1 million d'années, il se produit probablement plusieurs sorties d'Afrique. Ce ne sont pas de vastes migrations d'un peuple tout entier, mais plutôt de petits groupes qui se déplacent au cours de plusieurs générations et reviennent parfois sur leurs pas. Les hommes retournaient en effet vers le sud lors des périodes de glaciations, lorsque l'environnement devenait défavorable. Les traces des voyageurs du nord ont probablement été effacées par les glaciers.

Rencontres oubliées

Des groupes sont partis vers l'ouest jusqu'en Europe, d'autres sont parvenus en Chine et en Indonésie. On peut imaginer que certains groupes ont rapidement disparu sans laisser de descendants pendant que d'autres se développaient. Dans certaines régions, de nouveaux arrivants, munis de bifaces, ont dû entrer en contact avec des hommes sortis d'Afrique bien longtemps auparavant, aux techniques plus anciennes. Que s'est-il passé lors de ces retrouvailles ? Les vestiges sont bien trop rares pour qu'on en ait la moindre idée !

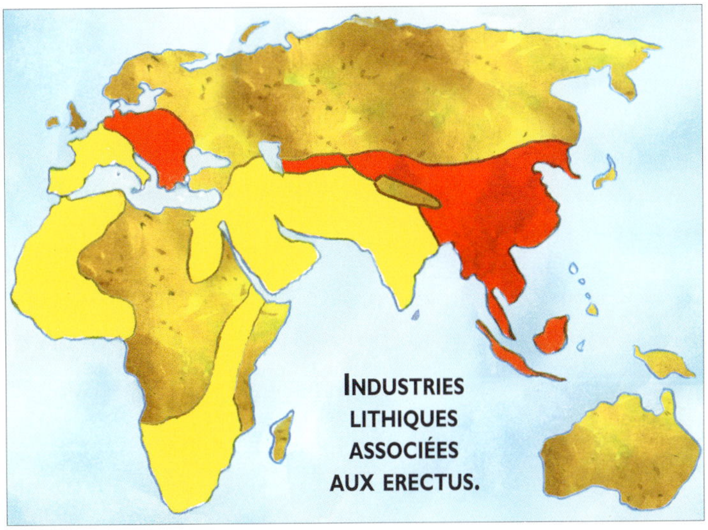

Culture fabriquant des bifaces.

Culture fabriquant des *chopping tools* (« galets aménagés »).

LES DEUX CULTURES

Le monde se partageait en 2 zones de cultures différentes. L'Extrême-Orient et l'Europe de l'Est sont plutôt caractérisés par les galets aménagés de culture oldowayenne. En Afrique, en Europe et du Proche-Orient à l'Inde, on trouve surtout des bifaces, de culture acheuléenne. Cette division « culturelle » correspond-elle à une division entre d'une part les *Homo erectus* d'Asie et d'autre part les *Homo ergaster* d'Afrique et *Homo heidelbergensis* d'Europe ? Il s'agit peut-être simplement des traces des vagues successives de colonisation, chacune avec sa propre culture.

Les premiers Européens

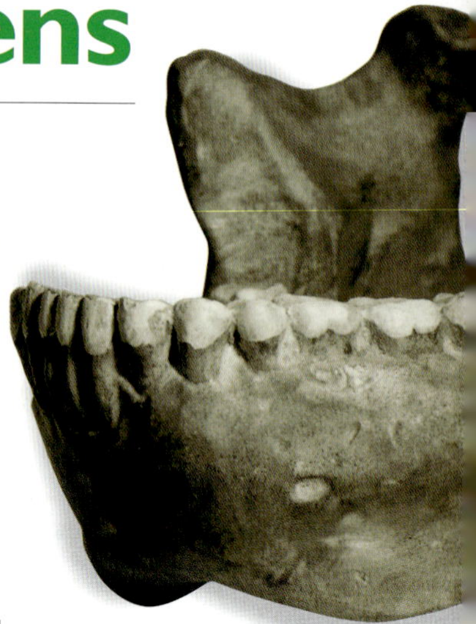

La mandibule de Mauer, *ci-contre*, trouvée près de Heidelberg, est demeurée longtemps le plus ancien fossile connu d'Europe.

Parvenus en Europe, les hommes vont se trouver à l'écart des grands courants migratoires et évoluent de leur côté. Ces premiers Européens restent presque isolés pendant plusieurs centaines de milliers d'années.

Le site d'Atapuerca.

Sites contestés

On ne sait pas du tout quand les hommes sont arrivés en Europe de l'Ouest. Dans plusieurs pays ont été trouvées des pierres qui semblent taillées mais ces découvertes ont eu lieu dans des sites très riches en pierres éclatées. Or, il n'est pas toujours facile de distinguer un caillou cassé par hasard d'une pierre grossièrement taillée. Ces sites très anciens (jusqu'à 1,8 million d'années) sont contestés par de nombreux paléontologues, d'autant plus que les « outils » ne sont accompagnés d'aucun os humain. Une mâchoire trouvée en 1907 à Heidelberg (Allemagne) est longtemps restée le plus ancien vestige humain en Europe, avec un âge estimé de 500 à 600 000 ans. Puis la découverte, en 1978, du site d'Atapuerca (Espagne) a prouvé la présence de l'homme il y a environ 800 000 ans.

ATAPUERCA

La sierra d'Atapuerca (Espagne) est l'un des plus importants sites préhistoriques du monde. La grotte de Gran Dolina a donné des outils (galets aménagés et éclats) et des centaines de fragments d'ossements humains. Datés de – 780 000 ans, ces os correspondent à au moins 80 individus différents. La grotte de la Sima de los Huesos contient de nombreux vestiges âgés de – 300 à – 200 000 ans.

Environnement difficile

Pour la période comprise entre – 2 et –1 million d'années, les paléontologues ont trouvé de très nombreux fossiles animaux mais pas d'humains. Ils étaient soit très rares soit pas encore arrivés ! L'environnement était très différent de celui que les hommes connaissaient et le climat n'était pas non plus très favorable. Lors des périodes chaudes et humides, l'Europe était couverte de grandes forêts qui abritaient de nombreux félins géants, à la fois dangereux prédateurs et concurrents des hommes dans leurs activités de charognards. Entre les périodes chaudes, des glaciations ont provoqué un climat beaucoup plus froid et sec, empêchant ou limitant l'expansion des hommes.

Il y a 1,5 Ma, les forêts européennes n'étaient pas sûres...

Reconstitution de la caune de l'Arago (Tautavel) dans les Pyrénées orientales.

Crânes épais

Les premiers Européens ressemblent beaucoup aux « grands hommes » d'Afrique. Leur corps est semblable au nôtre, mais leur tête est bien différente. Ils ont toujours de fortes mâchoires sans menton et un gros bourrelet osseux au-dessus des yeux. Leur front est fuyant et leur crâne relativement petit (1 100 cm^3). Les os du crâne sont extrêmement épais (jusqu'à 11 mm contre 5 mm chez l'homme actuel).

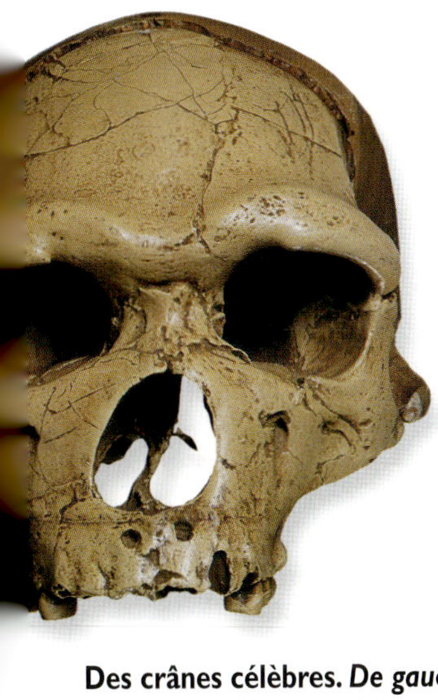

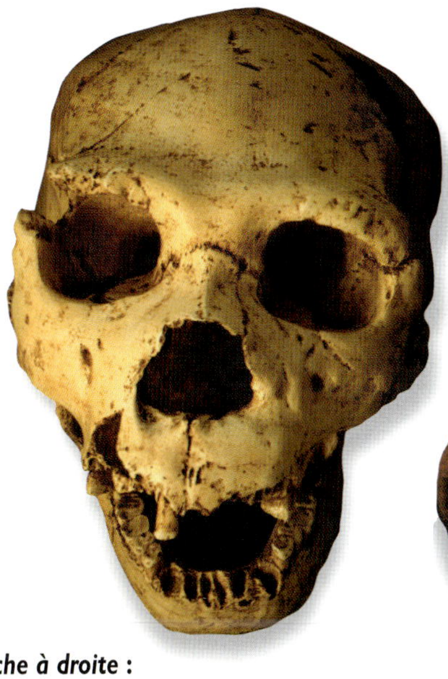

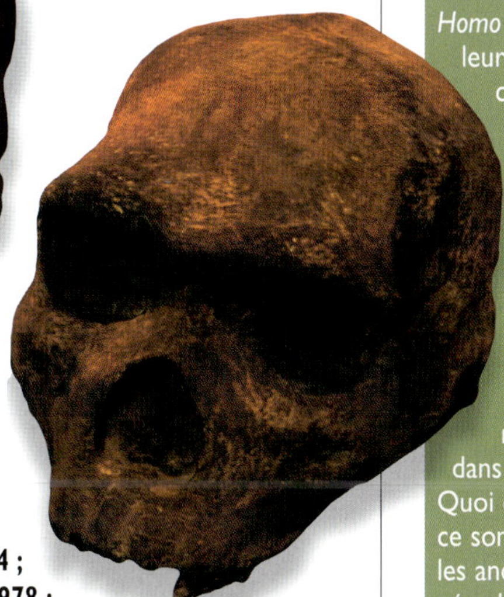

Des crânes célèbres. *De gauche à droite* :
l'homme de Tautavel (France), daté de 450 000 ans, trouvé en 1964 ;
l'homme d'Atapuerca (Espagne), daté de 800 000 ans, trouvé en 1978 ;
l'homme de Petralona (Grèce), daté de 200 000 ans, trouvé en 1960.

DEUX NOMS POUR UN GRAND HOMME

La controverse à propos d'*Homo erectus* touche bien entendu ces premiers Européens. Ils sont parfois appelés *Homo erectus*, comme leurs proches cousins d'Afrique et d'Asie. D'autres paléontologues en font une espèce à part, *Homo heidelbergensis* (l'« homme de Heidelberg », d'après la mâchoire trouvée dans cette ville). Quoi qu'il en soit, ce sont probablement les ancêtres des néandertaliens.

En route vers l'Orient

Les hommes s'étendent vers l'est jusqu'en Chine. Les paléontologues ne savent pas exactement quand s'est produite la première vague de peuplement. Les fossiles bien datés sont en effet trop peu nombreux pour retracer avec précision l'histoire de ces premiers hommes d'Extrême-Orient.

À la suite d'un changement dans l'écriture occidentale des mots chinois, Chou Kou Tien est devenu Zhoukoudian, comme Pékin s'écrit Beijing.

L'homme de Chine

La grotte de Zhoukoudian, près de Pékin (Chine), a été fouillée de 1921 à 1966. Les datations indiquent qu'elle a été occupée de – 460 000 à – 230 000 ans. L'homme de cette époque, appelé sinanthrope (« homme de Chine »), avait un crâne de 1 000 cm^3 (1 400 en moyenne chez l'homme moderne) et une face massive. Il présente les caractéristiques typiques des *Homo erectus* : un crâne allongé vers l'arrière, des bourrelets osseux au-dessus des yeux, un rétrécissement marqué du crâne en arrière des orbites, une forte mâchoire sans menton.

Un bond vers le passé ?

De récentes découvertes à Longgupo (province du Sichuan) semblent repousser loin dans le passé l'arrivée des hommes en Chine. Quelques dents et des pierres taillées ont en effet un âge estimé à 1,9 million d'années. Il faudrait donc imaginer que l'homme soit sorti d'Afrique bien avant cette date. Cependant, la datation de ces vestiges est contestée. De plus, certains chercheurs pensent qu'il s'agit plutôt de dents de singes et de pierres brisées naturellement. De nouveaux outils trouvés à Renzidong sont encore plus anciens (2,5 millions d'années) mais sont également contestés.

Arrière-pensées

Comme cela s'est souvent produit dans l'histoire de la paléontologie humaine, ces découvertes appuient des théories bien précises. Certains archéologues chinois aimeraient prouver que des *Homo erectus* sont apparus en Chine à partir de grands singes asiatiques. Ils essaient donc de trouver des fossiles d'hommes toujours plus anciens pour faire le lien avec les fossiles de grands singes déjà connus. Cependant, pour les biologistes, cette « théorie » est contraire à tout ce que l'on connaît de l'évolution. L'espèce humaine ne peut pas descendre à la fois de primates africains et de primates asiatiques, à moins qu'on ait affaire à deux espèces distinctes d'hommes, ce qui est contredit par les fossiles.

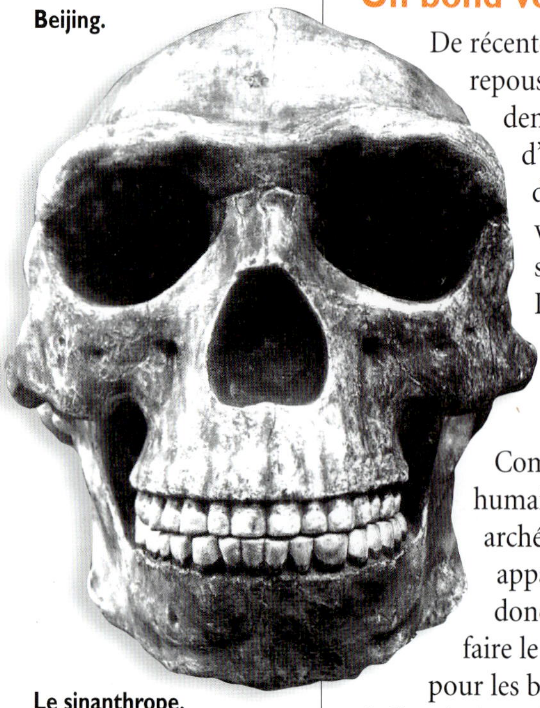

Le sinanthrope, *alias* l'homme de Pékin, a une face assez massive et un front fuyant.

Les sédiments qui remplissaient la grotte de Zhoukoudian ont été déblayés sur 40 m d'épaisseur, livrant les restes de plus de 40 individus et des traces de foyers permanents.

Si le yeti existe, il pourrait être le descendant du gigantopithèque !

Le gigantopithèque

Les pharmacies traditionnelles chinoises vendent de la poudre d'« os de dragon » pour soigner toutes sortes de maladies. Il s'agit en fait de dents d'animaux fossiles. En 1935, un paléontologue découvre à Hong Kong une dent de primate géant qu'il nomme gigantopithèque. On n'en connaît toujours que les mâchoires, mais on estime qu'il atteignait 3 m de haut (ou de long : on ne sait pas comment il se déplaçait !). Les hommes l'ont probablement rencontré dans les forêts de bambous du continent asiatique.

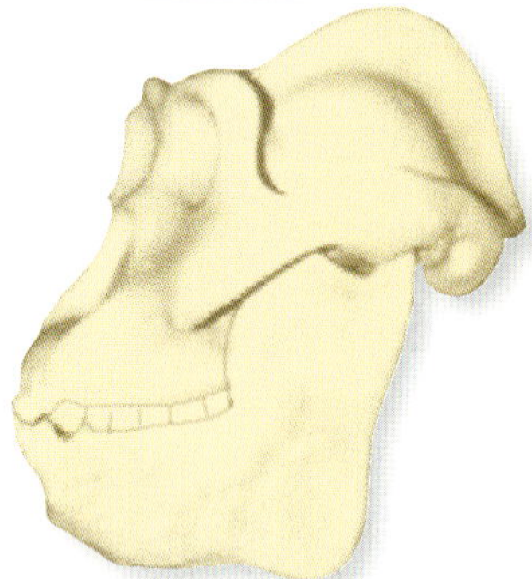

Une reconstitution du crâne du gigantopithèque.

PREMIÈRES NEIGES

Comme en Europe, les hommes doivent affronter un nouvel environnement. Ils découvrent la neige et le froid. Les arbres ne portent pas souvent des fruits et perdent leurs feuilles en hiver. Des singes ne pourraient pas vivre dans ces conditions, mais les hommes sont capables de s'adapter, car ils maîtrisent le feu !

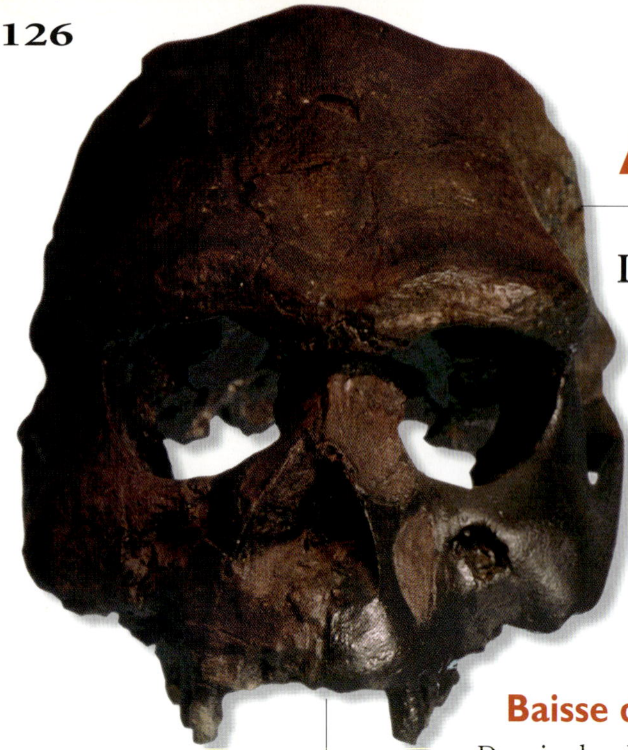

À pied sec

Les îles d'Indonésie ont une grande importance dans l'histoire de la paléontologie humaine puisque c'est à Java que fut découvert le premier homme archaïque, le pithécanthrope. Depuis un siècle, les découvertes se sont multipliées, confirmant la présence très ancienne de l'homme dans cette région.

Le fossile le mieux préservé est le crâne appelé « Sangiran 17 », trouvé en 1969 à Java et daté de 500 000 ans.

Baisse de niveau

Depuis plus de 2 millions d'années, la Terre est entrée dans un cycle de glaciations et de réchauffements. Lors des grandes glaciations, le niveau de la mer descend de près de 100 mètres en dessous de son niveau actuel. Les îles de l'Asie du Sud-Est sont alors reliées au continent. C'est lors de ces périodes froides que les hommes venus d'Afrique ont colonisé ces îles sans même s'en rendre compte, puisqu'elles n'étaient alors pas des îles ! Lors du réchauffement suivant, le niveau de la mer remontant, ces hommes se sont trouvés isolés. Ces événements se sont probablement produits plusieurs fois.

LES ÎLES DU SUD-EST ASIATIQUE.

Marché aux fossiles

Depuis les découvertes d'Eugène Dubois, les paléontologues ont fouillé de nombreux sites à Java. Près de 80 restes de crânes et d'os ont été découverts, mais leur âge est dans l'ensemble mal connu. En effet, ces vestiges sont souvent trouvés par des paysans travaillant dans leurs champs. Ils les vendent sur les marchés, sans que la couche dont ils proviennent soit déterminée avec certitude, d'autant plus que la géologie de l'île est très complexe. Par conséquent, les dates très anciennes (1,8 ou 1,7 million d'années) attribuées à certains crânes sont controversées. Si elles se confirment, il faudra en conclure que les grands hommes n'ont pas perdu de temps dans leur quête de nouveaux territoires !

Lors des glaciations, le niveau de la mer descend de plus de 100 m. Les zones indiquées en rouge sont alors à sec et des milliers d'îles sont reliées au continent.

Outils de bambou

On trouve peu d'outils de pierre en Extrême-Orient. Peut-être les premiers hommes arrivés dans ces régions ne maîtrisaient-ils pas les techniques de taille. Autre hypothèse : ils utilisaient de préférence le bambou, une plante qui permet d'obtenir facilement des pointes et des tranchants efficaces. Malheureusement, les outils de bois ne se conservent pas longtemps…

Contestations

Malgré les diverses techniques de datation, il est parfois difficile d'estimer l'âge d'un fossile. Si les roches volcaniques sont assez faciles à dater, d'autres types de roches ne s'y prêtent pas du tout. Par ailleurs, certains fossiles ont été roulés dans des rivières et sont tellement usés qu'il est impossible de les identifier avec certitude. Comme les fossiles parfaits sont rares, il est nécessaire d'étudier aussi les fossiles ambigus, source de débats vifs et prolongés entre paléontologues !

Il y a 1 Ma, l'environnement à Java était tropical.

L'homme de Java

Les grands hommes d'Indonésie ne sont pas très différents de ceux qui vivaient en Chine. Ils présentent les mêmes crânes aux os épais, munis de gros bourrelets au-dessus des orbites et à l'arrière en pointe. Ayant retrouvé un climat plutôt tropical, ils vivaient probablement comme leurs cousins d'Afrique. Un crâne trouvé en 1997 en Éthiopie ressemble d'ailleurs étrangement aux vestiges provenant de Java et de Chine. Daté de 1 million d'années, il semble confirmer l'hypothèse que tous les hommes de cette époque appartenaient à une seule et même espèce, de l'Afrique à l'Europe et à l'Asie.

Le crâne trouvé à Bouri (Éthiopie) est très semblable à ceux d'*Homo erectus* d'Asie.

L'homme de Flores

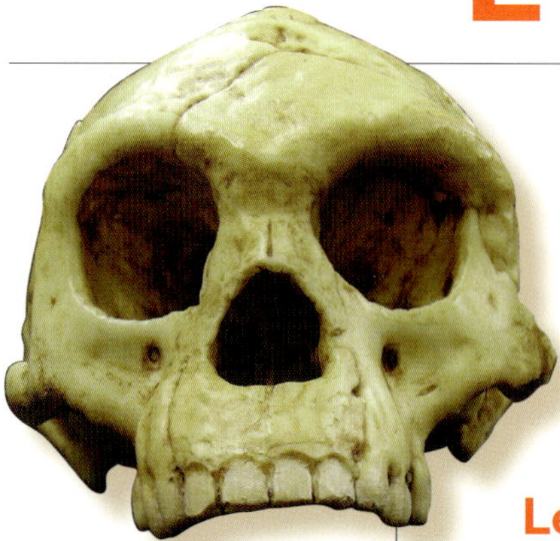

Le volume du crâne de l'homme de Flores mesure 380 cm³, soit la taille d'un pamplemousse. C'est moins de la moitié de celui d'un *Homo erectus* et moins d'un tiers de celui d'un humain actuel.

En 2004, une équipe de paléontologues australiens et indonésiens fait une annonce stupéfiante. Ils ont découvert dans l'île de Flores, en Indonésie, une nouvelle espèce humaine de très petite taille, qui s'est éteinte il y a à peine 12 000 ans.

Les petits hommes d'Indonésie

L'homme de Flores ressemble aux *Homo erectus* qui vivaient il y a plusieurs centaines de milliers d'années en Afrique et en Asie, mais il mesure à peine 1 m de haut ! Malgré sa petite taille, son crâne a la même forme que celui des *Homo erectus*. Les chercheurs supposent que les hommes de Flores descendent de ces hommes archaïques, mais qu'ils ont évolué à l'écart des autres populations et dans une direction très différente. Plus étonnant encore, les restes de ces petits hommes ont été datés de – 90 000 à – 12 000 ans. Ils ont donc survécu bien plus longtemps que les *Homo erectus* qui vivaient sur le continent. Ils ont même sans doute rencontré des hommes modernes !

Les restes fossiles d'au moins neuf individus ont été découverts dans la vaste grotte de Liang Bua, dans l'île de Flores.

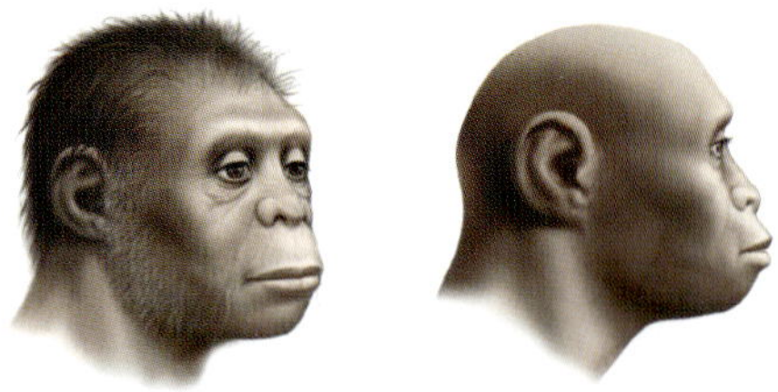

Comme les *Homo erectus*, l'homme de Flores a des mâchoires un peu projetées vers l'avant et est dépourvu de véritable menton. Il a des bourrelets au-dessus des orbites et son front est fuyant.

Une véritable espèce ?

L'homme de Flores n'a pas été accepté par l'ensemble des paléontologues ! Certains d'entre eux considèrent qu'il s'agit d'humains modernes atteints d'une maladie, le nanisme « microcéphale » (c'est-à-dire « à petit crâne »). Cette anomalie existe bien chez l'homme moderne, mais on voit mal comment toute une population pourrait en être atteinte. Cet argument ressemble à celui des préhistoriens du XIXe siècle qui soutenaient que l'homme de Néandertal était seulement un cosaque atteint d'une maladie osseuse ! De nouvelles analyses ont confirmé leur appartenance au groupe d'*Homo erectus*, par exemple par la forme de leurs poignets.

La vie à Flores

L'île de Flores était alors couverte de forêts tropicales. Avec les restes de ces hommes, les chercheurs ont trouvé des ossements de stégodons. Sur le continent, ces éléphants aujourd'hui disparus dépassaient 4 m de haut alors que les stégodons de Flores mesuraient à peine 1,80 m à l'épaule. Ils devaient tout de même peser près de 1 tonne ! Leurs fossiles montrent que les hommes de Flores chassaient surtout les jeunes stégodons. Ils mangeaient aussi du poisson, des grenouilles, des serpents, des oiseaux et des rongeurs. Ils devaient aussi affronter quelques prédateurs, dont les dangereux varans de Komodo qui mesuraient 3 m de long.

Vivre en île

La réduction de taille des espèces vivant dans les îles est un type d'évolution fréquemment rencontré chez les animaux. En effet, les îles sont parfois dépourvues de grands prédateurs. Dans ce cas, être grand ne procure pas d'avantage évident et peut même devenir un inconvénient si la nourriture n'est pas très abondante. Les individus de petite taille sont alors favorisés par la sélection naturelle et l'espèce toute entière devient plus petite. C'est peut-être ce qui s'est produit pour les *Homo erectus* vivant sur Flores.

Une tradition bien conservée

Des outils datés d'environ 800 000 ans ont été trouvés sur Flores. Ils ont sans doute été taillés par des *Homo erectus* (de taille normale). On n'a pas encore trouvé sur cette île de fossiles de ces hommes, mais à cette même époque, ils sont nombreux dans d'autres îles et sur le continent. Les outils beaucoup plus récents trouvés à Flores pourraient donc avoir été produits par l'homme de Flores, qui aurait conservé la technique de taille de ses ancêtres.

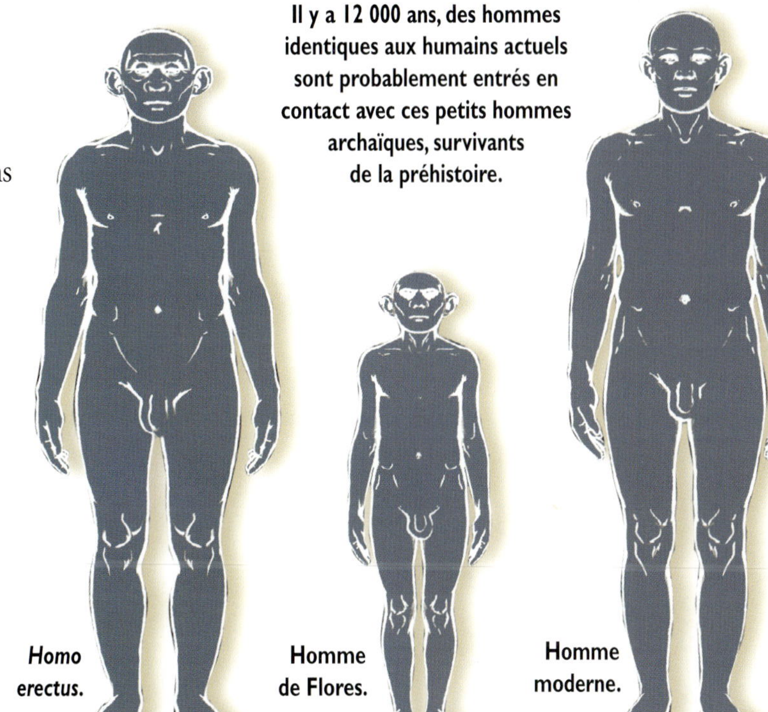

Il y a 12 000 ans, des hommes identiques aux humains actuels sont probablement entrés en contact avec ces petits hommes archaïques, survivants de la préhistoire.

La conquête du feu

Les feux de savane sont naturellement assez fréquents en fin de saison sèche. Les herbes brûlent mais les arbres restent en général intacts.

On se représente souvent les hommes des cavernes groupés autour d'un foyer. Les hommes qui colonisent les régions tempérées ne maîtrisent probablement pas encore les techniques de production du feu, mais peut-être savent-ils l'utiliser.

En Eurasie et en Afrique, l'usage du feu se généralise vers – 250 000 ans.

Foyers

Il est difficile de distinguer les traces d'incendies naturels (feux de brousse) de vestiges de foyers créés par l'homme. Les plus anciens foyers certains sont datés d'environ 400 000 ans. Ce sont des cercles de pierres plus ou moins calcinées associées à des couches de cendres. Ces foyers sont situés dans des abris-sous-roche. On y trouve aussi d'autres traces d'occupation, comme des éclats de pierre et des ossements animaux provenant des repas. Certaines traces bien plus anciennes pourraient également provenir de foyers entretenus par des hommes, comme sur le site de Gesher Benot Ya'aqov (Israël), daté de – 790 000 ans.

Certains peuples actuels allument leurs feux en frottant 2 morceaux de bois l'un contre l'autre.

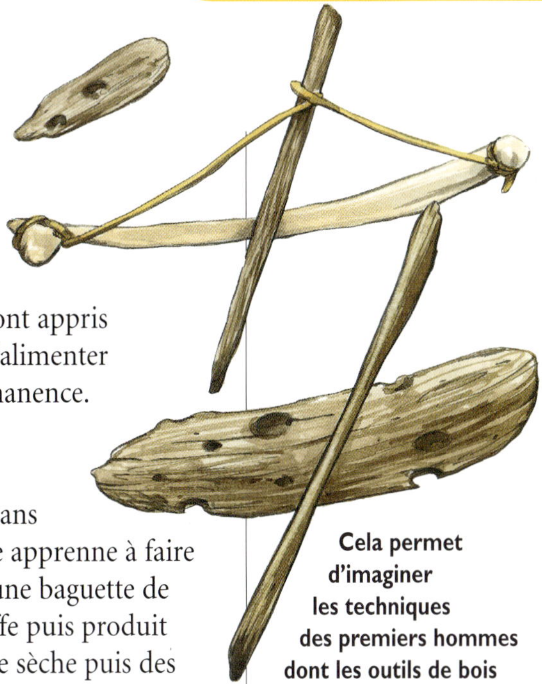

Le feu apprivoisé

Ils ont probablement commencé par récupérer des braises et des branches enflammées à la suite d'incendies de savane. Cela arrive assez souvent pendant les orages ou dans les régions volcaniques, la lave enflammant les herbes sèches. Les hommes ont appris à maîtriser le feu pour qu'il ne dévore pas tout autour de lui, à l'alimenter pour qu'il ne meure pas, à le protéger pour le conserver en permanence.

Le feu domestiqué

Maîtriser le feu, c'est bien ; le produire, c'est encore mieux. Il a sans doute fallu des centaines de milliers d'années pour que l'homme apprenne à faire un feu lui-même. La technique la plus simple consiste à frotter une baguette de bois dur sur une planchette de bois plus tendre. Le bois s'échauffe puis produit des braises minuscules avec lesquelles on enflamme de la mousse sèche puis des brindilles de plus en plus grosses. On peut aussi frapper deux pierres l'une contre l'autre, mais la technique est difficile. Il faut deux pierres différentes, un silex et un morceau de pyrite. Avec deux silex, c'est impossible !

Cela permet d'imaginer les techniques des premiers hommes dont les outils de bois ne se sont pas conservés.

À quoi sert le feu ?

Il sert à se réchauffer, à éclairer, à éloigner les animaux dangereux, à préparer des outils et à cuire sa nourriture. Mais c'est aussi le lieu où l'on se retrouve pour raconter des histoires et écouter celles des autres. C'est l'un des plus puissants moyens de réunir le groupe et de se sentir bien ensemble.

LES PREMIERS GOURMETS

Avec le feu, les hommes découvrent les repas chauds ! La viande grillée offre une odeur appétissante, les plantes bouillies sont bien plus digestes : c'est le début de la gastronomie. Aliments enfouis sous la braise, cuits sur une pierre brûlante ou grillés en brochettes, les techniques sont nombreuses. Même sans casserole, on peut préparer une soupe. Il suffit de plonger des pierres brûlantes dans une outre de peau contenant de l'eau et diverses plantes !

Quelques pierres protégeant un creux dans le sol. Ce sont les restes d'un foyer découvert à Terra Amata (Nice). Il est daté d'environ 400 000 ans.

Néandertal

– 300 000 ans

PRÉNÉANDERTALIENS

– 200 000 ans

Sima de los Huesos

Il était l'homme préhistorique tel qu'on aimait l'imaginer : vivant dans une grotte, couvert de peaux de bêtes, émettant quelques grognements pendant son repas de viande crue. C'était l'homme sauvage, fascinant par sa force, repoussant pour sa brutalité et dont on redoutait d'être le parent. Aujourd'hui, l'homme de Néandertal a bien changé. Il n'est plus considéré comme notre ancêtre mais nous paraît finalement bien plus proche de nous !

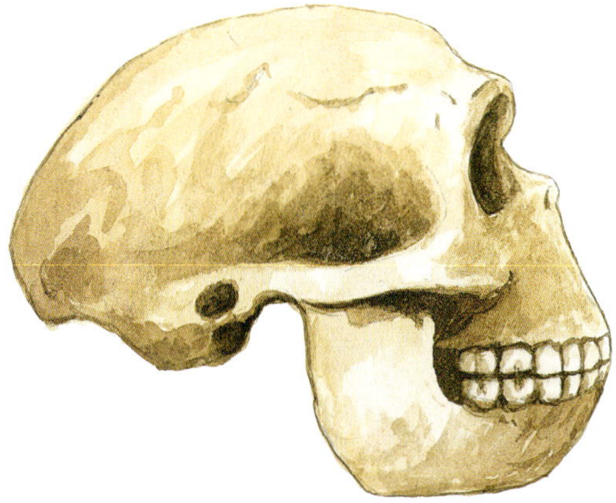

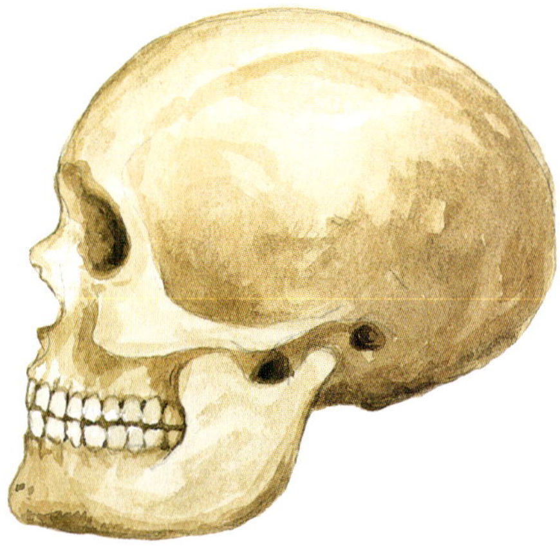

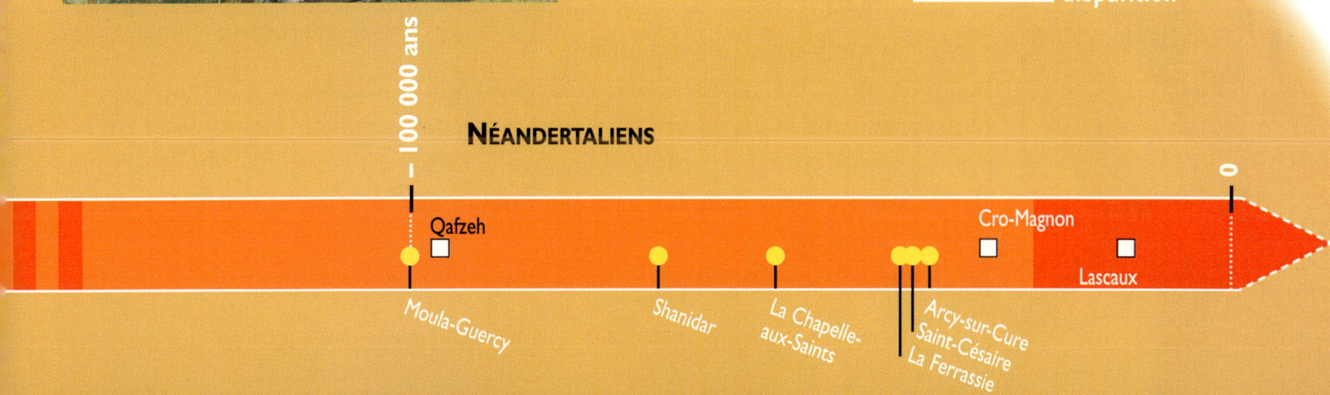

Les néandertaliens

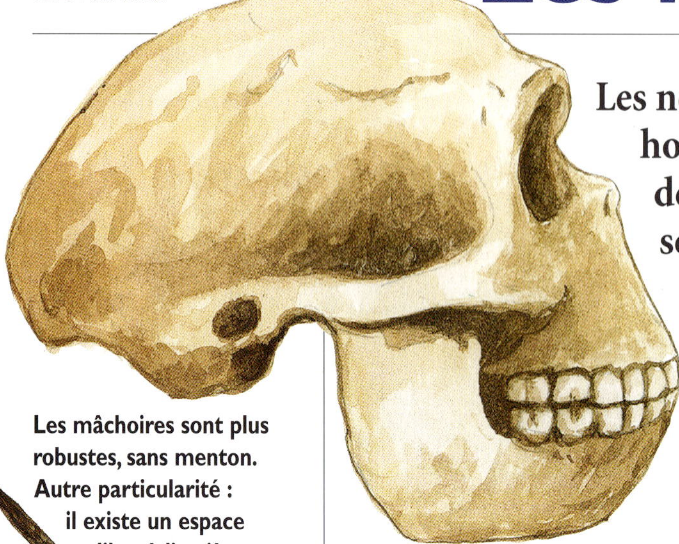

Crâne de néandertalien vu de profil. Un « chignon » le prolonge vers l'arrière.

Les mâchoires sont plus robustes, sans menton. Autre particularité : il existe un espace libre à l'arrière des dernières molaires.

Les néandertaliens sont les premiers hommes préhistoriques qui aient été découverts et étudiés. Leurs squelettes sont plus nombreux et mieux conservés que ceux de leurs ancêtres. Pour les préhistoriens du XIXe siècle, ils étaient bien plus faciles à observer que les autres hommes fossiles. Comme eux, ils étaient européens !

De vrais athlètes

Les néandertaliens sont de taille moyenne, les hommes approchant 1,70 m et les femmes 1,60 m. Très robustes, ils ont des os épais, de fortes articulations et une musculature puissante. Les hommes pèsent près de 100 kg, avec une allure d'adeptes de la musculation ! Contrairement aux premières représentations qui en ont été faites, ils se tiennent aussi droits que nous. Seule différence notable : leur tête !

Une reconstitution du visage des néandertaliens.

Faciles à reconnaître

Leur crâne allongé présente une sorte de pointe à l'arrière, le « chignon ». Au-dessus des orbites, deux bourrelets osseux forment deux arcs bien marqués, mais ils sont séparés et non continus comme chez leurs ancêtres. Leur face est grande et projetée vers l'avant (« prognathisme »). Ils possèdent de fortes mâchoires, et leur menton est fuyant, comme celui des premiers hommes. Leur nez est large, mais on ne sait pas s'il était long ou court. Comme leurs pommettes sont peu marquées, leur visage semble étroit, étiré vers l'arrière. Avec un volume moyen de plus de 1 600 cm^3, leur cerveau est plus gros que celui des hommes actuels.

Crâne d'homme moderne vu de profil. La face est plus réduite que celle du néandertalien, et moins projetée vers l'avant.

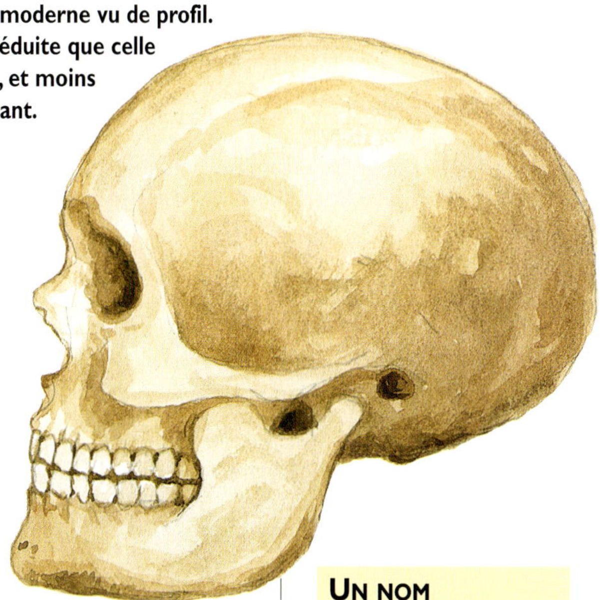

Les dents-outils

Les dents des néandertaliens sont souvent très usées, et pas seulement les molaires. Les dents de devant (les incisives) étaient utilisées comme outils, pour assouplir les peaux séchées, pour écorcer les branches ou pour casser les os du gibier afin d'en extraire la moelle. On a observé les mêmes signes d'usure chez les anciens Inuits (les « Eskimos ») qui se servaient de leurs dents de cette façon.

Boucle d'or ?

Vivant en Europe depuis des milliers d'années, ces hommes du nord n'ont probablement pas la peau sombre des premiers hommes. On les représente souvent bruns et hirsutes, mais ils possédaient peut-être en réalité une chevelure blonde et bouclée !

Un nom sur mesure

Néandertaliens ou hommes de Neandertal : ce nom vient de la vallée allemande où fut découvert le premier crâne de cette espèce. Le nom est particulièrement bien choisi, puisque *Neandertal* signifie « vallée de l'homme nouveau » !

Les muscles sont fixés au squelette par des tendons qui laissent une trace à la surface des os. Ces empreintes sont d'autant plus larges que les muscles sont puissants. C'est ainsi que l'on peut évaluer la masse musculaire des différents hommes préhistoriques.

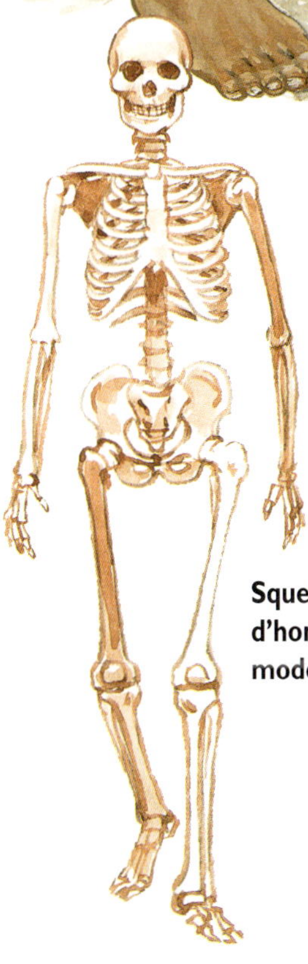

Squelette d'homme moderne.

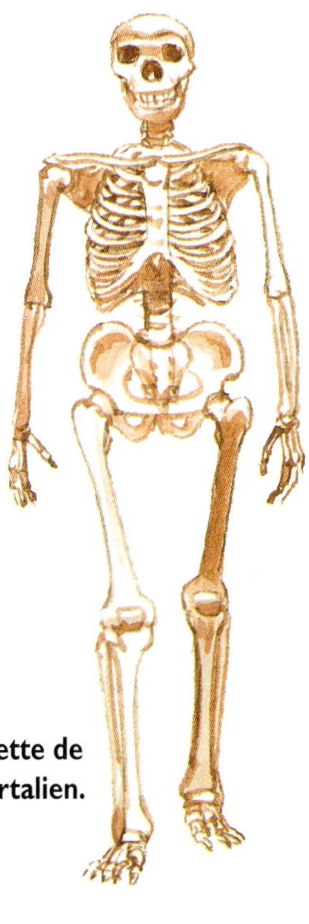

Squelette de néandertalien.

Homme moderne.

Néandertalien.

Les hommes du froid

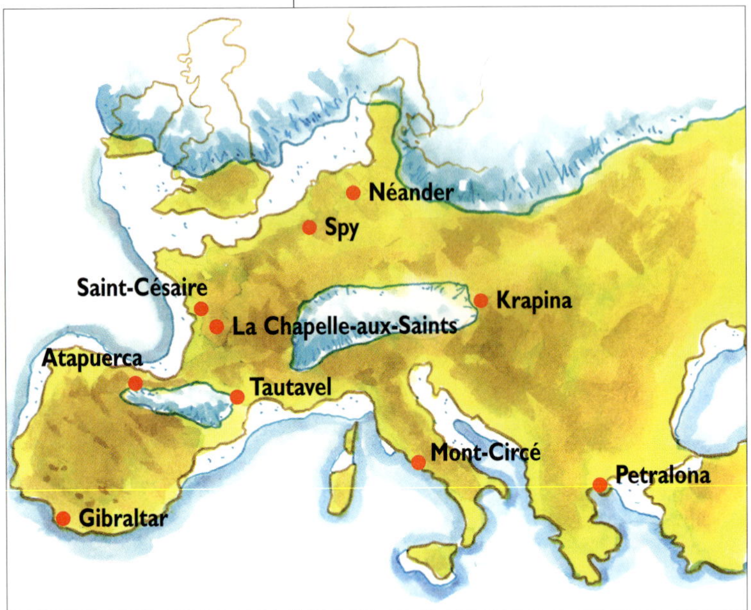

LES PRINCIPAUX SITES NÉANDERTALIENS.

La carte montre l'Europe lors d'une glaciation. Des calottes de glace recouvrent les pays nordiques et les chaînes de montagnes. La ligne du rivage marin est repoussée au loin par la baisse du niveau de la mer.

Pendant une période glaciaire, le climat était plus froid et plus sec. Les paysages ne ressemblaient pas au Groenland actuel mais plutôt au nord de l'Alaska ou de la Sibérie.

Les néandertaliens sont restés des milliers de siècles à l'écart des autres peuples. Confinés au nord de la Méditerranée, ils ont subi de plein fouet les rigueurs des glaciations et sont devenus les premiers hommes vraiment adaptés aux régions froides du globe.

L'origine des néandertaliens

Ils descendent des premiers hommes arrivés en Europe il y a 800 000 ans (ou peut-être avant). Pendant des centaines de milliers d'années, ces premiers Européens restent isolés des autres hommes d'Afrique et d'Asie et évoluent d'une façon originale. Les « prénéandertaliens » apparaissent vers – 500 000 ans et commencent à présenter certaines caractéristiques néandertaliennes qui deviennent de plus en plus marquées au cours du temps. Les préhistoriens situent l'époque des néandertaliens « typiques » de – 130 000 ans à – 30 000 ans environ.

Européens

Les néandertaliens ont souvent changé de territoire en fonction du climat. Il y a 125 000 ans, lors d'une période interglaciaire, on les trouve en Angleterre où ils pouvaient chasser des hippopotames sur les bords de la Tamise ! Ils ont alors colonisé les plaines de l'Ukraine et de la Russie, jusqu'en Sibérie. Pendant les glaciations, ils se repliaient au sud de la Loire et du Danube. Ils se sont aussi installés au Proche-Orient, où ils ont pu rencontrer pour la première fois d'autres êtres humains, les hommes « modernes ». Très dispersés, ils étaient probablement peu nombreux. Les préhistoriens estiment leur nombre à quelques milliers d'individus.

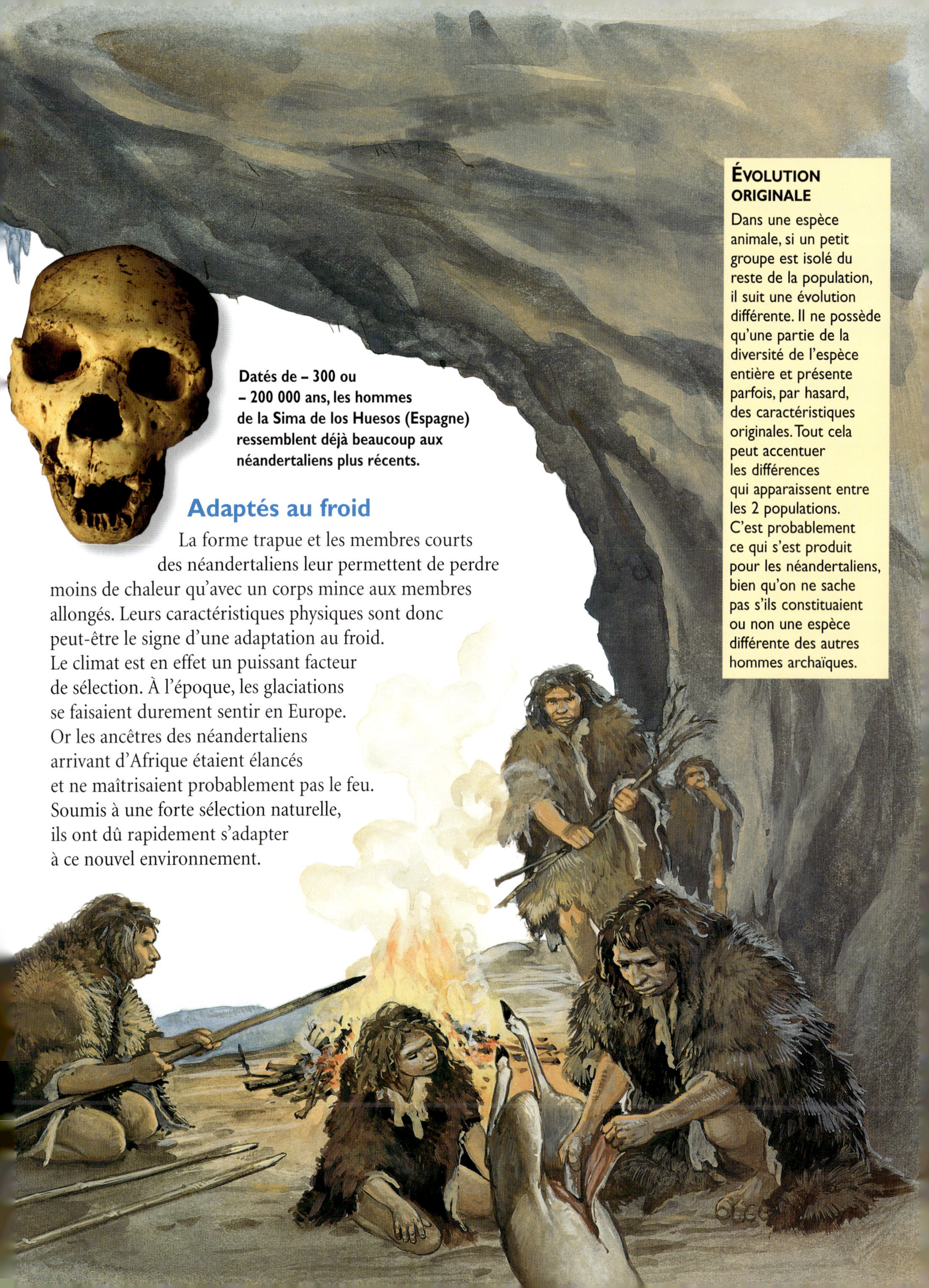

Datés de – 300 ou – 200 000 ans, les hommes de la Sima de los Huesos (Espagne) ressemblent déjà beaucoup aux néandertaliens plus récents.

Adaptés au froid

La forme trapue et les membres courts des néandertaliens leur permettent de perdre moins de chaleur qu'avec un corps mince aux membres allongés. Leurs caractéristiques physiques sont donc peut-être le signe d'une adaptation au froid. Le climat est en effet un puissant facteur de sélection. À l'époque, les glaciations se faisaient durement sentir en Europe. Or les ancêtres des néandertaliens arrivant d'Afrique étaient élancés et ne maîtrisaient probablement pas le feu. Soumis à une forte sélection naturelle, ils ont dû rapidement s'adapter à ce nouvel environnement.

Évolution originale

Dans une espèce animale, si un petit groupe est isolé du reste de la population, il suit une évolution différente. Il ne possède qu'une partie de la diversité de l'espèce entière et présente parfois, par hasard, des caractéristiques originales. Tout cela peut accentuer les différences qui apparaissent entre les 2 populations. C'est probablement ce qui s'est produit pour les néandertaliens, bien qu'on ne sache pas s'ils constituaient ou non une espèce différente des autres hommes archaïques.

Les techniciens de Levallois

1- Préparation de la face principale d'un nucléus, d'où sera tiré l'éclat Levallois.

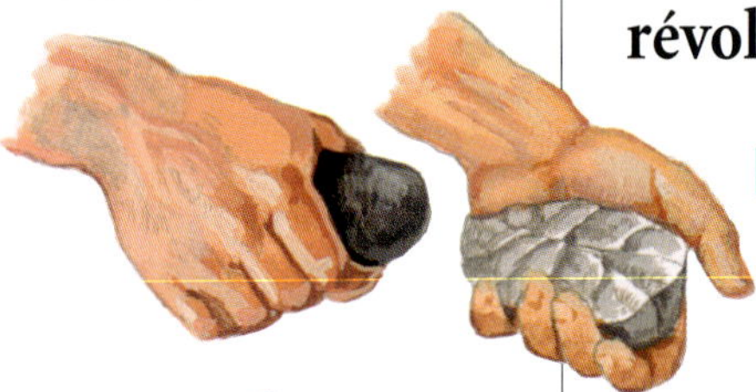

2- Préparation du plan de frappe.

3- Percussion destinée à détacher l'éclat Levallois.

4- L'outil obtenu a la forme prévue dès le début des opérations de taille.

La fabrication des bifaces existait depuis plusieurs centaines de milliers d'années. Ils étaient devenus plus fins et plus réguliers, mais pas vraiment différents. Les néandertaliens font un véritable bond en avant et inventent une technique révolutionnaire !

Pointe de type Levallois.

L'industrie moustérienne

Les ossements des néandertaliens sont souvent associés à un nouveau type d'outils de pierre. Alors qu'ils produisaient des bifaces comme leurs ancêtres, ils cessent d'en fabriquer, peut-être parce qu'ils ont acquis de nouvelles techniques. Leur boîte à outils est assez variée puisqu'elle contient des racloirs, des pointes, des outils à dents… De longues lames servent de couteaux ou sont retouchées pour donner d'autres outils. Les artisans choisissent avec soin leur matière première. On a ainsi trouvé des blocs de silex qui avaient été déplacés sur plusieurs dizaines de kilomètres, de leur lieu d'origine au site de taille.

La taille Levallois

Les néandertaliens utilisent une technique très précise que les préhistoriens appellent « taille Levallois », car elle a été décrite pour la première fois sur le site de Levallois, dans la banlieue de Paris. L'artisan commence par préparer son bloc (le « nucléus »). Il en détache des éclats pour préparer l'outil qu'il veut extraire du nucléus. Il donne alors un dernier coup avec un percuteur tendre et détache l'outil fini. Les préhistoriens nomment « culture moustérienne » l'ensemble des objets façonnés par les néandertaliens.

Certains hommes modernes pratiquaient les mêmes techniques que les néandertaliens. Une technique n'est pas totalement associée à un type d'hommes.

Remontage d'un bloc de silex ayant servi à produire de longues lames.

Javelots de précision

Les objets de bois utilisés par les néandertaliens se sont rarement conservés. C'est pourquoi la découverte de trois javelots de plus de 2 m de long datés de 400 000 ans a été un événement exceptionnel. Ils ont été trouvés en Allemagne, avec des outils de pierre et les restes d'une dizaine de chevaux (tués à la chasse). Il ne s'agissait pas de simples pieux de bois, mais de véritables javelots, taillés en forme de fuseau pour leur donner équilibre et précision. Ces armes démontrent la grande habileté technique de ces artisans prénéandertaliens.

Les javelots ont été taillés dans des troncs de jeunes sapins coupés à leur base, là où le bois est le plus dense.

COLLE DE BOULEAU

Certains outils sont couverts de traces d'usure, sauf à leur base. Il pourrait s'agir de pointes d'épieux, qui étaient fixées sur un manche. Leur forme permet de les attacher au moyen d'un lien de cuir mais il fallait aussi de la colle. Un bloc de goudron végétal, âgé de 80 000 ans, a été découvert en Allemagne. C'est une sorte de glu qui demandait une préparation soigneuse, par un chauffage de l'écorce de bouleau à précisément 300 °C !

Un piège pour le rhino

Blessures révélatrices
Les préhistoriens ont observé de nombreuses fractures osseuses sur les squelettes des néandertaliens. D'après des paléontologues américains, elles ressemblent aux blessures que subissent les cow-boys lors des rodéos ! Les chasseurs devaient s'approcher fort près des animaux pour lancer leurs javelots, mais cela n'était pas sans risques…

Il y a 200 000 ans, la faune européenne n'avait rien à envier aux animaux des savanes africaines : troupeaux de rennes et de chevaux, éléphants et rhinocéros, lions et hyènes des cavernes. Les néandertaliens ne manquaient pas de gibier, mais ils devaient prendre garde aux grands fauves !

La grande faune européenne

Certains animaux étaient plus grands que les espèces actuelles. L'aurochs, un bœuf sauvage, atteignait une hauteur de 2 m au garrot. Le cerf géant mégacéros portait des bois de 3,70 m d'envergure. L'ours des cavernes dépassait largement la taille de l'ours brun actuel. Il était plutôt végétarien, mais pas inoffensif pour autant ! Les néandertaliens côtoyaient également plusieurs espèces de rhinocéros et le plus grand des éléphants de l'Afrique et de l'Asie réunies, le mammouth des steppes. Parmi cette faune géante, félins et hyènes cherchaient leurs propres proies.

Des chasseurs habiles

Peut-être les néandertaliens récupéraient-ils comme leurs ancêtres les animaux tués par les grands prédateurs, mais ils chassaient sans doute eux-mêmes, et pas seulement du petit gibier. On a ainsi retrouvé une pointe de lance en bois à l'intérieur d'un squelette d'éléphant, preuve d'une chasse qui s'était déroulée il y a 125 000 ans. On peut imaginer qu'ils poussaient les plus grosses proies vers des pièges pour les immobiliser.

Les néandertaliens avaient sans doute les compétences nécessaires pour tuer du gros gibier au moyen de pièges creusés dans le sol. Ils préféraient probablement la chasse aux chevaux ou aux rennes, bien moins dangereuse.

L'homme est un loup pour… le gibier

L'analyse chimique des ossements de néandertaliens a révélé qu'une grande partie de leur alimentation avait à peu près la même composition que celle des loups ! Ils consommaient beaucoup de viande provenant d'animaux herbivores, comme les chevaux, les bisons ou les rennes. Ils complétaient certainement ce régime par du petit gibier, des œufs, des poissons, des baies, des noisettes et des racines… Leurs ossements montrent qu'ils étaient plutôt en bonne santé !

Le mammouth des steppes atteignait 4,30 m au garrot pour un poids de 10 t, soit 1 m de plus que l'éléphant d'Afrique et 2 fois son poids.

La vie au grand air

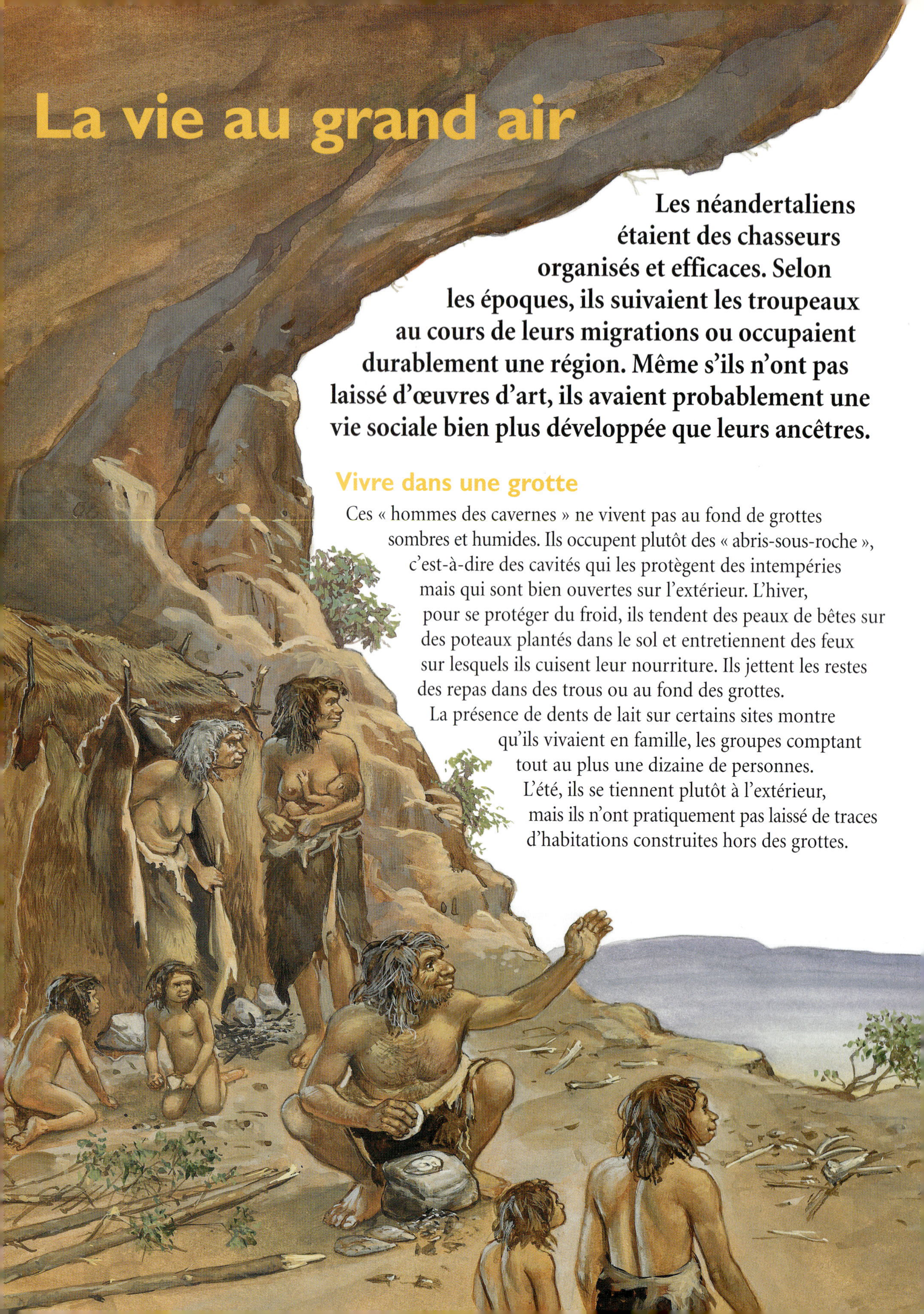

Les néandertaliens étaient des chasseurs organisés et efficaces. Selon les époques, ils suivaient les troupeaux au cours de leurs migrations ou occupaient durablement une région. Même s'ils n'ont pas laissé d'œuvres d'art, ils avaient probablement une vie sociale bien plus développée que leurs ancêtres.

Vivre dans une grotte

Ces « hommes des cavernes » ne vivent pas au fond de grottes sombres et humides. Ils occupent plutôt des « abris-sous-roche », c'est-à-dire des cavités qui les protègent des intempéries mais qui sont bien ouvertes sur l'extérieur. L'hiver, pour se protéger du froid, ils tendent des peaux de bêtes sur des poteaux plantés dans le sol et entretiennent des feux sur lesquels ils cuisent leur nourriture. Ils jettent les restes des repas dans des trous ou au fond des grottes.

La présence de dents de lait sur certains sites montre qu'ils vivaient en famille, les groupes comptant tout au plus une dizaine de personnes.

L'été, ils se tiennent plutôt à l'extérieur, mais ils n'ont pratiquement pas laissé de traces d'habitations construites hors des grottes.

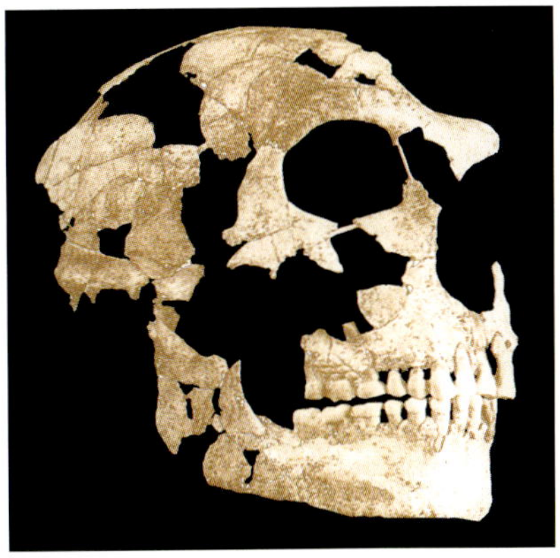

Crâne de Saint-Césaire (Charente-Maritime), trouvé en 1979. C'est sa reconstitution informatique qui a montré qu'il portait les traces d'un coup violent.

Soins aux blessés

Les blessés sont soignés et pris en charge par le groupe, comme le prouvent les nombreux exemples de fractures consolidées. On a également trouvé la mâchoire d'un homme qui avait perdu ses dents à cause d'un abcès. L'état de cicatrisation de l'os montre qu'il a vécu plusieurs mois sans pouvoir mâcher sa nourriture. Les membres de son groupe lui prémâchaient probablement la viande et les fruits ! Cependant, les blessures étaient parfois causées par d'autres hommes : un des crânes trouvés à Saint-Césaire (– 36 000 ans) présente une fracture sans doute due à une arme tranchante. L'homme a survécu au moins plusieurs semaines, avec l'aide de son groupe. Mais qui l'avait blessé : un autre néandertalien ou un homme moderne ?

La flûte de Divje Babe, en Slovénie.

Langage

Comme pour les premiers hommes, les preuves anatomiques manquent pour pouvoir affirmer qu'ils avaient un langage articulé. Leur cerveau possédait probablement les structures nécessaires et certains paléontologues pensent que leur larynx ressemblait au nôtre. Ils avaient donc sans doute la capacité de parler, mais cela ne prouve pas qu'ils l'aient fait. Cependant, peut-on imaginer que des hommes aient organisé des cérémonies pour enterrer leurs morts s'ils n'étaient pas capables de penser à autre chose qu'à leurs besoins immédiats ? Et peut-on réfléchir sans langage ?

Une flûte en os

Les néandertaliens n'ont pas laissé de peintures ou de gravures, seulement quelques signes gravés dans la pierre. Mais une découverte récente oblige à reconsidérer leurs capacités artistiques. Il s'agit d'un fragment de fémur d'ours percé de 4 trous alignés et qui fait penser à une flûte. Cet instrument, trouvé en Slovénie, était accompagné d'outils typiquement néandertaliens. Son âge serait compris entre – 82 000 et – 43 000 ans. Ce serait donc bien l'œuvre d'un musicien néandertalien et non d'un homme moderne.

Néandertal ne savait pas coudre ! En effet, on n'a trouvé aucune aiguille d'os ou d'ivoire parmi les milliers d'objets qu'il a laissés. Les fourrures étaient probablement attachées, mais simplement avec des lacets de cuir.

La sépulture de La Chapelle-aux-Saints (Corrèze), découverte en 1908.

Pas si simple

Les anciennes reconstitutions de l'homme de Neandertal le montrent comme un être bestial, voûté et hirsute, exagérant certains de ses traits pour en faire un « presque-singe ». Les préhistoriens le considèrent aujourd'hui comme un être plus intelligent et plus complexe.

Traces suspectes

La grotte de Moula-Guercy (Ardèche) a été occupée par des hommes, il y a environ 100 000 ans. Les restes d'au moins six humains ont été trouvés mêlés à de nombreux os d'animaux et à des outils typiquement néandertaliens. Les os des membres et les crânes étaient tous brisés de la même façon, qu'il s'agisse d'os humains ou animaux. Des traces sur les os montrent que la chair en avait été volontairement retirée. Pour les préhistoriens, cela ne fait aucun doute : les néandertaliens pratiquaient le cannibalisme !

Cannibales

Cette question a été longtemps controversée. En effet, certaines traces similaires peuvent être faites lors de pratiques mortuaires, comme un nettoyage du squelette, mais le fait que les os humains présentent les mêmes traces que les os animaux laisse penser qu'hommes et animaux ont été mangés. De plus, il n'y a aucun autre signe de pratique funéraire. On peut aussi imaginer que ces hommes aient été dévorés par des fauves, mais seuls les os contenant de la moelle ont été brisés. En fait, il n'est pas réellement surprenant que l'on trouve des traces de cannibalisme puisqu'on sait que des hommes ont mangé leurs semblables jusqu'à une date très récente. Alors pourquoi pas les néandertaliens ? Ils ne se comportaient d'ailleurs pas toujours de cette façon, puisqu'ils enterraient parfois leurs morts.

Ce fragment d'os crânien néandertalien a été trouvé dans la grotte de Moula-Guercy (Ardèche) en 1991. L'observation au microscope électronique (*en haut*) montre des stries nettes et profondes laissées par un outil de silex très coupant. Sur l'ensemble des os humains et animaux, des traces identiques révèlent que les muscles ont été soigneusement détachés des os.

Brouillon du compte-rendu de la découverte de La Chapelle-aux-Saints, établi sur le terrain par l'abbé Breuil (1909).

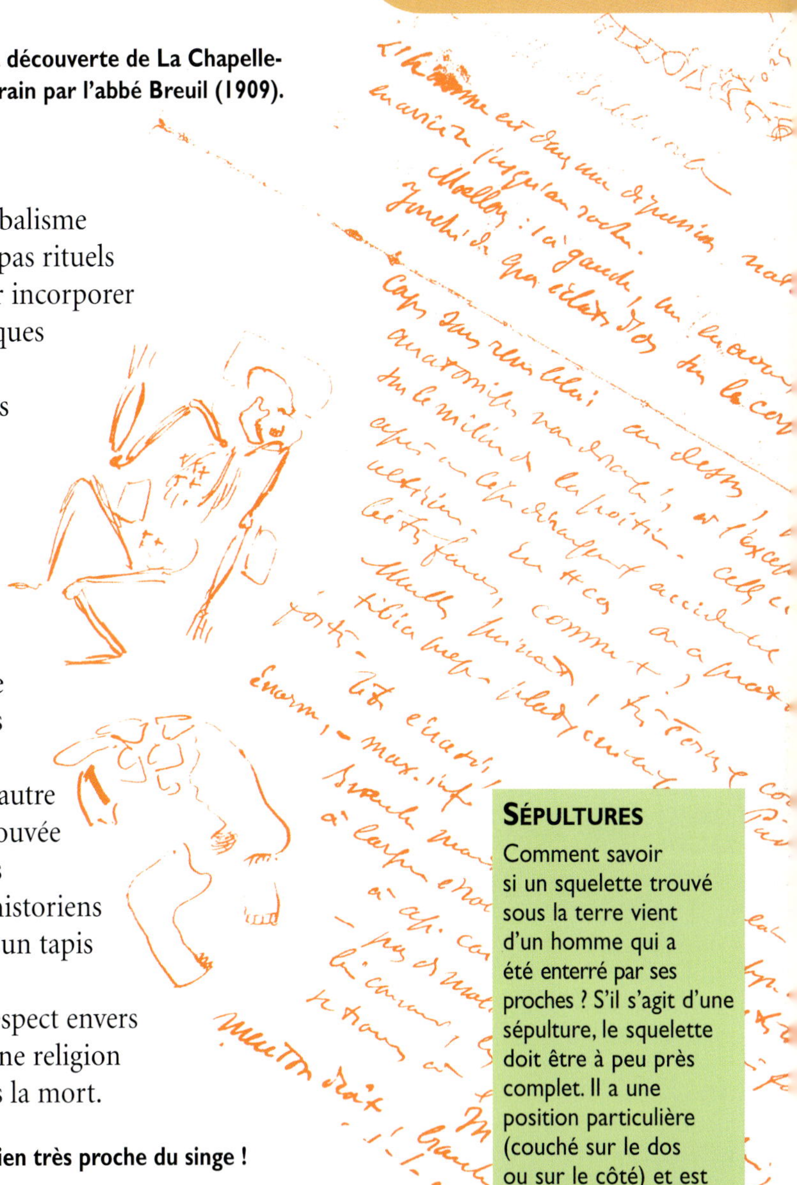

Repas rituel ou famine ?

On ne connaît pas du tout les causes du cannibalisme des néandertaliens. Peut-être s'agissait-il de repas rituels pour honorer les défunts ou au contraire pour incorporer la chair et la force de leurs ennemis. Ces pratiques semblent cependant trop fréquentes pour être le signe d'une famine qui aurait obligé certains d'entre eux à manger d'autres hommes.

Des fleurs pour Neander

Il y a 40 000 ans, huit néandertaliens ont été enterrés dans le grand-abri de la Ferrassie (Dordogne). Il s'agissait d'une femme, d'un homme et de plusieurs enfants, peut-être de la même famille. Le sol contenait des traces d'ocre rouge qui font penser à des peintures rituelles effectuées lors des mises en terre. Une autre sépulture, datant de 50 ou 70 000 ans, a été trouvée à Shanidar, en Iran. D'après les accumulations de pollens trouvées dans la terre, certains préhistoriens pensent que les corps avaient été disposés sur un tapis de jacinthes, de bleuets et de roses trémières. Les néandertaliens faisaient donc preuve de respect envers leurs morts. Mais on ne sait pas s'ils avaient une religion et s'ils croyaient à une forme d'existence après la mort.

Une reconstitution de 1909, montrant un néandertalien très proche du singe !

Sépultures

Comment savoir si un squelette trouvé sous la terre vient d'un homme qui a été enterré par ses proches ? S'il s'agit d'une sépulture, le squelette doit être à peu près complet. Il a une position particulière (couché sur le dos ou sur le côté) et est souvent accompagné d'objets (nourriture, armes, bijoux, etc.). Au cours de la fouille, on peut aussi distinguer la forme de la fosse qui a été comblée après la mise en terre. L'absence de sépultures ne prouve cependant pas que les hommes ne pratiquaient pas de rites mortuaires. En effet, il ne reste aucune trace si les corps étaient volontairement laissés en plein air ou brûlés.

Ancêtres ou cousins ?

Les néandertaliens ont été longtemps présentés comme nos ancêtres, intermédiaires entre les premiers hommes et nous-mêmes. Depuis plusieurs décennies, les preuves se sont accumulées en faveur d'une autre histoire. Les néandertaliens ne seraient pas nos grands-parents mais des cousins disparus sans descendance.

Reconstitution de l'homme de La Chapelle-aux-Saints.

Homo neanderthalensis

La plupart des paléontologues appellent les néandertaliens « *Homo neanderthalensis* ». Ils en font donc une espèce différente des hommes modernes, les *Homo sapiens*, ce qui sous-entend qu'hommes et femmes des 2 espèces ne pouvaient avoir d'enfants ensemble. Certains chercheurs les nomment « *Homo sapiens neanderthalensis* » car ils considèrent, au contraire, que les différences étaient suffisamment faibles pour que la reproduction soit possible entre eux. Le nom qu'on leur donne dépend donc de caractéristiques biologiques qu'en fait on ne connaît pas !

Transformation ?

Des hommes « modernes », très semblables aux humains actuels, vivaient en Afrique et au Proche-Orient il y a 100 000 ans, bien avant la disparition des néandertaliens. On ne peut donc pas imaginer une transformation globale des néandertaliens en hommes modernes. De plus, les nombreux crânes découverts en Europe de l'Ouest sont relativement faciles à identifier : ils sont soit néandertaliens, soit « modernes » ! On pourrait cependant imaginer qu'un petit groupe de néandertaliens ait évolué rapidement, sans que les intermédiaires laissent de traces.

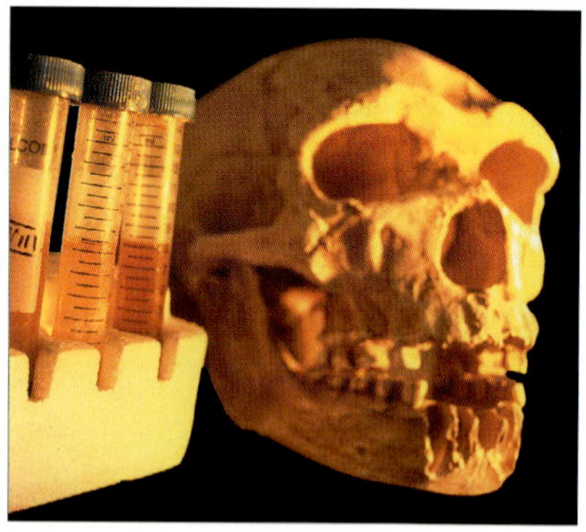

L'ADN des néandertaliens est très dégradé mais encore analysable !

La preuve par les gènes ?

Certains os fossiles contiennent encore un peu d'ADN. Il est possible de comparer des fragments de gènes anciens aux gènes actuels. L'analyse a montré qu'il y avait de grandes différences entre l'ADN des néandertaliens et celui des hommes actuels, bien plus qu'entre l'ADN de deux hommes pris au hasard. L'étude des gènes montre aussi que les néandertaliens se seraient séparés de la lignée humaine il y a 500 ou 600 000 ans. Ils sont ensuite devenus de plus en plus différents des autres hommes. Pour confirmer ces travaux, il faudrait cependant pouvoir analyser les gènes de nos véritables ancêtres, les hommes modernes contemporains des néandertaliens.

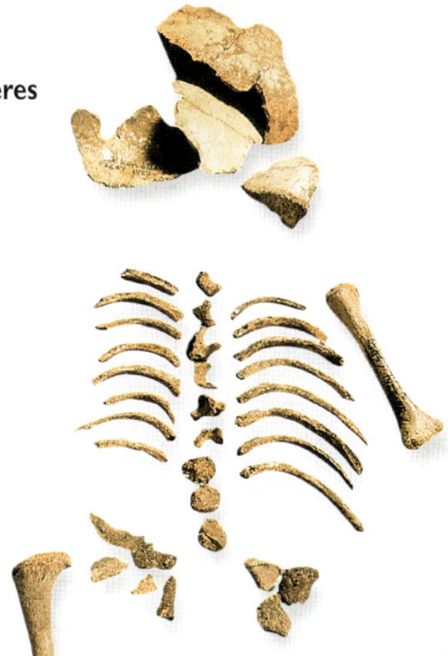

Squelette d'un enfant de 4 ans, daté de 24 500 ans, trouvé dans l'abri de Lagar Velho (Portugal). Il semble présenter des caractères intermédiaires entre néandertaliens et hommes modernes.

Mélanges ?

Autre hypothèse : les deux populations se seraient mélangées et les hommes modernes, plus nombreux, auraient absorbé les néandertaliens. En Europe de l'Est, certains squelettes « modernes » présentent en effet des traits archaïques mais qui pourraient provenir de leurs ancêtres et non des néandertaliens. Un crâne d'enfant trouvé au Portugal semble difficile à classer, mais les caractères anatomiques ne sont pas très affirmés chez les enfants. Ce mélange s'est peut-être produit, mais il n'a certainement pas été fréquent d'autant plus que tous ces hommes étaient très peu nombreux, sur un territoire immense.

Il est difficile d'imaginer aujourd'hui la coexistence de 2 espèces humaines différentes. Les néandertaliens étaient aussi humains que nous, mais autrement !

Mystérieuse disparition

Les objets néandertaliens les plus récents sont datés d'environ 30 000 ans. Ils ont été trouvés en Espagne.

Pendant plus de 10 000 ans, deux groupes humains coexistent en Europe et au Proche-Orient, les hommes « modernes » et les néandertaliens. Puis ces derniers disparaissent. Il ne reste alors plus qu'une seule espèce humaine à la surface du globe.

Échanges culturels

Il y a 40 000 ans, les néandertaliens installés dans les régions méditerranéennes voient arriver de nouveaux hommes en provenance de l'Est. Certains sites du sud-ouest de la France et d'Espagne montrent un assemblage d'objets inattendu. Il s'agit d'outils moustériens, ceux que fabriquent les néandertaliens, accompagnés d'objets en os et de parures propres aux hommes modernes. Ces sites ont longtemps intrigué les préhistoriens, jusqu'à la découverte d'une sépulture néandertalienne à Saint-Césaire (Charente-Maritime) présentant le même mélange de cultures. En fait, les néandertaliens ont adopté certaines techniques des nouveaux arrivants, jusqu'à fabriquer les mêmes pendentifs de dents d'ours et de loups !

Les deux peuples

Si les néandertaliens parlaient, ce n'était certainement pas la même langue que les nouveaux arrivants, après des milliers de siècles de séparation. Les deux peuples ont-ils sympathisé au point d'apprendre le langage de l'autre ? Ou au contraire se sont-ils battus, pour le gibier ou pour un abri ? Les néandertaliens ont-ils été éliminés par les nouveaux arrivants ? Certains squelettes montrent des traces de violences, mais il est impossible d'identifier l'agresseur. Il n'y a pas de traces évidentes d'une « guerre » de l'âge de pierre. De plus, les néandertaliens ont vécu plus de 10 000 ans au contact des hommes modernes qui n'étaient donc pas franchement « supérieurs ».

Une parure trouvée à Arcy-sur-Cure (Yonne), associée à des ossements néandertaliens.

Ce collier semble être l'œuvre d'un néandertalien qui aurait imité la mode des hommes de Cro-Magnon.

Disparition

La disparition des hommes de Neandertal coïncide avec une dégradation du climat. Les deux peuples disposaient de moins de place et de moins de gibier. Il suffit que les nouveaux hommes aient été légèrement plus efficaces pour se protéger du froid et trouver de la nourriture pour qu'ils remplacent les néandertaliens « en douceur », en quelques milliers d'années. Une natalité un peu plus élevée chez les hommes modernes aurait également pu aboutir à ce résultat. Seule certitude : les derniers sites des néandertaliens se trouvent en Espagne, à l'extrémité de l'Europe, comme un ultime refuge avant l'extinction.

Couples mixtes

Humains modernes et néandertaliens ont-ils eu des enfants ensemble ? D'après les squelettes et l'analyse de leur ADN, il semble que les néandertaliens n'aient pas contribué à ce que nous sommes aujourd'hui. Il n'y aurait donc pas eu d'enfants à moitié néandertaliens et à moitié modernes, ou très rarement. Pourtant, cela ne prouve pas qu'il n'y ait pas eu de couples mixtes modernes-néandertaliens ! Seuls quelques objets nous permettent d'imaginer ce qu'a pu être cette cohabitation de plusieurs milliers d'années.

Les néandertaliens ont vécu plusieurs longues périodes glaciaires mais se sont éteints bien avant la fin de la dernière glaciation.

Naissance de l'homme moderne

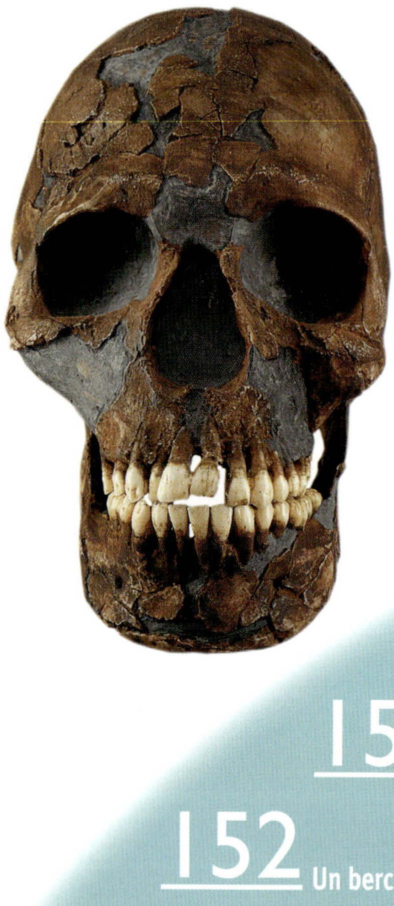

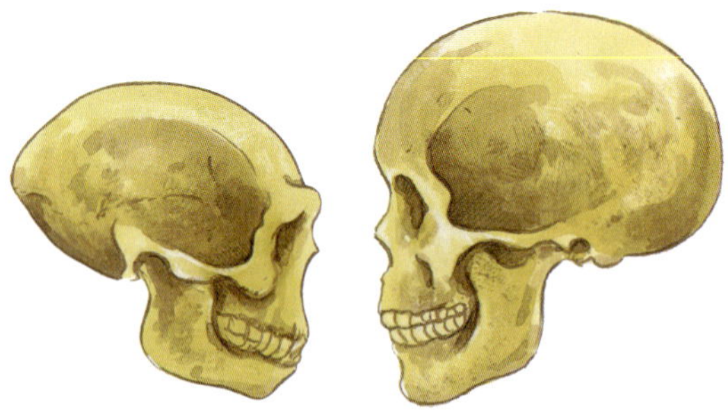

L'homme moderne, c'est celui qui nous ressemble autant que nous nous ressemblons entre nous ! Les préhistoriens le reconnaissent à son **squelette**, à peine différent du nôtre. Il semble que cet homme, notre ancêtre, soit apparu vers – 150 000 ans, à 50 000 ans près. Il est difficile d'être plus précis, car il n'apparaît pas d'un seul coup mais trait par trait, os par os. Et un os suffit-il à définir un homme ?

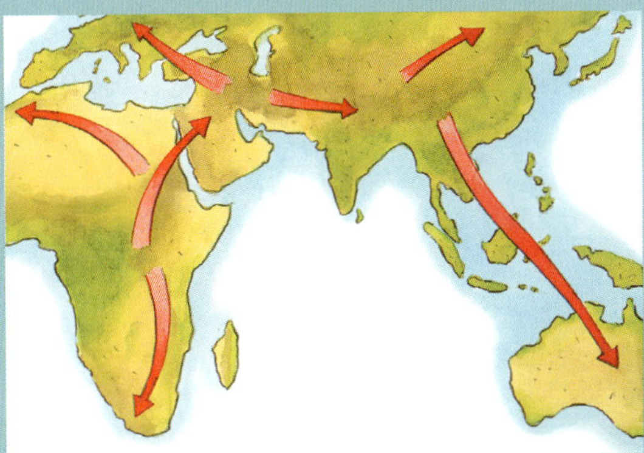

160 Pas d'accord !

162 La langue originelle

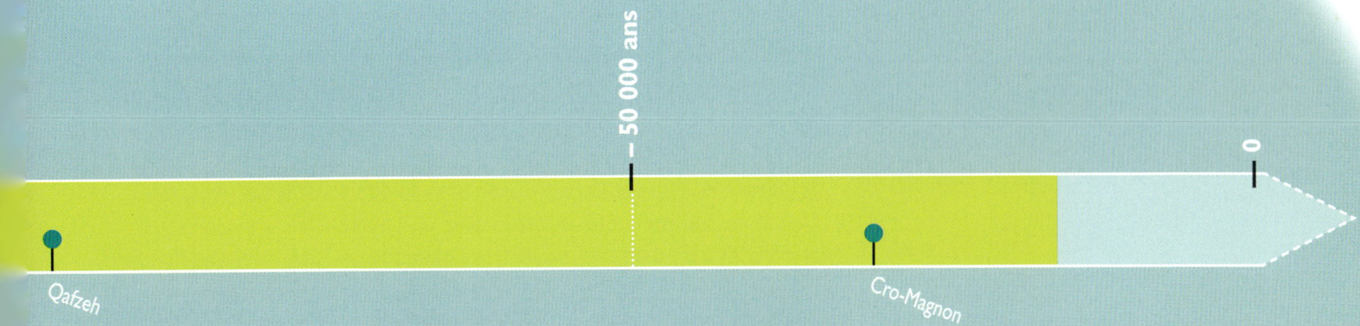

Un berceau africain ?

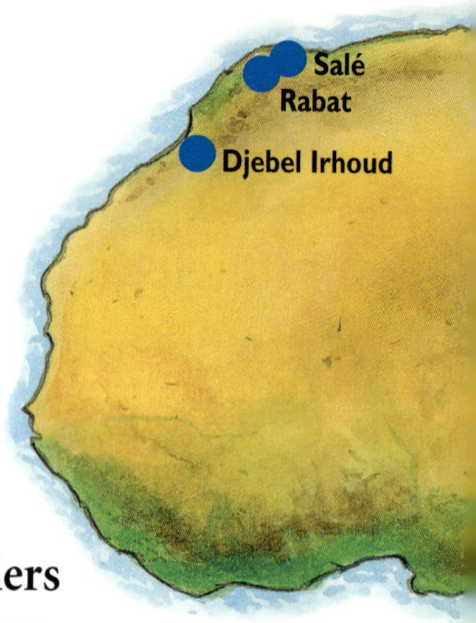

C'est en Afrique que sont apparus les plus anciens hominidés : les australopithèques, les paranthropes, les premiers hommes, les grands hommes. C'est d'Afrique qu'ils sont partis à la découverte du monde. L'Afrique est-elle aussi le lieu de naissance de l'homme moderne ?

Les sépultures de Qafzeh

À Qafzeh (Israël), des hommes ont enterré leurs semblables il y a 100 000 ans. Ce sont les plus anciennes sépultures connues. Ces hommes sont assez grands et ressemblent beaucoup aux hommes actuels, notamment par leurs crânes. Leurs outils sont similaires à ceux des néandertaliens qui vivaient au Proche-Orient à la même époque. Plusieurs dizaines de squelettes montrent que les deux groupes cohabitaient. Ils utilisaient les mêmes techniques pour tailler leurs outils, chassaient le même gibier (cerfs, chevaux, rhinocéros…), occupaient les mêmes grottes en alternance.

Archaïques et modernes à la fois

Il y a 100 000 ans, vivaient donc des hommes semblables aux hommes actuels, au moins anatomiquement. Quelle est leur parenté avec les hommes archaïques, ces *Homo erectus* qui ont parcouru le monde ? Plusieurs crânes africains entre – 300 000 et – 100 000 ans présentent des caractéristiques intermédiaires. Ainsi, l'homme de Kabwe (– 200 000 à – 125 000 ans) a des traits archaïques : de gros bourrelets au-dessus des orbites et des os crâniens très épais. Cependant, le volume du crâne est assez élevé (1 250 cm^3) et sa forme générale est plus moderne que celle des *Homo erectus*. De même, un crâne trouvé dans la vallée de l'Omo (Éthiopie) et âgé d'environ 120 000 ans est d'aspect plus franchement moderne malgré l'épaisseur des os.

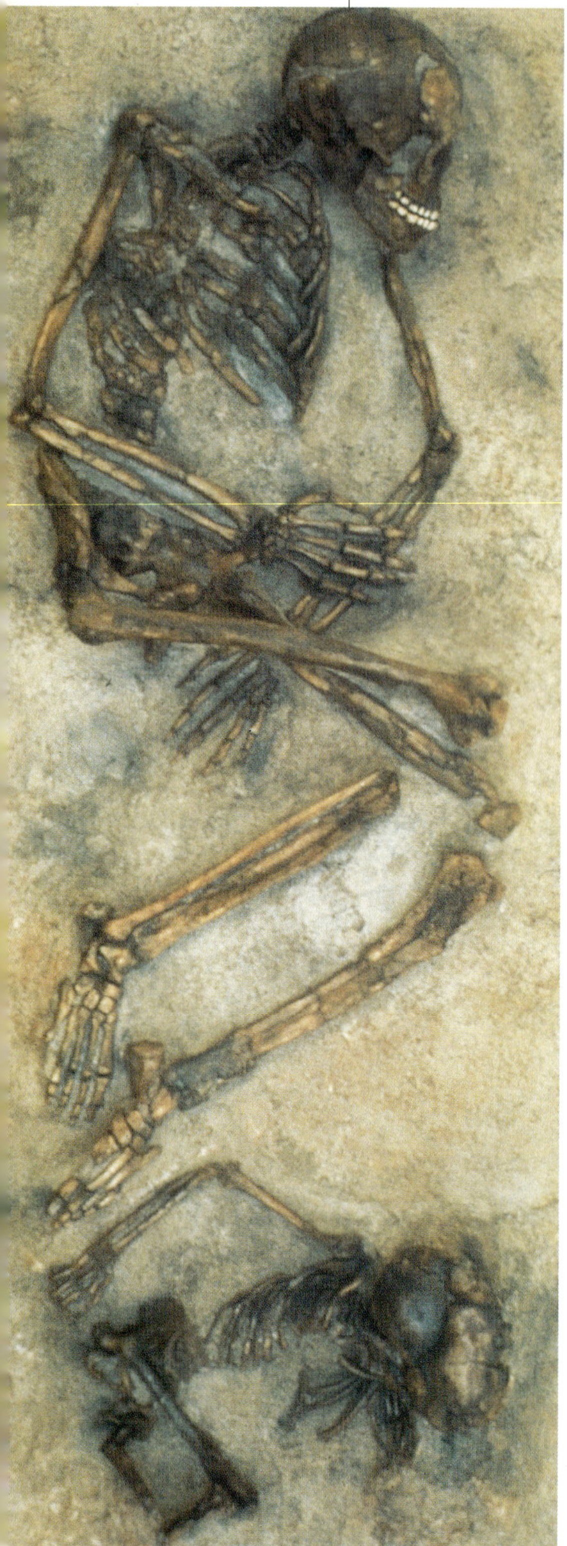

Sépulture de Qafzeh (Israël) datée de – 90 000 à – 100 000 ans. Une jeune femme a été enterrée avec un enfant. Dans une autre tombe, les bois d'un cerf avaient été placés sur le corps d'un adolescent.

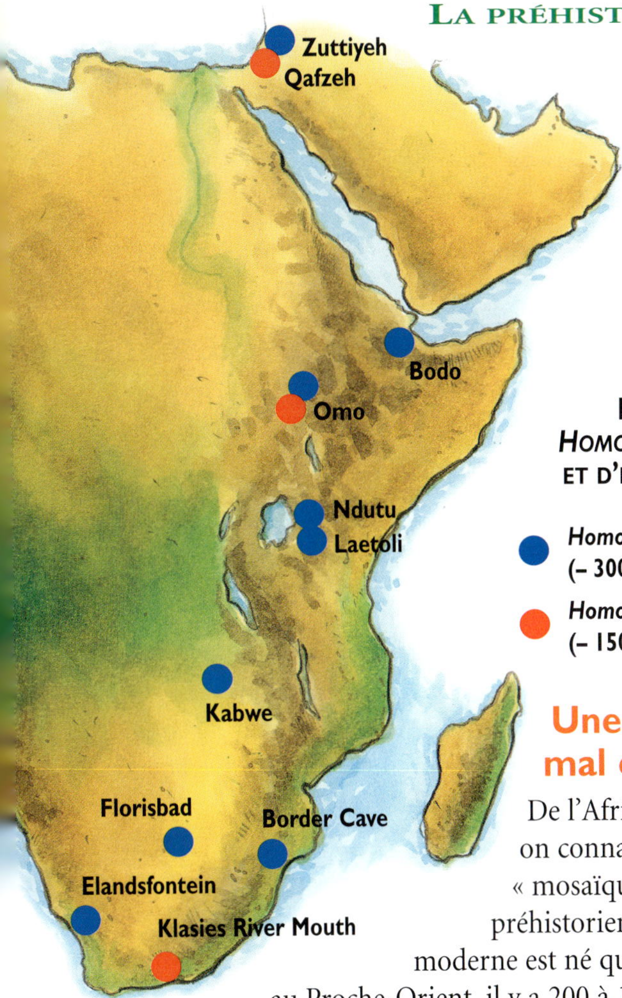

Principaux sites *Homo sapiens* archaïques et d'hommes modernes.

- *Homo sapiens* archaïque (– 300 000 à – 100 000 ans)
- *Homo sapiens* moderne (– 150 000 à – 100 000 ans)

Ce crâne trouvé à Qafzeh est attribué à une femme d'une vingtaine d'années. Il a tout à fait l'apparence d'un crâne moderne : front haut, pas de bourrelets au-dessus des orbites, menton projeté vers l'avant, os peu épais...

Une évolution mal connue

De l'Afrique du Sud à l'Algérie, on connaît ainsi quelques crânes « mosaïques ». De nombreux préhistoriens pensent donc que l'homme moderne est né quelque part en Afrique ou peut-être au Proche-Orient, il y a 200 à 100 000 ans. Mais cette évolution s'est-elle produite parallèlement dans plusieurs régions ? S'agit-il au contraire d'un petit groupe d'hommes modernes qui se sont rapidement répandus dans toute l'Afrique ? On ne connaît pas non plus les relations entre les anciens hommes et les nouveaux. Ces derniers ont-ils rapidement remplacé les hommes archaïques ou bien les deux populations se sont-elles mélangées ? Les squelettes sont pour l'instant trop peu nombreux et les datations trop peu précises pour que l'on puisse retracer cette histoire.

L'homme de Kabwe était autrefois appelé « homme de Rhodésie », le nom que portait la Zambie à l'époque de sa découverte, en 1921. *Homo erectus* « évolué » ou *Homo sapiens* archaïque ? Peut-être les deux à la fois !

Toujours le climat ?

Il y a 125 000 ans, la Terre entre dans une nouvelle période chaude, qui rend le centre de l'Afrique très aride. Les hommes s'installent alors dans les régions littorales, nettement plus agréables. Les hommes de Palestine sont grands et minces, des proportions montrant une adaptation à un climat chaud. Ce climat est confirmé par la faune fossile trouvée avec leurs squelettes. Ce réchauffement ne paraît cependant pas suffisant pour expliquer à lui seul l'apparition de l'homme moderne.

Homo sapiens

Volumes crâniens

Le volume du cerveau d'Anatole France était de 1 000 cm^3 ; celui de Tourgueniev, de 2 000 cm^3 ! Chez l'homme actuel, la taille du cerveau est très variable, autour d'une moyenne de 1 400 cm^3. Elle dépend de la taille du corps, de l'alimentation, de l'âge, du sexe… Bien entendu, les possesseurs de gros cerveau ne sont pas plus intelligents que les autres ! Les femmes ont en moyenne un cerveau un peu moins volumineux puisqu'elles sont plus petites que les hommes (et cela n'a pas non plus la moindre signification sur leur intelligence). Pour les hommes préhistoriques, on connaît moins bien l'étendue des variations possibles puisqu'on a peu de crânes à mesurer. Un crâne de 1 100 cm^3 peut aussi bien appartenir à un *Homo erectus* à grosse tête qu'à un *Homo sapiens* à petite tête. Le volume d'un crâne n'est donc pas un critère suffisant pour l'identifier.

Qu'est-ce qu'un homme moderne ?
Pour les préhistoriens, c'est un homme dont le squelette est semblable à un squelette humain actuel. C'est surtout le crâne qui est important, le reste du squelette ayant peu changé depuis près de 2 millions d'années.

Nouveau crâne, nouvelle face

Chez les premiers hommes modernes, le volume moyen du crâne atteint 1 600 cm^3, une valeur supérieure à la moyenne actuelle. La partie la plus large du crâne est située au-dessus de la face, ce qui donne au crâne vu de derrière une forme en pentagone. Il n'y a pas de crêtes. Le front est haut et il n'y a pratiquement pas de bourrelets au-dessus des orbites. La face est plus réduite et surtout dépasse à peine le front. Les pommettes sont marquées. Les orbites sont plus ou moins rectangulaires et non circulaires.

Le menton révélateur

Pour la première fois, le menton est pointé vers l'avant. Ce trait anatomique permet de reconnaître facilement une mandibule moderne, mais il ne semble pas qu'il ait une signification particulière. Certains préhistoriens ont suggéré qu'il serait lié à l'acquisition de la parole articulée, mais c'est peut-être seulement un résultat secondaire de la réduction de la taille de la mâchoire. Les dents sont en effet plus petites que celles des *Homo erectus*.

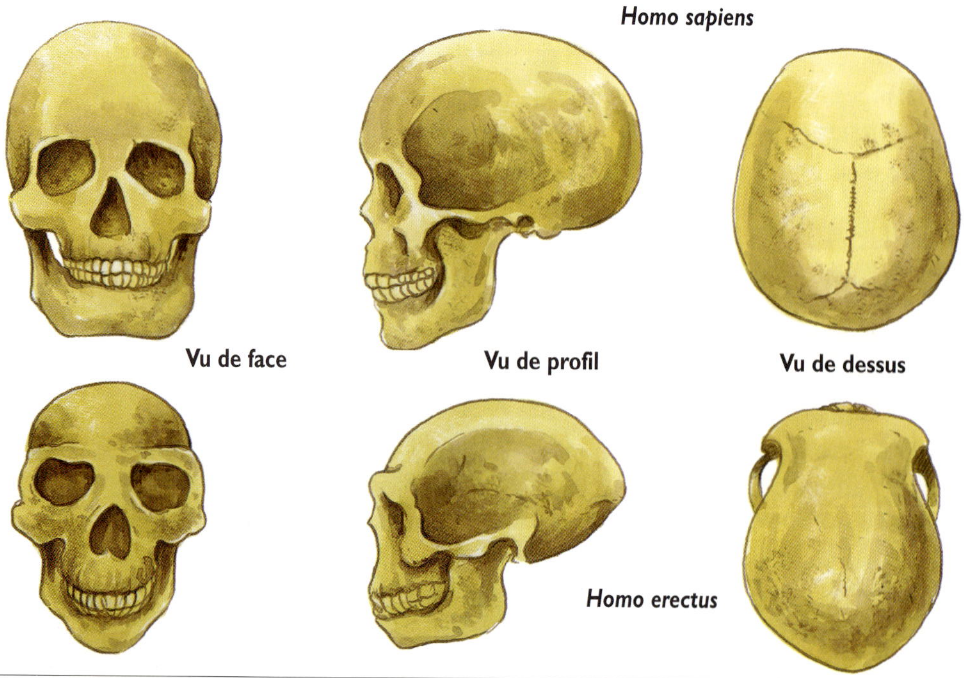

Lorsque les crânes sont entiers, les différences paraissent évidentes ! Vu de dessus, le crâne d'*Homo sapiens* n'est pas rétréci en arrière des orbites comme chez *Homo erectus*.

Linné est l'inventeur de la désignation scientifique moderne des êtres vivants : un nom latin composé d'un nom de genre (*Homo*) et d'un nom d'espèce (*sapiens*).

L'homme sage

L'homme moderne ancien ressemblant à l'homme actuel, on le nomme donc « *Homo sapiens* », le nom qui nous a été donné au XVIIIe siècle par le naturaliste suédois Linné. *Sapiens* signifie « sage, savant, intelligent ». Quel honneur ! Certains préhistoriens, de moins en moins nombreux, considèrent que les néandertaliens font partie de la même espèce que nous et sont donc également des *Homo sapiens*. Pour tout de même les distinguer, ils les nomment « *Homo sapiens neanderthalensis* » et se nomment eux-mêmes « *Homo sapiens sapiens* », les hommes doublement sages !

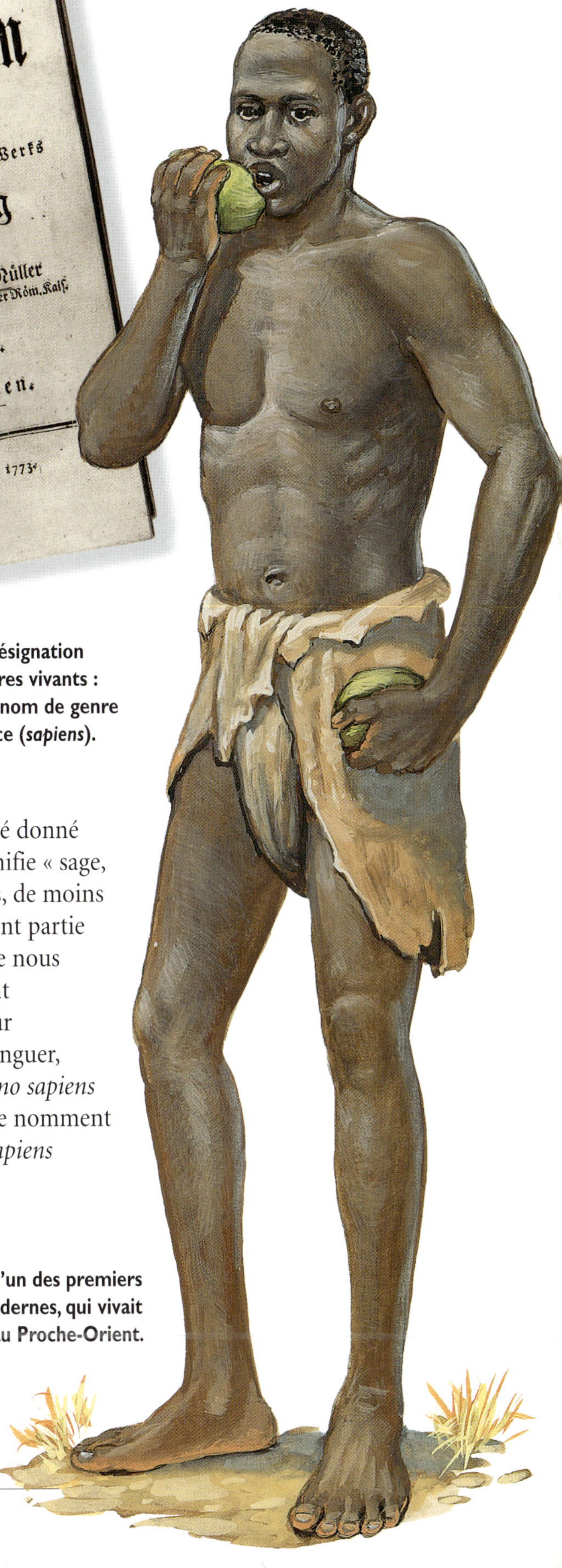

Une reconstitution d'un des premiers hommes modernes, qui vivait en Afrique ou au Proche-Orient.

***Le Penseur*, un *Homo sapiens* sculpté par Auguste Rodin.**

Deuxième vague

Comme ses ancêtres, *Homo sapiens* ne tient pas en place. Très vite on le trouve en Asie, puis en Australie. Il prend plus de temps pour s'installer en Europe, peut-être rebuté par le climat. Partout, il rencontre des hommes archaïques qui vivent là depuis des centaines de milliers d'années.

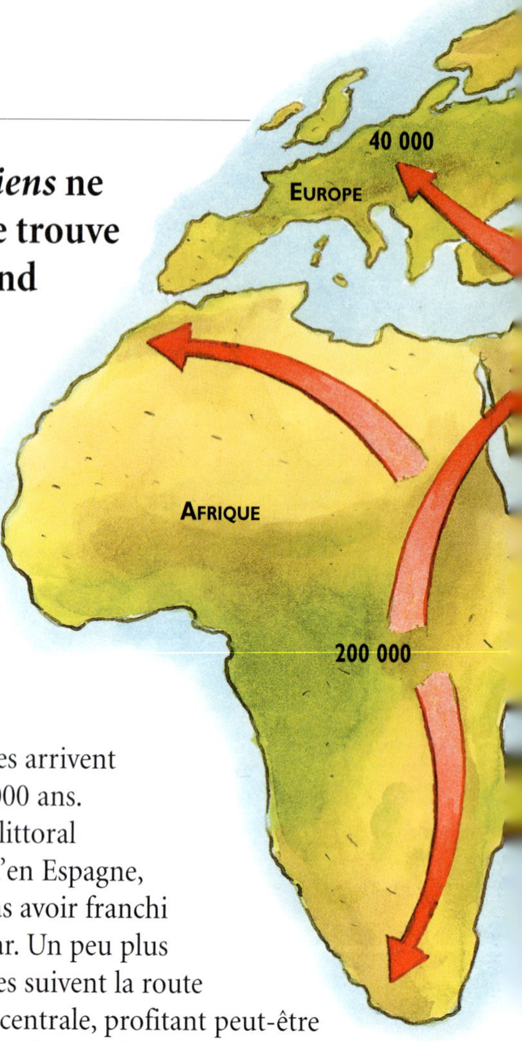

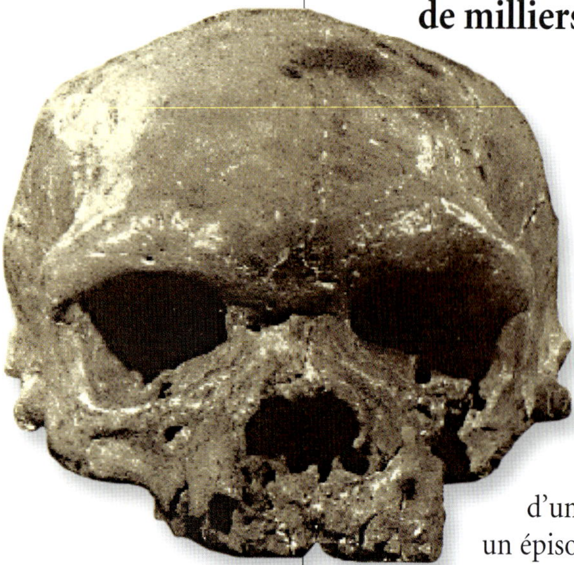

Pour certains paléoanthropologues, le crâne de Dali (Chine, 210 000 ans) présente des caractéristiques intermédiaires entre l'*Homo erectus* chinois (sinanthrope) et les Chinois modernes. Ce serait donc un *Homo sapiens* archaïque chinois.

Les seconds Européens

Les hommes modernes arrivent en Europe vers – 40 000 ans. Ils colonisent tout le littoral méditerranéen jusqu'en Espagne, mais ne semblent pas avoir franchi le détroit de Gibraltar. Un peu plus tard, d'autres hommes suivent la route du nord, par l'Europe centrale, profitant peut-être d'un léger réchauffement du climat. L'Europe vit alors un épisode tempéré frais, entre une période plus froide et le dernier maximum glaciaire. Les régions méditerranéennes sont boisées alors que les régions au nord sont couvertes de steppes.

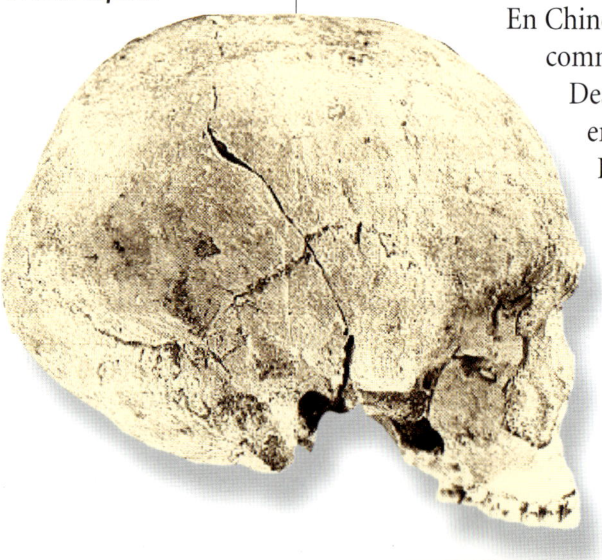

Plus récent, le crâne de Liujiang (Chine, 67 000 ans) appartient sans aucun doute à *Homo sapiens*.

Les seconds Chinois

En Chine, les sinanthropes (*Homo erectus*) évoluent de leur côté, comme cela s'est produit en Europe avec les néandertaliens. Des hommes archaïques font leur apparition et vivent en Extrême-Orient jusque vers 120 ou 100 000 ans. Ils ont toujours des crânes épais aux orbites surmontées de gros bourrelets osseux, mais le volume crânien augmente un peu. Puis des hommes modernes apparaissent, comme l'homme de Liujiang daté de 67 000 ans, et semblent remplacer les précédents. Ces hommes sont-ils les descendants des premiers occupants de la Chine ou sont-ils des *Homo sapiens* arrivés d'Afrique ou du Proche-Orient ?

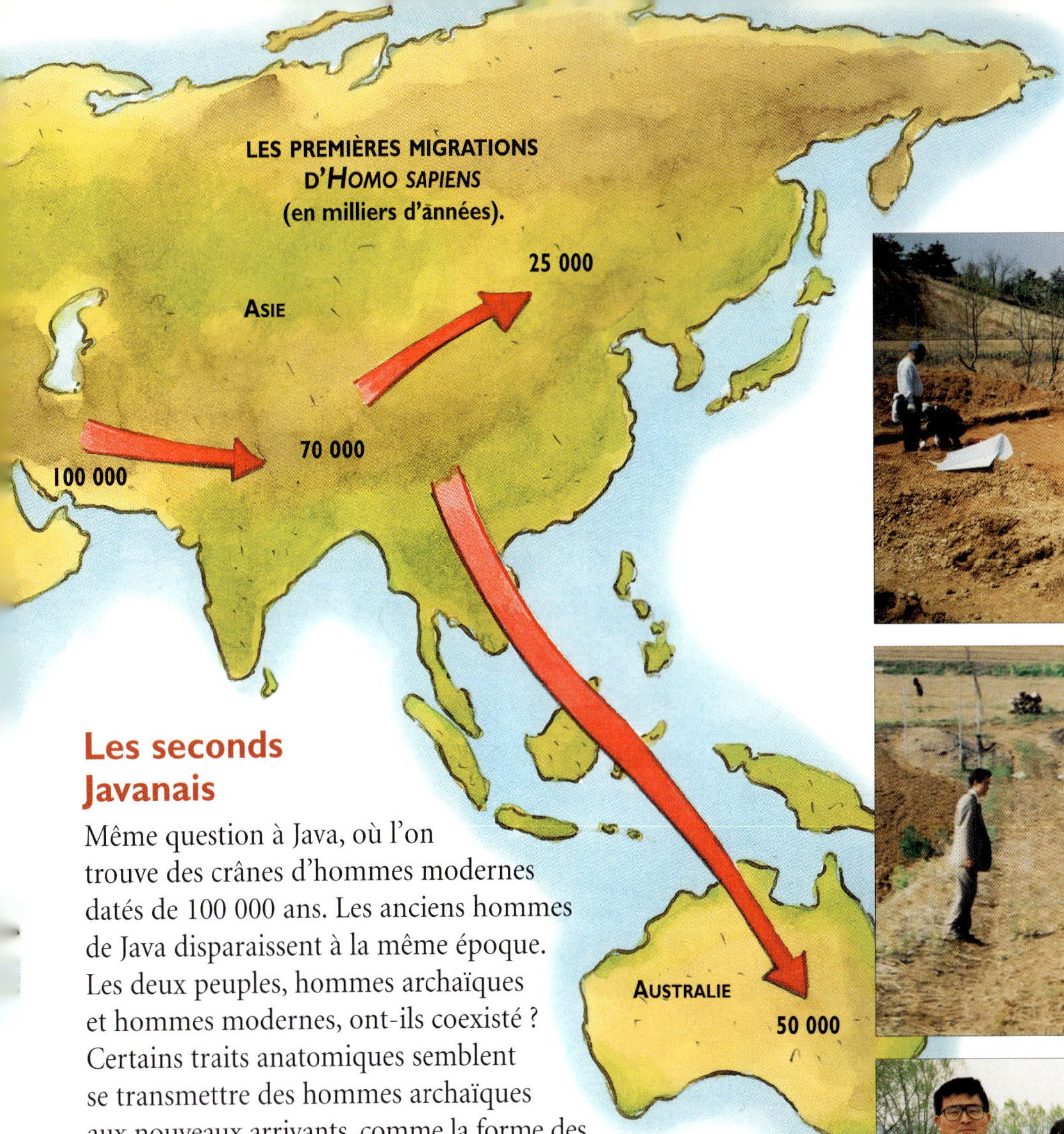

Les seconds Javanais

Même question à Java, où l'on trouve des crânes d'hommes modernes datés de 100 000 ans. Les anciens hommes de Java disparaissent à la même époque. Les deux peuples, hommes archaïques et hommes modernes, ont-ils coexisté ? Certains traits anatomiques semblent se transmettre des hommes archaïques aux nouveaux arrivants, comme la forme des incisives ou des pommettes. Ces deux peuples se seraient-ils même mélangés, au contraire de ce qui semble s'être passé en Europe entre hommes modernes et néandertaliens ? Les données de la biologie ne permettent cependant pas de croire que des hommes archaïques aient pu donner naissance à des hommes modernes de façon totalement indépendante en Afrique, en Chine et à Java.

Shinichi Fujimura, à droite, a reconnu avoir falsifié de nombreux sites au Japon, comme ici, à Sodehara. Surnommé « mains divines » pour son habileté à trouver des objets intéressants, il découvrait en fait ceux qu'il avait lui-même enterrés !

Scandale au Japon

Comme au XIXe siècle, certains préhistoriens cherchent encore à prouver que leur pays est le berceau de l'humanité. En 2000, un des archéologues japonais les plus prestigieux a reconnu avoir enterré des outils de pierre sur des sites archéologiques. Il tentait de démontrer que des hommes très évolués vivaient au Japon il y a 600 000 ans, bien avant le reste du monde ! Comme ce chercheur avait une intense activité professionnelle depuis plus de 20 ans, cette fraude a semé le doute sur l'ensemble des sites les plus anciens du Japon. Cependant, on admet que les vestiges âgés d'environ 35 000 ans représentent d'authentiques traces de présence humaine. À cette date, des hommes ont profité de la baisse du niveau de la mer pour s'installer au Japon qui était alors relié au continent.

L'analyse des gènes des populations actuelles peut être confrontée à l'étude des fossiles des premiers hommes.

Des gènes pour un arbre

Nos gènes ne révèlent pas seulement nos liens de parenté avec le chimpanzé (et avec les autres animaux). On peut aussi comparer l'ADN des humains actuels entre eux. Il est alors possible de construire un arbre généalogique, dont la racine serait notre ancêtre commun, le premier homme !

Racines africaines

La première étude à grande échelle fut réalisée en 1987. Des généticiens ont prélevé quelques cellules sur une centaine de personnes originaires de diverses régions du monde. Ils ont comparé une petite partie de leur ADN et constitué des groupes selon les ressemblances et les différences entre les gènes. L'arbre obtenu portait deux branches principales, l'une africaine et l'autre formée de l'ensemble des peuples du monde. Les auteurs de l'étude en ont conclu que l'Afrique était la région présentant la plus grande diversité génétique et que ce continent était donc le lieu d'origine des humains actuels.

L'« Ève africaine »

La comparaison des gènes permettait aussi d'estimer la date à laquelle les humains avaient commencé à s'éparpiller dans le monde entier. Le dernier ancêtre commun aurait vécu il y a 140 000 à 290 000 ans et la sortie d'Afrique serait datée de 100 à 200 000 ans. Dans leurs conclusions, les chercheurs évoquaient une petite population d'hommes archaïques dans laquelle seraient apparus les premiers humains modernes. Comme leur analyse portait sur de l'ADN mitochondrial, qui n'est transmis que par les femmes, ils ont même supposé l'existence d'une unique femme dont descendraient tous les humains actuels. Évidemment, cette idée ressemblait au mythe d'Adam et Ève et cette femme hypothétique fut aussitôt surnommée « Ève » !

Et Adam ?

D'autres généticiens ont étudié les gènes du chromosome Y qui se transmet de père en fils (les femmes ne portent pas ce chromosome). La diversité des gènes est assez faible, ce qui serait le signe d'une origine récente des hommes actuels. Là encore, les résultats semblent confirmer l'idée d'un ancêtre commun, il y a – 35 000 ans à – 89 000 ans. En fait il s'agit d'un chromosome et non d'un ancêtre ! Cet « Adam » était probablement un groupe d'hommes partageant les mêmes caractéristiques. De plus, il est plus récent que l'Ève trouvée par l'ADN mitochondrial. Adam et Ève ne se seraient donc pas rencontrés !

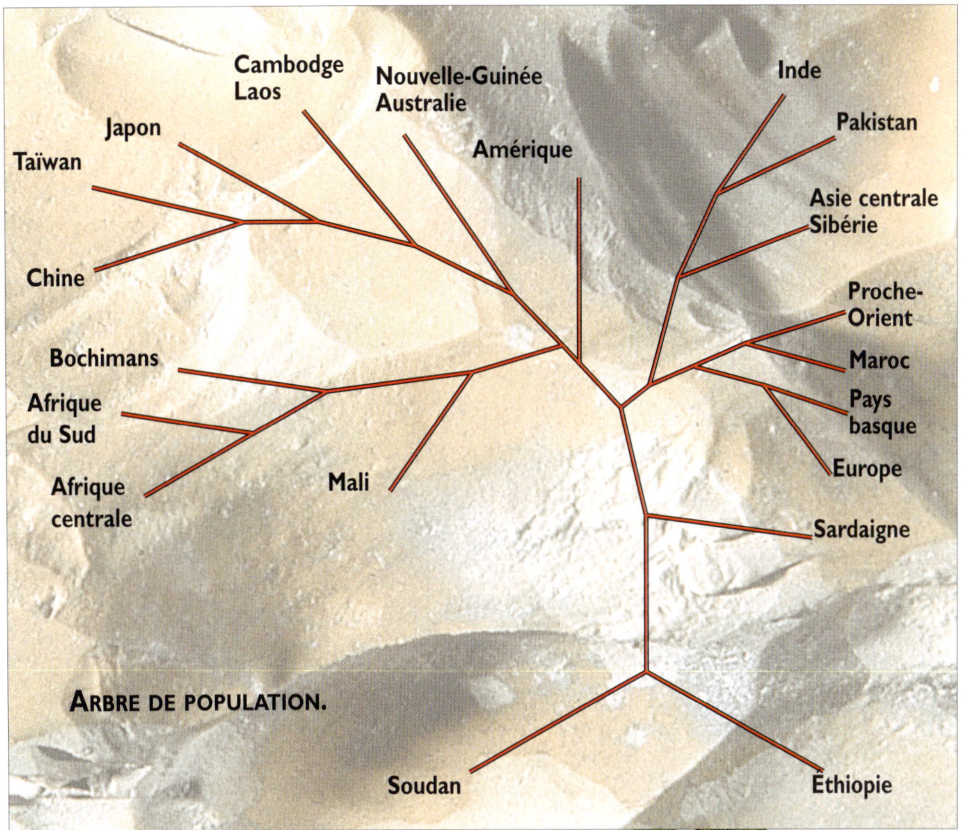

Arbre de population.

◀ Une analyse des gènes portés par le chromosome Y a permis de dresser une carte des ressemblances génétiques. Par exemple, les Africains du Soudan et d'Éthiopie semblent ici plus proches parents des Européens que des autres Africains. D'autres études génétiques montrent des résultats similaires, mais les relations de parenté obtenues sont parfois un peu différentes.

Les études génétiques ont donné une nouvelle vision du mythe d'Adam et Ève ! ▼

Migrations croisées

Par la suite, de nombreux travaux ont confirmé l'origine africaine de l'homme à une période comprise entre 100 et 200 000 ans. Cependant, certains chercheurs ont obtenu des résultats différents. L'analyse des gènes est en fait extrêmement complexe car les hommes ne sont probablement pas sortis d'Afrique une seule fois mais plusieurs. De plus, des migrations en sens inverse, de l'Asie vers l'Afrique, ont peut-être provoqué des brassages génétiques très difficiles à interpréter. Les scientifiques ont d'autant plus de mal à se mettre d'accord que l'analyse des fossiles est tout aussi ambiguë…

Pas d'accord !

ÉVOLUTIONS PARALLÈLES ?

Selon les spécialistes de l'évolution animale, si une même espèce se trouve séparée en 2 populations, chacune évolue de son côté et devient de plus en plus différente de l'autre…

Les crânes fossiles et les gènes donnent à peu près la même information : les hommes modernes, semblables aux humains actuels, sont apparus il y a environ 150 000 ans (à 50 000 ans près). Mais comment est-on passé des hommes archaïques aux hommes modernes, et où cela s'est-il produit ?

L'arche de Noé

Selon la théorie de l'« arche de Noé », dite aussi « *out of Africa* » (« sortie d'Afrique »), les hommes modernes proviennent tous d'une petite population d'Afrique qui s'est rapidement étendue sur son continent d'origine, ainsi qu'en Europe et en Asie, remplaçant partout les hommes archaïques qui vivaient là depuis des centaines de milliers d'années. C'est ce qui s'est probablement produit en Europe, avec les néandertaliens. Cette théorie s'appuie notamment sur les études génétiques. Les crânes montrent également un changement brutal à partir d'une certaine date, variable selon les régions.

Le candélabre

Selon la théorie du « candélabre », dite aussi « multirégionale », les hommes archaïques se sont partout transformés en hommes modernes. Cette théorie met en avant certaines ressemblances entre les crânes anciens et modernes d'une même région. Les Indonésiens descendraient ainsi des pithécanthropes, les Chinois des sinanthropes et les Africains modernes des Africains archaïques. Ce scénario paraît contradictoire avec la profonde unité génétique des humains actuels. Les différences visibles (forme du visage, couleur de peau…) ne proviennent en effet que d'un très petit nombre de gènes.

Cette évolution aboutit à l'apparition de 2 espèces distinctes, qui ne peuvent plus se reproduire entre elles. Comme ce n'est pas le cas chez l'être humain, il est impossible que des évolutions parallèles se soient produites en Afrique et en Asie.

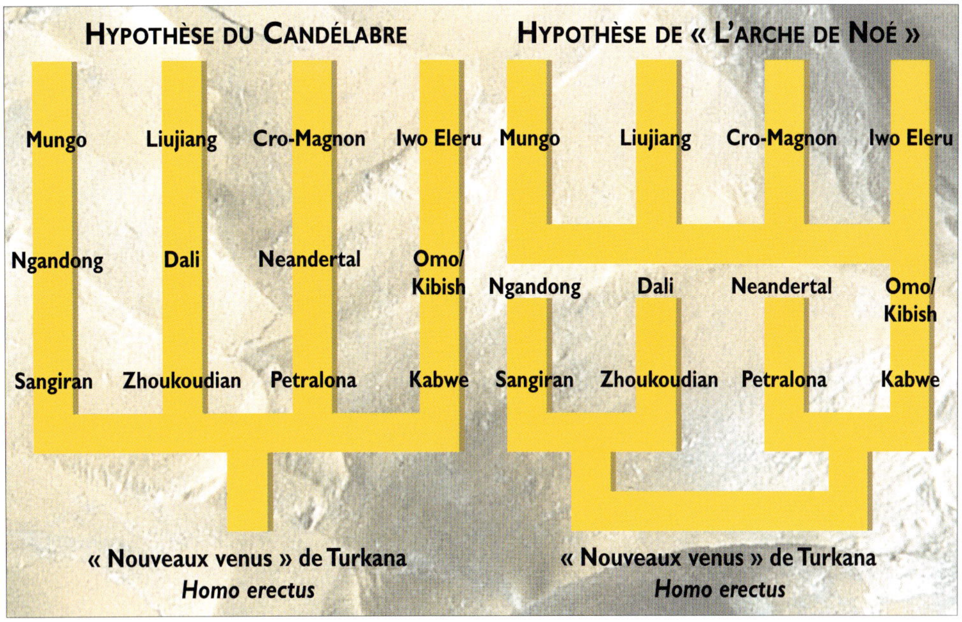

◀ **Les mêmes crânes sont utilisés pour appuyer 2 hypothèses opposées : celle de l'« arche de Noé » selon laquelle une population unique est à l'origine de tous les humains actuels et celle du « candélabre » pour laquelle les « races » actuelles descendent d'hommes archaïques différents.**

Mélanges

Il est vraisemblable que des hommes ont continuellement voyagé d'Afrique en Asie et inversement. Ces migrations ont peut-être empêché les populations de se trouver isolées trop longtemps pour qu'apparaisse une nouvelle espèce, sauf dans le cas des néandertaliens. Il faut cependant tenir compte du changement brutal qui s'est produit dans plusieurs régions du monde, avec un remplacement rapide des hommes archaïques par les nouveaux arrivants. On peut donc imaginer un scénario intermédiaire, dans lequel des hommes modernes remplacent partout les anciens hommes, avec un mélange plus ou moins important selon les cas : plus fort en Chine et très faible, voire nul, en Europe.

ARRIÈRE-PENSÉES

Comme au XIXe siècle, les recherches sur l'origine de l'homme ne sont pas dénuées d'arrière-pensées. Ainsi, certains paléontologues chinois aimeraient bien démontrer que l'homme est apparu en Chine ou au moins que les Chinois sont apparus en Chine et ne descendent donc pas d'Africains. C'est en fait une vision raciste de l'histoire humaine qui postule que les « races » sont profondément enracinées dans le passé. À l'inverse, la théorie de l'arche de Noé est parfois utilisée par des fondamentalistes chrétiens pour défendre l'existence d'un couple ancestral, Adam et Ève, comme le raconte la Bible.

Roi du Congo, élégantes Européennes du XIXe siècle, porteur chinois.

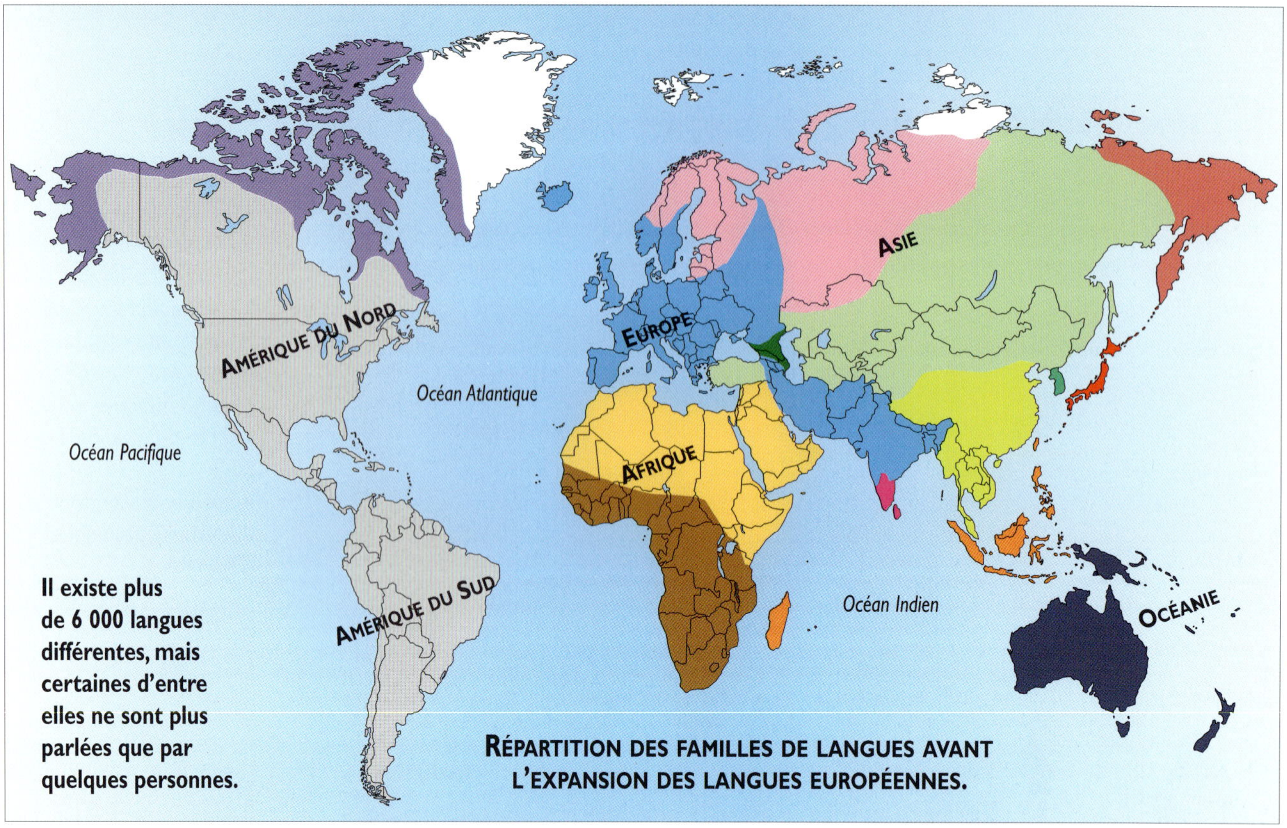

Il existe plus de 6 000 langues différentes, mais certaines d'entre elles ne sont plus parlées que par quelques personnes.

RÉPARTITION DES FAMILLES DE LANGUES AVANT L'EXPANSION DES LANGUES EUROPÉENNES.

- Eskimo-aléoutien
- Amérindien
- Indo-européen
- Ouralien
- Altaïque
- Chamito-sémitique
- Niger-kordofan, khoisan
- Coréen
- Dravidien
- Caucasien
- Sino-tibétain
- Austranésien
- Autres langues d'Océanie
- Japonais
- Autres langues d'Asie

La langue originelle

L'homme sage, c'est aussi l'homme qui parle ! Il n'y a pas de doute que cet homme d'il y a 100 000 ans et qui nous ressemble tant avait la capacité physique de parler comme nous. Mais parlait-il effectivement et, si oui, quelle langue parlait-il ? Peut-on trouver les vestiges d'un ancien langage comme on découvre les fossiles d'êtres vivants ?

Évolution des langues

Comme les hommes, les langues évoluent au cours du temps. Elles assimilent des mots et des tournures d'autres langues. Les changements de prononciation transforment peu à peu les mots. Ainsi, les mots français viennent pour la plupart du latin et des anciennes langues germaniques, avec quelques restes de mots gaulois. Le français a également assimilé des mots espagnols, arabes, chinois, polynésiens, etc.

D'origine inconnue

Certaines langues, comme le basque, semblent complètement isolées des autres. On a avancé que le basque dériverait d'une langue parlée par les hommes de Cro-Magnon. D'autres y voient des ressemblances avec des langues du Caucase et même avec certaines langues des Indiens d'Amérique.

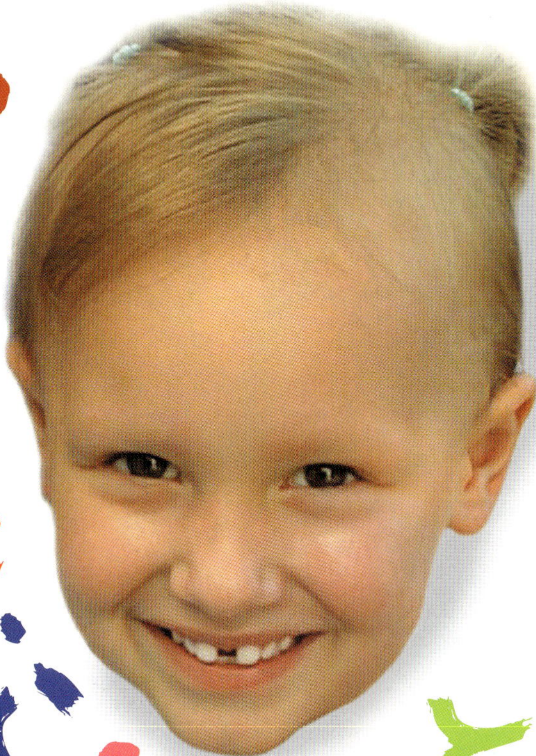

UN MOT TRÈS IMPORTANT

français : mère
anglais : *mother*
allemand : *Mutter*
néerlandais : *moeder*
portugais : *mãe*
espagnol : *madre*
italien : *madre*
norvégien : *mor*
suédois : *moder*
islandais : *módir*

Mâdar, mother, madre

Le mot « mère » vient du latin *mater*, un mot qui ressemble à l'anglais *mother* ou à l'espagnol *madre*. Presque tous les enfants d'Europe emploient à peu près le même mot pour désigner leur maman. Les enfants iraniens disent *mâdar* et certains enfants indiens *matri*. Bien d'autres mots prouvent que les langues d'Europe, d'Iran et d'Inde ont une origine commune. On les regroupe dans la famille des langues indo-européennes. Les linguistes ont ainsi créé des « arbres généalogiques » des langues et distinguent plusieurs familles. L'arbre de toutes les langues est encore incomplet mais il se superpose de manière étonnante à l'arbre généalogique des peuples, fondé sur leurs ressemblances génétiques.

Une langue originelle ?

Comme les paléontologues qui étudient l'origine de l'homme, certains linguistes tentent de trouver la preuve d'une langue originelle unique. Ils observent des ressemblances surprenantes entre certains mots de langues très éloignées. Ces mots n'ont pas toujours la même signification, mais correspondent à des idées voisines. Ainsi, le mot anglais *milk* signifie « lait » ou « traire ». Il vient du latin *mulgere*, « traire ». En lapon, une langue d'une autre famille, *mielga* signifie « poitrine ». En quechuan, une langue andine d'une autre famille encore, *malq'a* signifie « gorge ». Ces chercheurs ont ainsi trouvé des similitudes pour de nombreux mots, dans des dizaines de langues différentes. S'il a effectivement existé une langue originelle, cela appuierait l'hypothèse d'une origine unique de l'espèce humaine, qui aurait remplacé partout les hommes plus archaïques.

Il n'existe pas de langage inné que les bébés utiliseraient spontanément. Quelle que soit leur origine, ils emploient les mots qu'ils entendent autour d'eux. Cependant, l'observation des bébés a montré que le cerveau humain « décode » naturellement les structures grammaticales ! C'est pourquoi les bébés comprennent ce qu'on leur dit bien avant de savoir parler.

Cro-Magnon

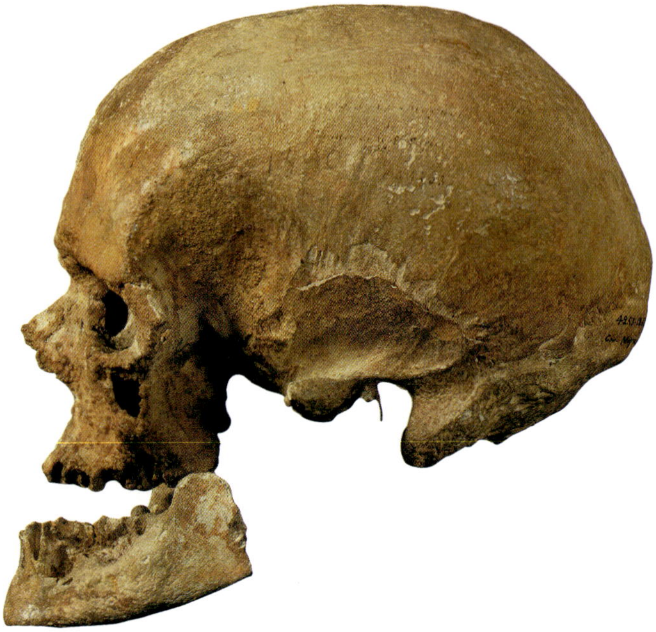

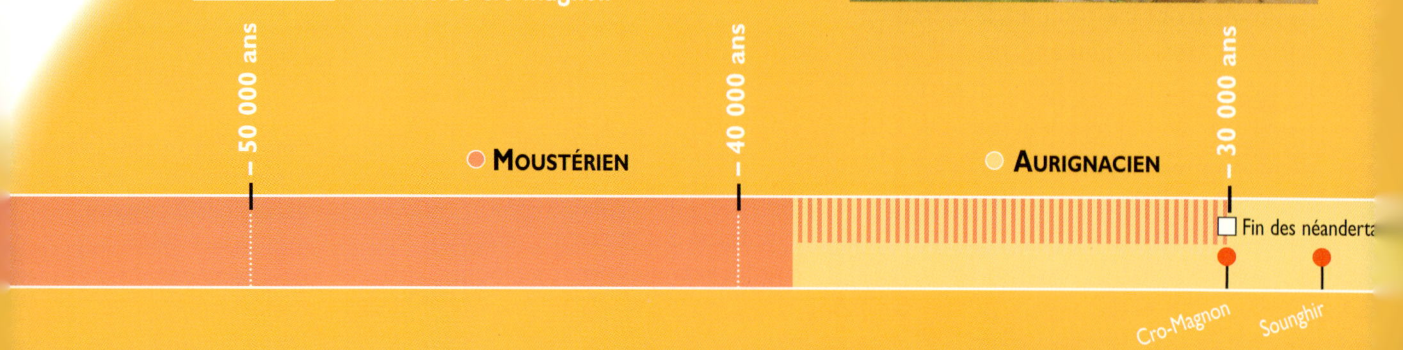

– 50 000 ans
– 40 000 ans
– 30 000 ans
Moustérien
Aurignacien
Fin des néanderta
Cro-Magnon
Sounghir

Il y a 40 000 ans, les hommes modernes sont présents partout dans le monde (sauf peut-être en Amérique). C'est en Europe qu'ils sont le mieux connus, parce que c'est là qu'est née la préhistoire. Et Cro-Magnon est le plus célèbre des hommes préhistoriques, simplement parce que c'est le premier à avoir été découvert et reconnu comme tel.

Qui était cet homme de Cro-Magnon ?
Et qui était la femme de Cro-Magnon ?

174 Des modes et des outils
176 Chasseurs
178 Pêcheurs
180 Haute couture

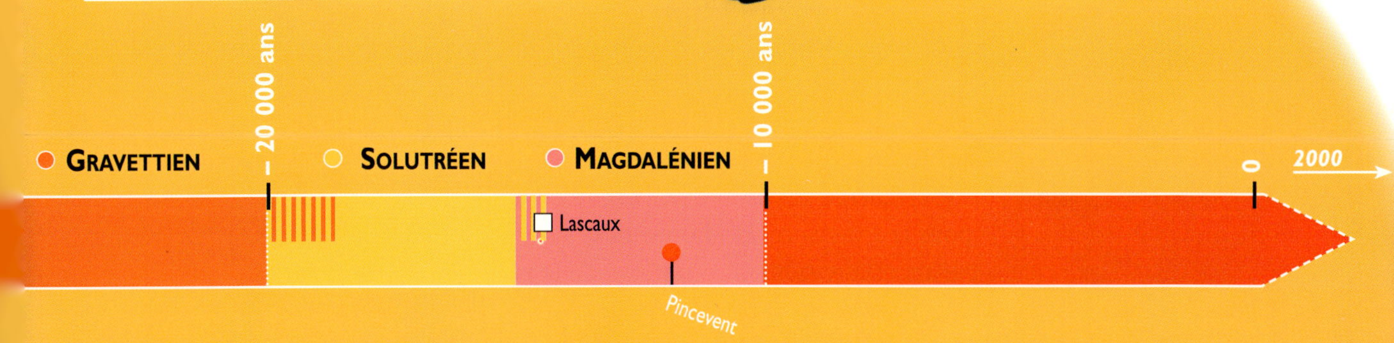

L'homme de Cro-Magnon

Crâne d'un homme âgé d'une cinquantaine d'années (et daté d'environ 30 000 ans !) trouvé sur le site de Cro-Magnon en 1868.

Une reconstitution de l'homme de Cro-Magnon, grand et musclé.

Il est peut-être l'ancêtre d'hommes et de femmes d'aujourd'hui. Habillé à la mode du XXIe siècle, il passerait complètement inaperçu dans le métro parisien. Et pourtant, il a vécu sa longue vie il y a près de 300 siècles !

Le vieillard des Eyzies

En 1868, des ouvriers construisent une voie de chemin de fer près des Eyzies, en Dordogne. Au lieu-dit de Cro-Magnon, ils mettent au jour des outils de pierre taillée et plusieurs squelettes. L'un d'entre eux appartenait à un homme de grande taille (près de 1,80 m) et fortement musclé. Son crâne avait à peu près le même volume que celui des néandertaliens, mais sa forme était très différente. Sa face était plus réduite et ses mâchoires moins fortes, avec un menton dirigé vers l'avant. Il avait le front haut, sans bourrelets osseux au-dessus des orbites. Comme il avait perdu toutes ses dents, il a été surnommé le « vieillard », mais il avait probablement une cinquantaine d'années.

Des hommes comme nous…

Ce squelette a été daté d'environ 30 000 ans. Il ressemble beaucoup aux vestiges trouvés à Qafzeh (Israël) qui ont 70 000 ans de plus. On le prendrait sans difficulté pour un humain actuel. En 100 000 ans, les *Homo sapiens* n'ont pratiquement pas changé ! Les hommes de Cro-Magnon sont plus minces et plus grands que les néandertaliens. À leur arrivée en Europe, ces hommes originaires de régions tropicales avaient probablement la peau foncée. C'est un inconvénient dans les régions situées plus au nord. En effet, comme il y a moins de soleil, une peau noire ne synthétise pas assez de vitamine D, indispensable pour la croissance. Les hommes se sont adaptés par un éclaircissement progressif de la peau.

Destructions d'indices

L'âge du site de Cro-Magnon n'est pas connu avec précision, car il a été entièrement détruit au cours des fouilles et des travaux. Au XIXe siècle, de nombreuses grottes ont été fouillées en entier et trop rapidement. Il ne reste rien qui permette de les étudier avec les techniques modernes. Aujourd'hui, les découvertes sont plus rares, mais les méthodes de travail plus minutieuses.

... dans un monde différent

Il n'est pas facile d'imaginer le mode de vie des contemporains de Cro-Magnon. On les a comparés aux peuples actuels qui vivent encore en partie de la chasse et de la cueillette, comme les Bochimans du sud de l'Afrique ou les Indiens d'Amazonie. Mais leur environnement était très différent. Ils vivaient dans un climat plutôt froid et ne pratiquaient aucune agriculture.

Un changement radical

Ces hommes se révèlent partout excellents artisans et artistes de talent. Les premiers hommes modernes du Proche-Orient (– 100 000 ans) pratiquaient les mêmes techniques que les néandertaliens qu'ils côtoyaient. Ceux qui arrivent en Europe, vers – 40 000 ans, n'ont plus la même culture. Leur outillage, facilement reconnaissable, est appelé « aurignacien ». Ensuite, pendant près de 30 000 ans, la culture des hommes de Cro-Magnon ne va pas cesser d'évoluer, mais leur apparence ne changera pratiquement plus.

Médecine préhistorique

Les os gardent la trace de certaines maladies et fournissent des informations sur l'état de santé des hommes préhistoriques.
Ces signes ne sont pas toujours faciles à interpréter. D'après certains médecins, le « vieillard » de Cro-Magnon souffrait d'une dégénérescence osseuse. Pour d'autres, il avait consommé des céréales sauvages parasitées par un champignon toxique.

Outils moustériens.

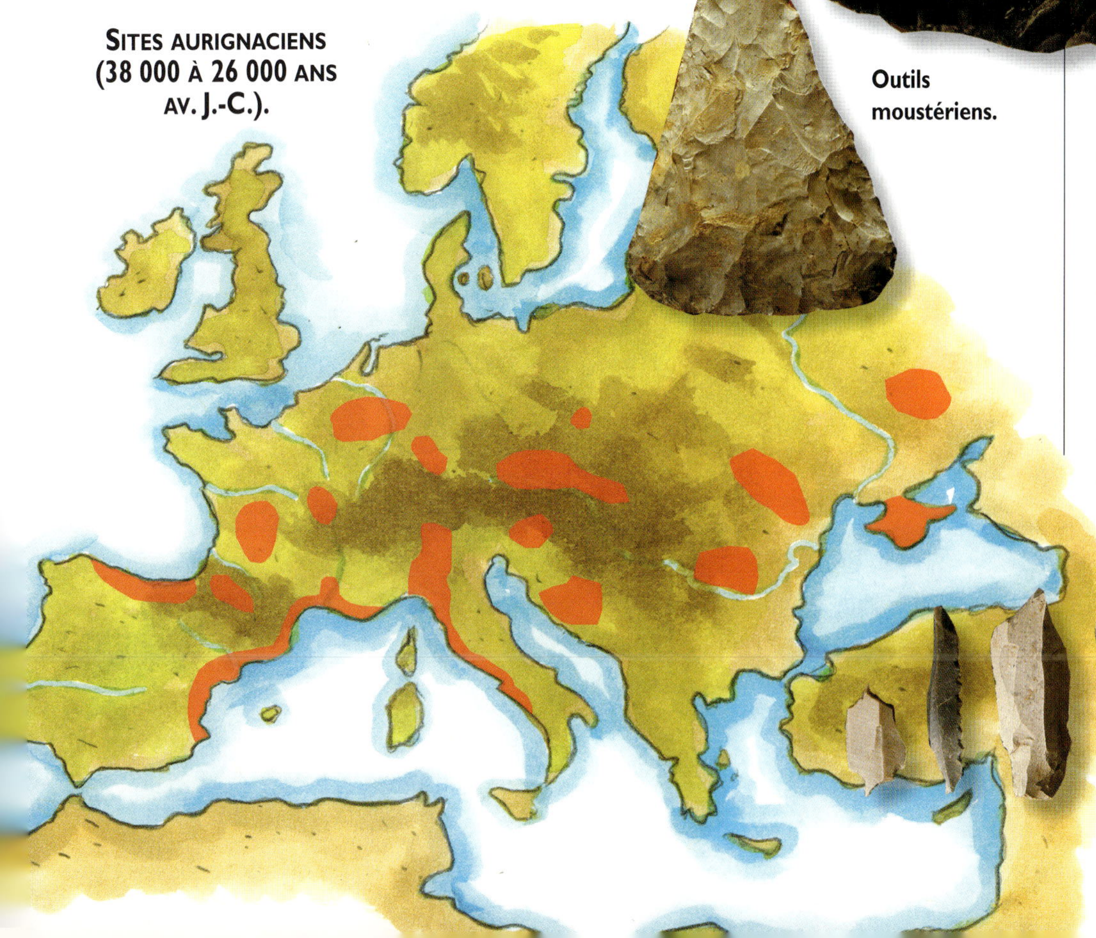

Sites aurignaciens (38 000 à 26 000 ans av. J.-C.).

La plupart des sites sont identifiés par les outils plus que par les squelettes. Les outils moustériens (en général associés aux néandertaliens) se distinguent bien des outils aurignaciens.

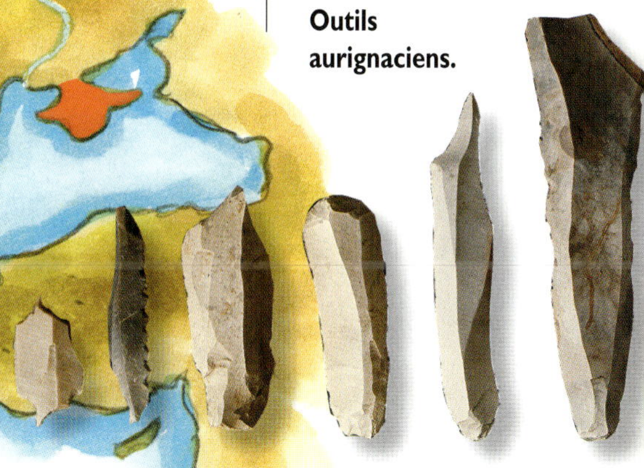

Outils aurignaciens.

La femme de Cro-Magnon

L'homme de Rhodésie, l'homme de Neandertal, l'homme de La Chapelle-aux-Saints, l'homme de Cro-Magnon… On oublie trop souvent que la moitié des hommes préhistoriques sont en fait des femmes préhistoriques !

Au travail !

Fabriquer des couteaux, des armes et des outils, cueillir des plantes comestibles, capturer des animaux, petits et gros, sécher et tanner leurs peaux, préparer les repas, ramasser du bois pour le feu, s'occuper des bébés, réaliser des peintures rupestres… Comment les hommes et les femmes se répartissaient-ils les activités quotidiennes ?

Sexistes savants

Pour les premiers préhistoriens, il ne faisait aucun doute que les hommes partaient chasser, pendant que les femmes restaient au campement pour s'occuper des enfants et faire la cuisine. Au XIXe siècle, dans la société où vivaient ces savants, la femme était souvent considérée comme inférieure à l'homme. Elle avait un statut proche de celui des enfants. Cette division des tâches semblait donc parfaitement « naturelle », d'autant plus que les hommes préhistoriques étaient réputés plus proches de l'état de nature !

« Une famille à l'âge de pierre » ou M. Cro-Magnon, sa femme et ses enfants, tels qu'on les représentait au XIXe siècle. ▲

Un groupe de femmes revient chargé de plantes et de coquillages. D'autres femmes assouplissent des tendons, pour coudre les peaux des tentes, et préparent le repas. ▼

Empreinte de corde dans l'argile de Lascaux. Avait-elle été tressée par une femme ou par un homme ?

La femme collectrice

Au XXe siècle, les travaux des ethnologues ont bouleversé cette vision simpliste. L'observation des peuples qui vivent encore de chasse et de cueillette a en effet montré que les femmes sont bien loin d'être passives ou cantonnées aux tâches ménagères. Elles récoltent des fruits et des racines, ramassent des coquillages, capturent de petits animaux pendant que les hommes chassent de plus grosses proies. La cueillette joue un rôle essentiel dans l'alimentation, car ses apports sont à la fois plus abondants et plus réguliers. Ce sont souvent les femmes qui rapportent la majeure partie de la nourriture ! Le gros gibier, plus rare, fournit les graisses animales indispensables… et la matière à de passionnants récits de chasse !

Homme ou femme ?

Comment attribuer un sexe à un squelette ? Les femmes sont en moyenne plus petites que les hommes, mais certaines femmes sont plus grandes que certains hommes. Cette mesure est donc insuffisante. De même, les crânes sont parfois nettement masculins ou féminins mais beaucoup sont situés entre ces 2 extrêmes. La forme des os du bassin constitue un meilleur indice… quand ils sont en bon état !

Techniciennes et artisanes

Les femmes jouaient certainement un rôle important dans la société de Cro-Magnon. Il existait sans doute une répartition des tâches, mais pas aussi caricaturale qu'on la présentait autrefois. S'il est probable que les femmes s'occupaient des bébés, rien ne permet d'affirmer que seuls les hommes taillaient les outils de pierre. Les femmes étaient aussi des techniciennes habiles, capables de travailler le silex ou de fabriquer des filets et des paniers avec des fibres végétales.

Familles réduites

La vie nomade ne permet pas d'avoir beaucoup d'enfants. En déplacement, une femme ne peut en porter qu'un seul (mais peut-être les hommes en portaient-ils aussi…). Le fait d'allaiter les enfants jusqu'à 2 ou 3 ans agit un peu comme un moyen contraceptif, en réduisant la fécondité des femmes. De plus, la mortalité des nouveau-nés et des jeunes enfants était probablement très élevée.

Un campement

L'abri-sous-roche des Eyzies, en Dordogne.

FRAIS POUR LA SAISON

Entre – 40 000 et – 15 000 ans, le climat oscille entre des phases tempérées froides et des périodes vraiment froides ! La température moyenne est de 5 °C inférieure à l'actuelle. Les hommes habitaient des régions couvertes de vastes steppes. Les vallées protégées abritaient des forêts claires.

Les hommes de Cro-Magnon étaient nomades. Ils parcouraient chaque année le même circuit en suivant les migrations du gibier. Passant d'une cavité creusée dans une falaise à une plate-forme près d'un fleuve, ils revenaient régulièrement sur les mêmes sites.

Hors des cavernes !

À certaines périodes de l'année, les Cro-Magnon occupaient des abris-sous-roche qu'ils aménageaient pour les rendre plus agréables. Ils adossaient des piquets de bois contre les parois et les recouvraient de fourrures pour se protéger du vent. Ils entretenaient un ou plusieurs foyers, assez réduits car le bois n'était pas très abondant. Le sol était parfois recouvert de dalles de pierre. Lorsque le gibier se raréfiait, les groupes de chasseurs déplaçaient leurs campements, parfois loin de toute grotte. Ils montaient alors des tentes, pour de simples haltes ou pour des séjours de plusieurs mois.

Campement d'automne

Un groupe de chasseurs de rennes a établi son campement près du fleuve. Ils ont planté deux tentes circulaires, de 3 m de diamètre. Chacune comportait un foyer devant l'ouverture. Une autre tente, plus grande, réunissait trois foyers. Les peaux étaient tendues sur des structures de bois renforcées par des ramures de rennes. De grosses pierres servaient de sièges, pour les cuisiniers comme pour les tailleurs de pierre. Les déchets étaient jetés devant les tentes. À l'intérieur, le sol était recouvert d'ocre rouge. Le fond des tentes, bien dégagé, correspondait probablement à l'emplacement des couvertures pour la nuit. On suppose que deux ou trois familles vivaient là, comptant une quinzaine de personnes.

Vastes espaces

Aujourd'hui, les peuples qui vivent de chasse et de cueillette forment des groupes d'une cinquantaine de personnes. Au-delà, les risques de conflit augmentent et les groupes se fractionnent. Il y a 30 000 ans, cela ne devait pas être très différent. La population totale en France ne dépassait sans doute pas quelques milliers de personnes !

Le site de Pincevent (Seine-et-Marne) a été minutieusement fouillé. Une crue brutale de la Seine l'a recouvert de limon, conservant tous les objets tels qu'ils avaient été laissés sur place à la fin du séjour.

Un foyer sur le site de Pincevent.

Pas de temps à perdre

Le campement était occupé en été et en automne, lorsque de grands troupeaux de rennes traversaient la région. Le gibier était abondant, mais la chasse demandait beaucoup de travail. Les peaux étaient transformées en vêtements, en couvertures ou en tentes. La viande, tranchée et mise à sécher, constituait des réserves pour l'hiver. La graisse servait de combustible pour les lampes à huile. Les intestins, nettoyés et coupés en longues lanières, servaient de cordes pour les tentes et les arcs, ou bien de fil à coudre. Il fallait aussi tailler les pointes de silex et réparer les sagaies après la chasse.

Atelier à domicile

Un percuteur en bois de renne.

Tranchants
Avec 1 kg de silex, les premiers hommes obtenaient 10 cm de tranchant pour les galets aménagés, 1 m pour les bifaces. La technique Levallois des néandertaliens permettait d'en produire 2 m. Avec leurs lames longues et minces, les Cro-Magnon extraient 6 à 20 m de tranchant par kilo de pierre ! C'est intéressant pour ces nomades, car l'outillage est bien plus léger qu'auparavant.

Lorsque c'est possible, les préhistoriens étudient l'ensemble des objets qu'ils trouvent, jusqu'aux plus petits morceaux d'os ou de silex. Sur le site de Pincevent, cette analyse a permis de reconstituer les gestes de chacun des habitants du campement.

Ouvriers professionnels

Plusieurs artisans travaillent sur place. L'un d'entre eux se tient près du feu. Assis sur une grosse pierre, il extrait une à une de longues lames d'un bloc de silex. C'est lui le plus habile du groupe dans cette activité. Deux autres personnes, un peu moins expérimentées, sont installées plus loin du feu. Elles sont chargées de la fabrication des outils quotidiens, utilisés sur place, et qui sont d'un peu moins bonne qualité.

L'artisan s'installe près du feu, sous la tente. Il est à l'abri du vent glacial, et il peut durcir à la flamme les pointes des épieux.

L'apprenti tailleur

D'autres pierres révèlent une technique encore hésitante. Les préhistoriens pensent qu'il s'agissait d'un jeune qui apprenait à tailler les pierres et qui ne maîtrisait pas encore parfaitement les gestes. Son poste de travail est situé à distance des autres. Il s'est peut-être éloigné pour pouvoir s'entraîner tranquillement, sans être critiqué en permanence ! En remontant un bloc à partir des éclats, les préhistoriens ont constaté que la chaîne des gestes du tailleur évoquait une démonstration de la technique plutôt qu'une véritable fabrication. Il s'agissait peut-être d'une leçon de taille pour l'apprenti. Quelques pierres très mal taillées laissent penser qu'un enfant a essayé d'imiter les adultes, sans arriver à produire grand-chose !

Un bloc reconstitué : nucléus et lames. Le bloc de silex initial peut peser jusqu'à 50 kilos !

TRAVAIL SUR LAMES

À partir d'un bloc de silex, le nucléus, l'artisan détache des séries de lames longues et étroites. Elles servent alors de couteaux ou sont retouchées pour donner différents outils. Les retouches sont faites au percuteur tendre (os ou bois de cerf), à l'aide de petits coups précis ou par simple pression de l'outil sur le bord de la lame de silex.

1

1- Après avoir choisi un bloc de silex sans fissures, le tailleur commence par lui donner une forme convenable en détachant de gros éclats à l'aide d'un percuteur dur (une pierre).

2

2- Après cette préparation, il détache d'un coup une première lame sur la longueur du « nucléus », puis le fait tourner, détache une autre lame, et ainsi de suite.

3

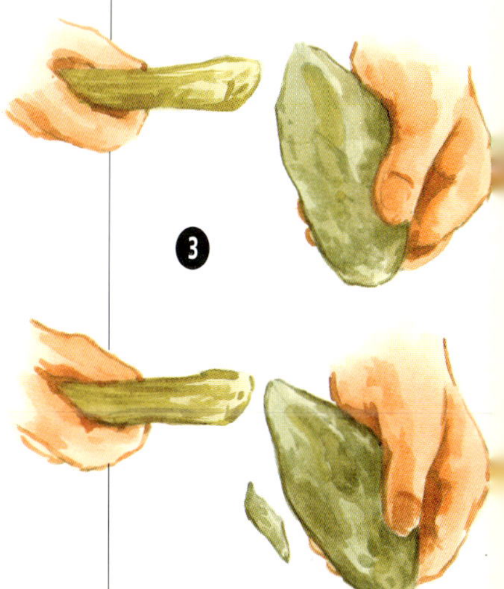

3- Le percuteur tendre, en os ou en bois de cervidé, sert à produire de petits outils à partir des lames. On l'utilise aussi sans frapper, simplement en pression. Le travail est alors très précis.

Une véritable industrie

L'ensemble des silex trouvés sur place montre que l'atelier a fonctionné pendant plusieurs semaines. Ce n'était pas simplement une activité de réparation d'armes abîmées lors de la chasse. Ces artisans préparaient une réserve d'outils et d'armes pour plusieurs mois. Ces objets pouvaient aussi servir de monnaie d'échange lors d'une rencontre avec un autre groupe. Les blocs trouvés sur certains sites de taille proviennent parfois de gisements situés à plus de 100 km. C'était donc une activité programmée, très coûteuse en temps et en énergie : une véritable industrie !

Des modes et des outils

Il fallait 4 ou 5 heures de travail pour faire une grande « feuille de laurier », sans compter toutes celles que l'on cassait en cours d'exécution.

Les hommes innovent de plus en plus rapidement. En 40 000 ans se succèdent plusieurs « cultures » différentes, caractérisées par de nouvelles techniques de taille et par l'utilisation de nouveaux matériaux. Les hommes inventent aussi les parures et les bijoux, les images et les sculptures.

Les cultures des Cro-Magnon

Les dates sont approximatives et varient selon les régions.

La vénus de Willendorf (Autriche) mesure 11 cm de haut. Elle date du gravettien.

L'aurignacien (– 38 000 à – 26 000 ans)

À partir de longues lames de silex, bien régulières, on fabrique des grattoirs pour préparer les peaux et des burins pour travailler l'os et les bois de cervidés. Ces nouveaux matériaux sont utilisés pour la production des pointes de sagaie. C'est à cette époque qu'apparaissent les premières peintures sur les parois des grottes et des falaises. Hommes et femmes confectionnent aussi des parures : bracelets et perles en ivoire, colliers de coquillages, de fossiles et de dents d'animaux.

Outillage de pierre et d'os datant de l'aurignacien : 1- grattoir à museau en silex, 2- pointe en os à base fendue, 3- grattoir caréné en silex, 4- lame étranglée en silex, 5- grattoir sur bout de lame en silex.

Le gravettien (– 27 000 à – 19 000 ans)

Les armes et les outils sont plus réduits. De petites lames de silex étaient probablement fixées sur un manche. C'est l'époque des premières « vénus », de petites sculptures représentant des femmes, souvent aux formes très exagérées.

Outillage gravettien : burins et poinçons.

Le solutréen (– 20 000 à – 16 000 ans)

Les outils solutréens n'ont été trouvés qu'en Espagne et en France. Il s'agit de pointes très finement taillées, en « feuilles de laurier ». Elles atteignent parfois 30 cm de long pour 1 cm d'épaisseur. Ces grandes pièces fragiles étaient probablement ornementales. À la fin du solutréen apparaissent les premières aiguilles à coudre en os ainsi que les propulseurs qui améliorent les possibilités de jet des sagaies.

3

Les hommes de Cro-Magnon semblent les premiers à tailler l'os, l'ivoire et les bois de cervidés pour la production d'objets.

À l'aide d'un « burin » de silex, on entaille l'os ou l'ivoire sur 2 lignes parallèles pour dégager une mince tige allongée. Pour faire une aiguille à coudre, il faut ensuite percer un trou avec un perçoir de silex puis affûter la pointe et polir l'ensemble sur une pierre à grain fin.

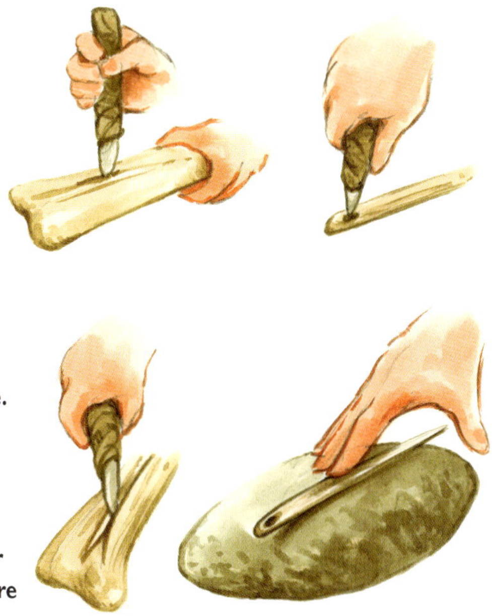

Aiguille en os du magdalénien.

Le magdalénien (– 16 000 à – 10 000 ans)

Cette culture succède directement au gravettien là où il n'y a pas de solutréen. On produit toujours des lames, des grattoirs et des burins. Des « perçoirs » très pointus servaient peut-être à faire des trous dans les aiguilles d'os ou dans les peaux. L'os et les bois de cervidés servent à fabriquer des sagaies, des propulseurs et des harpons. Les arcs et les flèches apparaissent, avec des pointes de plus en plus finement travaillées.

Paléolithique supérieur

Cette époque est appelée paléolithique supérieur. Paléolithique signifie « ancien (âge) de pierre » ; supérieur indique que les objets de cette période sont situés dans les couches supérieures des fouilles. C'est la dernière période de l'« âge de la pierre taillée ».

L'os et l'ivoire

L'os des ramures des rennes et des cerfs est un matériau moins rigide et plus facile à travailler que le reste du squelette. Inversement, l'ivoire de mammouth fournit un matériau dur avec lequel on peut produire des outils, des armes ou des objets d'art et de parure.

Les « bâtons percés » sont des instruments en bois de renne, allongés et percés d'un trou à une extrémité. Leur fonction est encore énigmatique. Ils servaient peut-être à redresser les sagaies fabriquées à partir de bois de cerf que l'on chauffait. Certains préhistoriens pensent qu'ils servaient plutôt à assouplir des lanières de cuir.

Chasseurs

Pointes de sagaie

Les pointes des sagaies étaient fixées sur des manches de bois à l'aide de tendons de renne et de résine végétale. Les chasseurs les enduisaient peut-être de poisons extraits de plantes vénéneuses, afin d'accélérer la mort de l'animal blessé.

Pointe de sagaie en os, à base fendue. Magdalénien.

Une grande partie de la vie des Cro-Magnon était consacrée à la chasse. Du lièvre au mammouth, ils ne négligeaient aucun animal, mais le gibier roi était le renne, à la fois abondant et relativement facile à chasser.

Renne et cheval au menu

Sur certains sites européens, les rennes constituent 95 % des ossements animaux. D'autres sites montrent une grande abondance de chevaux. Ces deux espèces vivaient en troupeaux, un peu comme les antilopes et les zèbres des savanes africaines. Les hommes ne les avaient pas encore domestiqués. Ils les chassaient à l'affût, ou en poussant le troupeau vers un cul-de-sac afin de profiter de l'affolement des animaux pour en tuer le plus possible.

Les chasseurs connaissaient très bien les mœurs des animaux. Propulseur sculpté représentant un bison se léchant le flanc (*ci-dessus*).

Les troupeaux de rennes effectuaient de grandes migrations du nord au sud. Les hommes les chassaient des prairies du Bassin parisien aux contreforts des Pyrénées. ▼

Crochet de propulseur en bois, orné d'un oiseau. Grotte d'Enlène (Ariège).

Gros gibier

Les chasseurs s'attaquent aussi à de plus gros animaux : bisons, aurochs, mammouths, rhinocéros… Bien plus dangereux, ils étaient probablement piégés au moyen de trous creusés en forme d'entonnoir et recouverts de branchages. Une fois à l'intérieur, l'animal ne pouvait plus bouger les pattes. Incapable de ressortir, il était alors achevé à distance. Cependant, des chasseurs traditionnels d'aujourd'hui, comme les Pygmées d'Afrique, n'hésitent pas à s'approcher de gros animaux afin de leur couper un tendon ou de décocher une flèche à faible distance.

Les hommes devaient souvent réparer leurs armes. En effet, les pointes en silex ou en os sont assez fragiles.

Le propulseur

Au solutréen (vers – 18 000 ans), les chasseurs inventent le propulseur. Il s'agit d'une baguette portant à son extrémité un crochet sur lequel se place le talon de la sagaie. Le propulseur permet d'allonger le mouvement du bras du lanceur, ce qui augmente la puissance du jet. La sagaie est alors lancée presque aussi vite qu'une flèche.

Techniques adaptées

Les techniques de chasse et les animaux étaient différents en terrain découvert et en forêt. Les rennes et les chevaux abondaient dans les steppes. Les aurochs et les cerfs préféraient les forêts. Les chasseurs capturaient aussi d'autres animaux, comme des bouquetins, des lièvres ou des oiseaux. Ils tuaient parfois des loups ou des renards, mais plus pour leur peau que pour leur chair. Ils avaient sans doute une connaissance approfondie des mœurs des différentes espèces et choisissaient armes et techniques de chasse en fonction du gibier.

La dentition des rennes indique en quelle saison ils ont été tués, car les dents des jeunes poussent au moment de la migration d'automne.

Pêcheurs

En Europe, le harpon a été inventé il y a environ 14 000 ans.

Les hommes inventent une nouvelle arme, très efficace et pourtant inoffensive (pour eux-mêmes) : l'hameçon ! Ils ne sont pas les premiers à manger du poisson, mais les premiers à en manger beaucoup !

Le harpon est taillé dans un os long. Ses barbelures se fixent dans la chair du poisson et l'empêchent de se détacher. Il sert également à la chasse aux animaux marins, phoques ou cétacés. Il est alors relié à un flotteur (une vessie d'animal gonflée d'air) qui épuise l'animal, incapable de plonger pour échapper aux chasseurs. Ces animaux étaient probablement nombreux à cette époque.

Pièges de plage

Les préhistoriens ont trouvé sur certains sites d'énormes accumulations de bigorneaux et de patelles. Au bord de la mer, les hommes de Cro-Magnon consommaient sans doute beaucoup de fruits de mer, faciles à ramasser et très abondants. On a aussi identifié des restes de phoques et de tortues. Les hommes construisaient probablement des pièges à poissons. Ce sont des murets de pierres disposées en cercle, qui conservent un peu d'eau à marée basse. Il suffit de créer une ouverture pour laisser s'écouler l'eau et récupérer les poissons qui se sont fait piéger. Malheureusement, la plupart des sites du littoral ont disparu, en raison de la forte remontée du niveau de la mer il y a 12 000 ans.

Saumon de 1 m de long, gravé au plafond de l'abri du Poisson (Dordogne). Gravettien.

Pêcheurs de grève

Il ne reste aujourd'hui pas grand-chose de l'ancienne richesse des bords de mer. Après des siècles de pêche intensive, crabes et coquillages sont devenus moins nombreux et plus petits. Pourtant, le littoral est encore l'un des milieux qui nous offre le plus de nourriture facile à attraper : bigorneaux, moules, huîtres, coques, crevettes, crabes, poissons piégés par la marée, sans oublier les algues comestibles !

Pêcheurs de saumons

À certaines périodes de l'année, les saumons étaient extrêmement abondants dans les rivières. Les pêcheurs fabriquaient peut-être des pièges ou des nasses de roseaux, mais il n'en reste aucune trace. On connaît cependant leurs hameçons d'os et les harpons à pointe barbelée. La pointe se détachait après l'impact et restait accrochée dans le corps de l'animal. Peut-être chassaient-ils aussi les poissons à l'arc, une technique très efficace encore utilisée en Amérique du Sud.

Le poisson, c'est excellent !

D'après certains paléontologues, la consommation de poisson a été un élément important dans l'évolution humaine. C'est une nourriture riche en protéines et en éléments essentiels pour le développement du cerveau. Cela a peut-être joué un rôle dans l'avantage que Cro-Magnon a pris sur les néandertaliens. En outre, son alimentation était plus variée, ce qui augmentait sa capacité d'adaptation aux changements d'environnement.

Sole sculptée de 4,4 cm, trouvée dans la grotte de Lespugue (Haute-Garonne). Magdalénien.

Haute couture

Les hommes et femmes de Cro-Magnon n'étaient pas hirsutes et vêtus de grossières peaux de bêtes. Quelques indices montrent qu'ils aimaient les bijoux et faisaient, comme nous, attention à leur apparence.

La « Dame à la capuche » de Brassempouy (Landes). Sculptée dans l'ivoire, elle mesure 3,6 cm. On ne sait pas s'il s'agit d'une capuche ou de sa coiffure !

Les trous dans ces dents d'animaux indiquent qu'elles étaient enfilées sur des cordons. Elles étaient portées comme bijoux ou, peut-être aussi, comme amulettes protectrices.

Reconstitution (imaginaire) d'une tenue de noces au magdalénien.

Avant les lainages

Dans le climat froid de l'Europe glaciaire, les vêtements étaient indispensables. Les hommes ne tissaient probablement pas de fibres végétales (puisqu'ils ne pratiquaient pas l'agriculture), ni la laine (puisqu'ils n'élevaient pas de moutons). Ils fabriquaient leurs habits à partir des peaux des animaux qu'ils tuaient à la chasse. Les peaux étaient séchées près du feu, la fumée réalisant un tannage sommaire. Peut-être mâchaient-ils les peaux pour les assouplir, comme le faisaient encore récemment les Inuits du Groenland.

Tenues de cérémonie

On a retrouvé dans certaines sépultures des milliers de perles d'ivoire, qui devaient être, à l'origine, cousues sur des vêtements. La fabrication et la fixation de toutes ces perles demandaient beaucoup de temps. Il s'agissait sans doute de pantalons ou de tuniques de peau souple, et non de grossières fourrures mal tannées et mal coupées. Ces tenues luxueuses devaient être réservées pour les cérémonies importantes.

À LA MODE EUROPÉENNE

Les Cro-Magnon transportaient parfois avec eux de jolis cristaux, des coquillages fossiles ou morceaux de corail. Ils appréciaient aussi les canines d'ours, de loup ou de cerf. Les groupes de nomades faisaient circuler ces objets dans toute l'Europe !

Ces silhouettes portant d'étonnantes coiffures ont été peintes il y a 27 000 ans dans une grotte à Kundusi (Tanzanie).

Art corporel

Aujourd'hui encore, partout dans le monde, hommes et femmes ornent leur corps de peintures, de tatouages ou de scarifications (des cicatrices en relief, souvent à motifs géométriques). Dans notre société occidentale, le maquillage voire le bronzage jouent le même rôle. Ces parures corporelles sont réalisées pour rehausser la beauté, mais servent aussi à afficher son rang dans la société. Quelques indices montrent que les Cro-Magon pratiquaient, eux aussi, les peintures corporelles et peut-être les tatouages.

Au XVIIIe siècle, les européens observent dans le Pacifique des tatouages et des scarifications donnant une idée de ce que pouvaient être les parures des Cro-Magnon.

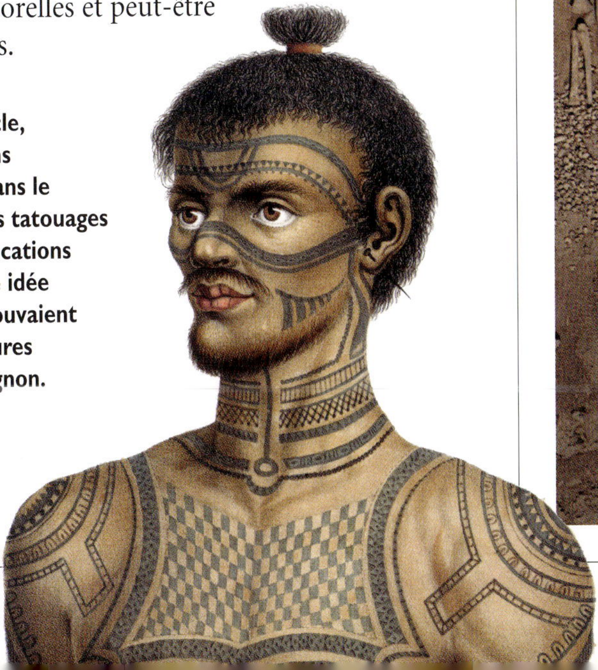

SÉPULTURES RÉVÉLATRICES

Dans les grottes de Grimaldi, près de Menton (Alpes-Maritimes), on a retrouvé plusieurs sépultures dont certaines sont datées d'environ 30 000 ans. Deux jeunes enfants ont été enterrés côte à côte. Ils étaient recouverts de milliers de petits coquillages sans doute cousus sur leurs vêtements. De même, une femme porte une coiffe ornée de centaines de coquilles et de dents de cerf.

Sépulture d'un des enfants de Grimaldi.

Artistes et sorciers

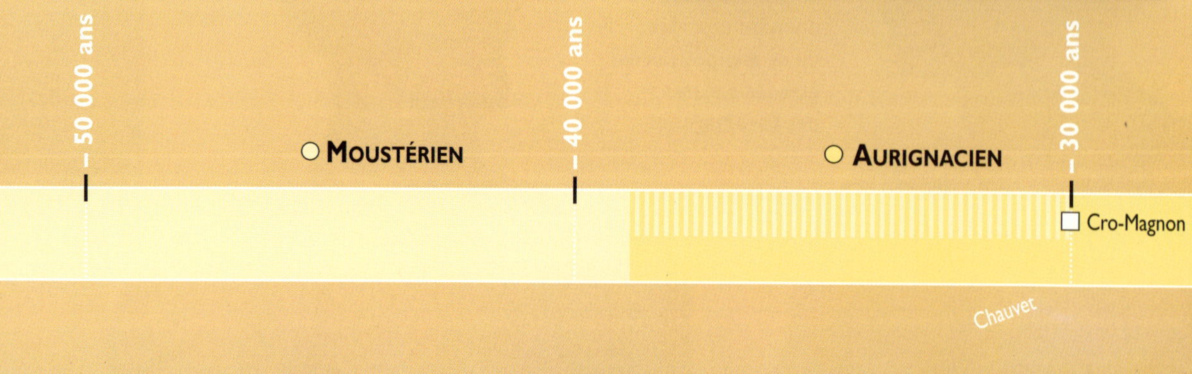

Vers – 50 ou – 40 000 ans, les hommes inventent quelque chose de vraiment nouveau : l'image ! Ils peignent, ils gravent, ils sculptent. Ils utilisent tous les supports, des parois des falaises aux objets quotidiens. Ils font preuve dès l'origine de qualités artistiques qui n'ont rien à envier à celles des humains actuels. Leurs œuvres, parfois magnifiques, sont surtout profondément émouvantes dans ce qu'elles révèlent de ces hommes préhistoriques, nos ancêtres directs.

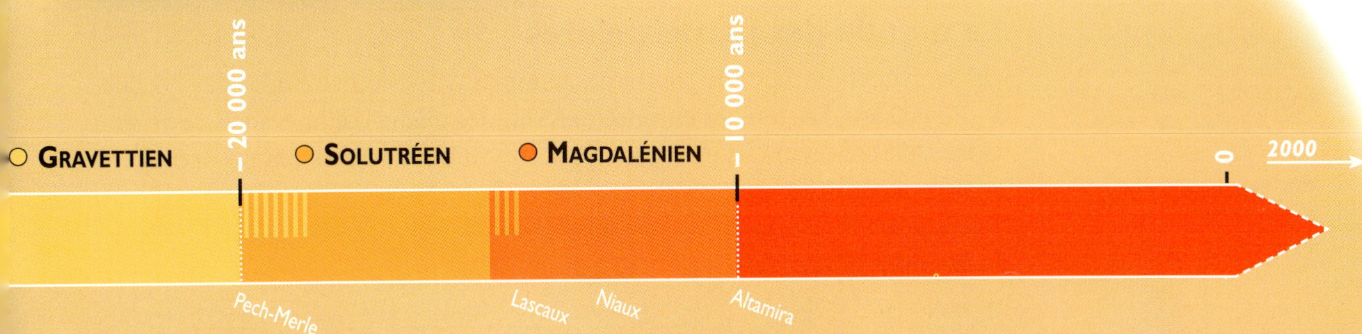

Des félins, un renne et des rhinocéros, peints il y a 32 000 ans. Grotte Chauvet (Ardèche).

Ours et félin. Cette panthère est unique dans l'art rupestre européen. Grotte Chauvet (Ardèche).

Les images du passé

Les préhistoriens ont d'abord eu du mal à admettre l'authenticité des peintures préhistoriques. Comment des êtres aussi primitifs auraient-ils pu peindre de tels chefs-d'œuvre ? Avec la multiplication des découvertes, ils ont dû se rendre à l'évidence… et changer d'avis sur les qualités des hommes de Cro-Magnon.

ART RUPESTRE, ART MOBILIER

L'art rupestre est l'art « des rochers » : toutes les œuvres peintes ou gravées sur des parois rocheuses, en plein air ou dans des grottes. On parle aussi d'« art pariétal », c'est-à-dire d'« art des parois ». L'art mobilier est l'ensemble des objets peints ou gravés, des statuettes, des bijoux…

Le monde des parois peintes

On connaît en Europe 350 sites ornés, dont les dates s'échelonnent de – 32 000 à – 12 000 ans. Les œuvres européennes sont les mieux connues mais ce ne sont ni les seules ni même les plus anciennes. Des milliers de sites ont été découverts en Afrique, en Asie, en Australie et en Amérique, et des milliers d'autres restent à découvrir. En Australie, les premières traces de peintures sur des parois rocheuses semblent remonter à plus de 50 000 ans !

Un cheval, un aurochs et des cerfs, peints il y a 17 000 ans. Grotte de Lascaux (Dordogne).

INCONNUS OU INCONNUES ?

Nul ne sait qui sont les auteurs de ces œuvres, hommes ou femmes, mais rien ne permet d'affirmer que seuls les hommes peignaient. Dans des sociétés traditionnelles, comme celle des Aborigènes d'Australie, les femmes réalisent comme les hommes des peintures sacrées.

Au fond des grottes

Les hommes ont utilisé toutes sortes de techniques : peinture, gravure, sculpture, modelage. Ils ont orné les parois de falaises battues par les vents et de grottes profondément enfouies sous la terre. Ils ont sans doute aussi peint sur des écorces d'arbres ou des peaux d'animaux mais ces matériaux ont disparu depuis longtemps. Les animaux gravés à Foz Côa (Portugal) se sont conservés pendant des milliers d'années, comme les peintures des falaises d'Australie, préservées par un climat chaud et sec. À l'abri de grottes oubliées, les peintures de Lascaux ou de Chauvet sont restées telles qu'elles ont été exécutées. Le sol de ces grottes a même conservé les traces des hommes qui ont réalisé ces œuvres.

Vingt mille ans d'art rupestre

En Europe, les peintres ont surtout représenté des animaux. Les êtres humains sont rares bien que les empreintes de mains soient abondantes. Les signes géométriques (points, lignes ou triangles) sont très fréquents. On n'observe pas d'« amélioration » de la qualité des dessins au cours du temps. Les peintures de la grotte Chauvet, les plus anciennes que l'on connaisse en Europe, témoignent déjà d'une technique très bien maîtrisée, comme celles de Lascaux, qui sont bien plus récentes.

Peinture rupestre aborigène représentant un kangourou.

◀ Aurochs et chevaux gravés sur la falaise de Foz Côa (Portugal), il y a environ 20 000 ans.

Graveurs et sculpteurs

Le sentiment artistique des hommes de Cro-Magnon ne s'exprimait pas seulement sur des parois rocheuses. Ils sculptaient la pierre, l'os et l'ivoire ; ils modelaient l'argile ; ils ornaient leurs armes et leurs outils ; ils fabriquaient des bijoux…

Sculptures animalières

Les préhistoriens ont trouvé des statuettes représentant des mammouths, des ours et d'autres animaux. Les plus anciennes, datant de plus de 30 000 ans, sont sculptées dans de l'ivoire de mammouth. Les hommes ont également modelé l'argile, dans les grottes et probablement aussi à l'extérieur. Les objets quotidiens sont souvent décorés. On a trouvé des sagaies portant des gravures d'animaux et des propulseurs sculptés avec art. On ne sait pas s'il s'agissait de pratiques rituelles destinées à rendre les armes plus efficaces ou simplement d'objets de luxe, agréables à utiliser ou à montrer.

Bisons modelés dans l'argile. Grotte des Trois-Frères (Ariège). Magdalénien.

Le propulseur au faon

C'est l'un des objets les plus surprenants qui soit parvenu jusqu'à nous. Il s'agit d'un propulseur, avec son crochet caractéristique, mais transformé en objet d'« art ». L'extrémité du propulseur est sculptée en forme de faon, le crochet étant constitué par un oiseau posé sur une grosse crotte sortant sous la queue de l'animal ! Encore plus étonnant, on connaît plusieurs versions de cet objet, qui devait bien faire rire dans les grottes du Périgord, il y a 16 000 ans !

Vénus d'ivoire

Il y a environ 25 000 ans, apparaissent dans toute l'Europe des statuettes figurant des femmes. Leurs caractéristiques féminines sont si marquées, si caricaturales, qu'elles ont été surnommées « vénus ». Les seins et les fesses sont énormes, la tête et les membres à peine ébauchés. Elles sont souvent interprétées comme des symboles du pouvoir reproducteur de la nature et de la puissance des femmes, capables de donner la vie. Ce sont peut-être les premières représentations d'un culte de la « déesse mère », qui prendra beaucoup d'importance bien plus tard. Ces vénus sont similaires dans toute l'Europe, de la Sibérie à l'Atlantique, ce qui prouve que les populations restaient en contact les unes avec les autres.

La Vénus de Dolni Vestonice (Tchéquie) est faite d'argile et d'os.

Figures humaines

Il existe très peu de représentations humaines. Les galets gravés trouvés dans la grotte de la Marche (Vienne) sont d'autant plus étonnants. Ils portent plus d'une centaine de figures humaines, la plupart vues de profil. Certaines paraissent tatouées, d'autres arborent des chapeaux. On peut distinguer certains détails de leurs vêtements. Les cheveux sont parfois coupés. Quelques hommes portent la barbe ou seulement des moustaches. C'est un extraordinaire panorama de la population d'il y a 14 000 ans !

Homme portant des tatouages ou des scarifications. Galet trouvé dans la grotte de la Marche (Vienne).

La plupart des gravures effectuées hors des grottes ont sans doute disparu.

Flûte en os. D'après la position et le diamètre des trous des flûtes, les musicologues parviennent parfois à déterminer quelles notes étaient émises.

Musiciens

Quelques restes de flûtes taillées dans des os d'animaux prouvent que les hommes (ou les femmes) de Cro-Magnon appréciaient la musique. Ils fabriquaient sans doute aussi des instruments à percussion en bois et en peau. On a trouvé des omoplates et des crânes de mammouth qui semblent avoir eu cet usage.

La palette des Cro-Magnon

Quelques objets laissés dans les grottes, quelques traces dans l'argile nous donnent une idée des techniques employées par les peintres de la préhistoire. L'analyse minutieuse des peintures nous révèle aussi le détail de leurs tours de main.

Les préhistoriens distinguent parfois plusieurs styles dans une même grotte. Les peintres se sont probablement succédé sur de nombreuses générations.

Les couleurs de la terre

Partout dans le monde, les couleurs qui dominent sont le rouge, le blanc et le noir. Les peintres les trouvent dans la terre, sous forme d'argiles blanches, jaunes, rouges ou brunes, abondantes dans les régions calcaires riches en grottes. Ces roches, souvent appelées ocres, doivent leurs couleurs aux oxydes de fer (c'est-à-dire de la rouille !). En chauffant la roche, on obtient de nouvelles nuances. Le noir provient d'un minéral riche en oxydes de manganèse ou bien simplement du charbon de bois.

Techniques

Les peintres utilisent des morceaux d'ocre taillés en pointe. Ils broient aussi la roche colorée dans des pierres creuses puis la diluent avec de l'eau ou de la salive. Ils la mélangent parfois à de la graisse afin d'améliorer la fixation des pigments sur les parois. Ils soufflent ce mélange à l'aide d'une paille ou directement avec la bouche. Ils l'étalent avec les doigts, des palettes d'os ou des pinceaux, sans doute de petites branches aux extrémités écrasées ou mâchonnées.

Différentes argiles utilisées par les peintres de la préhistoire.

La main négative, un motif que l'on trouve partout dans le monde.

L'ocre

De l'ocre rouge, similaire aux couleurs des peintres, imprègne souvent le sol des habitations. Les hommes peignaient peut-être les poteaux des tentes ou des écorces pour décorer leurs lieux de vie. L'ocre servait probablement aussi pour les peintures corporelles.

Plafonds ornés

À Lascaux, des trous dans le sol indiquent que les peintres ont construit des échafaudages pour accéder aux plafonds situés à plusieurs mètres de hauteur. Ils n'ont pas choisi les surfaces les plus faciles, mais plutôt celles qui convenaient à leurs sujets, profitant des reliefs et des irrégularités de la roche pour donner plus de vie aux animaux en soulignant certains détails de leur anatomie. Les peintres apportaient avec eux de quoi manger. On a également trouvé des pollens de fleurs, peut-être les restes de plantes étalées sur le sol pour travailler plus confortablement.

Les morceaux d'ocre étaient parfois utilisés tels quels, comme des crayons.

À la lumière des torches

Les salles des grottes sont plongées dans une obscurité complète. Les hommes s'éclairent au moyen de lampes à huile, de simples pierres creuses contenant de la graisse animale. Les mèches sont constituées de fibres végétales, par exemple des rameaux de genévrier. Une lampe contenant 50 grammes de graisse de renne donne autant de lumière qu'une bougie pendant à peu près une heure. Il est très important de ne pas laisser s'éteindre les lampes car il serait pratiquement impossible de retrouver la sortie sans lumière. On n'a cependant jamais découvert de squelette de peintre resté à l'intérieur d'une grotte !

Dans certaines grottes, les lampes des peintres ont été trouvées à proximité des peintures.

Art ou magie ?

On ne sait pas pourquoi les hommes ont commencé brusquement à peindre et à graver. On ne connaît pas non plus la signification profonde de ces œuvres. Les préhistoriens ont proposé de nombreuses interprétations, mais il est probable qu'il n'y a pas une explication unique.

« Artiste peintre » magdalénien, imaginé au XIXe siècle.

Les « totems » indiens actuels racontent des histoires, souvent des événements du passé de la tribu. Chaque animal symbolise un clan ou une famille.

L'art des cavernes

Il ne s'agissait certainement pas de simples objets de décoration, ni d'« œuvres d'art » comme celles que les peintres d'aujourd'hui exposent dans les galeries et les musées. Les sujets sont limités à quelques animaux, sans décors ni paysages. De plus, des peintres désireux de montrer leurs œuvres ne se seraient pas isolés au plus profond de grottes obscures !

Un homme renversé par un bison blessé. C'est une des rares scènes de chasse de l'art rupestre. Lascaux (Dordogne).

Magie de chasse

Autre hypothèse : les hommes représentaient les animaux qu'ils chassaient. Il s'agirait de pratiques magiques destinées à garantir le succès de la chasse. Cependant, le principal gibier, le renne, a été fort peu représenté, alors que des animaux moins souvent chassés, comme les aurochs ou les mammouths, sont au contraire abondamment figurés. Les grottes européennes montrent très peu de scènes de chasse, mais ce thème est présent dans d'autres parties du monde. Cette explication est donc peut-être juste dans certains cas, mais elle ne vaut pas pour l'ensemble des peintures.

La salle des Taureaux, dans la grotte de Lascaux, est ornée d'aurochs, de chevaux et de cerfs. Les grands animaux mesurent plus de 2 m de long.

Hommes et femmes

On trouve dans les grottes de nombreuses représentations de sexes féminins. Certains préhistoriens interprètent les figures géométriques comme des signes sexuels, symbolisant hommes et femmes. Les animaux ont eux aussi été considérés comme des symboles sexuels. En effet, les chevaux et les bisons dominent largement et sont souvent disposés sur un grand panneau central. Le cheval serait un symbole masculin et le bison un symbole féminin. Même si cette interprétation est exacte, elle ne concerne que certaines grottes européennes.

Namondjok et Namarrgon, l'homme-éclair. Peinture aborigène australienne (vers 1960).

Mythes d'origine

D'autres préhistoriens ont cherché à comprendre ces peintures à la lumière de pratiques bien plus récentes. Chez certains peuples, les familles appartiennent à des clans symbolisés par des animaux. Des mythes racontent comment les liens se sont tissés entre les animaux et les hommes, qui sont parfois leurs descendants. Les peintures pourraient être des représentations de ces mythes. Elles servaient peut-être aussi à illustrer les récits d'événements importants du passé.

Réalisme

Les animaux sont souvent peints de façon très réaliste. Les spécialistes reconnaissent non seulement le sexe des animaux mais aussi leur comportement : parade amoureuse, fuite, attaque…

Une tradition toujours vivante

En Australie, la tradition est toujours vivante ! Depuis plus de 40 000 ans, les Aborigènes réalisent des peintures rupestres et ravivent régulièrement les plus anciennes. Pour eux, ce n'est pas réellement de l'« art ». La peinture est intégrée aux croyances religieuses et à la vie quotidienne. Certaines œuvres illustrent des mythes très anciens, d'autres des faits historiques, comme l'arrivée des premiers navires européens !

Les mystères des grottes

Le célèbre « sorcier » de la grotte des Trois-Frères (Ariège). Il représente peut-être un chaman.

Dans le sud-ouest de l'Europe, de nombreux sites rupestres ont été découverts, parfois à plusieurs dizaines de mètres sous terre . On ne peut accéder aux peintures qu'au terme d'un parcours difficile, comme si leurs auteurs avaient tenu à les charger de mystères.

Panneau des signes, grotte de Niaux (Ariège) (*ci-dessus*).

Détail de la « frise des chevaux » de la grotte de Pech-Merle (Lot) (*ci-dessous*).

Un monde de symboles

Dans la plupart des sociétés humaines, il existe des cérémonies réservées à certaines personnes, selon leur âge, leur sexe ou leur classe sociale. Les rituels se déroulent parfois dans des endroits reculés, difficiles d'accès ou tenus secrets. Des signes inscrits sur les rochers ou des objets fixés aux arbres limitent l'accès à ces zones. Ces indications sont très claires pour les membres de la tribu, mais pour eux seulement. Les étrangers ne peuvent les comprendre. Dans la grotte de Lascaux, nous sommes ces étrangers ! Nous ne connaîtrons probablement jamais le sens précis des signes géométriques tracés sur les parois.

Rites de passage

Le sol argileux de certaines grottes est marqué de traces de pas d'enfants ou d'adolescents, parfois alignées d'une façon régulière. Des pigments trouvés sur le sol n'ont pas été utilisés sur les parois mais ont peut-être servi pour des peintures corporelles. Imaginons… C'est le temps de l'initiation pour les jeunes de la tribu. Il doivent ramper dans des boyaux étroits, traverser des lacs et parcourir plusieurs kilomètres sous terre dans une quasi-obscurité. Au terme de ce voyage inquiétant, peut-être même après des périodes d'isolement total dans le noir, ils découvrent les peintures représentant les puissants totems de la tribu, des animaux que la lueur des torches rend presque vivants. Alors leur sont révélés les secrets ancestraux de leur peuple…

Des signes énigmatiques, les « damiers » de Lascaux, peints de plusieurs couleurs et gravés.

« Mains négatives ». Grotte de Gargas (Hautes-Pyrénées).

Le pouvoir des chamans

Les cérémonies étaient sans doute dirigées par des chamans, des sortes de « sorciers » chargés de mettre en relation les hommes avec le monde des esprits. Là encore, on peut s'aider de ce que les ethnologues ont observé dans les sociétés traditionnelles. Les chamans entrent en transe sous l'effet de drogues végétales, de la musique et des danses. Ils communiquent alors avec les esprits de la nature ou avec les ancêtres de la tribu.

Traces de pas laissées par un adolescent il y a 20 000 ans, sur le sol de la grotte de Pech-Merle (Lot).

Devenir adulte

Chez de nombreux peuples, les jeunes doivent subir des cérémonies d'initiation qui marquent leur passage à l'état d'adultes. Ces « rites de passage », qui revêtent parfois encore une grande importance, peuvent comprendre des épreuves douloureuses ou terrifiantes, destinées à tester les garçons ou les filles.

Sociétés préhistoriques

Les objets laissés par les hommes de Cro-Magnon nous font découvrir leur vie quotidienne. Les sépultures nous éclairent sur leurs croyances, mais aussi sur leur organisation sociale.

Ours gravé sur un galet. Ces objets ornés étaient parfois réutilisés comme simples outils.

Propulseur représentant une biche (magdalénien).

Enfer ou paradis ?

Après avoir été présentés comme des brutes farouches, les hommes de Cro-Magnon ont à l'inverse été décrits sous la forme de doux sauvages ne connaissant pas encore les malheurs de la famine, de la violence et de la guerre. Avec ses outils perfectionnés et ses extraordinaires œuvres d'art, la période qui s'étend de – 20 000 à – 10 000 ans a parfois été considérée comme l'« âge d'or » de la préhistoire. Cette vision de nos ancêtres est plus flatteuse mais pas nécessairement plus exacte que la précédente ! Comme aujourd'hui, les sociétés devaient être très diverses, selon la richesse de leur environnement, l'importance de la population ou leur mode d'organisation sociale. Pour les décrire, il faut surtout éviter les idées préconçues !

Des chasseurs-cueilleurs très organisés

Jusqu'au XIXe siècle, les Indiens du nord-ouest de l'Amérique du Nord ont vécu presque exclusivement de la pêche du saumon et de la cueillette de plantes sauvages. Ils ne pratiquaient pas du tout l'agriculture. Riches et prospères, ils vivaient dans de longues maisons de bois, mais se déplaçaient à certaines périodes de l'année. Leur société était très hiérarchisée. De plus, ils réduisaient en esclavage les membres des autres tribus moins puissantes. Vivre de chasse et de cueillette n'implique pas nécessairement un mode de vie pauvre et paisible !

« Longues maisons » et totems des indiens du Nord-Ouest (Canada).

Cultes oubliés

Les sépultures sont des témoins précieux des sociétés humaines. À l'époque de Cro-Magnon, des objets accompagnent souvent les défunts : des cornes de bouquetin ou des ramures de cerf, des armes, des outils et des bijoux. Des pierres et des omoplates de mammouth protègent parfois la tête. Les hommes souhaitaient-ils simplement honorer le défunt ? Voulaient-ils l'aider dans ce « voyage » qu'est le passage de la vie à la mort ? Imaginaient-ils une autre existence après la mort ? Les croyances étaient sans doute différentes d'une tribu à l'autre. Les pratiques funéraires étaient très diverses selon les régions, mais aussi selon le statut social du défunt.

Les deux enfants de Sounghir ont été enterrés tête-bêche, entourés de lances d'ivoire de mammouth.

Enfants de chefs

Il y a 28 000 ans, deux enfants (peut-être un garçon et une fille) et un homme âgé d'une soixantaine d'années ont été enterrés à Sounghir, en Russie. Ils portaient des pendentifs, des bracelets d'ivoire et des colliers de coquillages. On a trouvé une ceinture ornée de 250 canines de renard et des disques d'ivoire gravés. Deux défenses de mammouth avaient été posées le long des corps. Les tombes contenaient aussi des armes et des statuettes. Chacun des défunts était habillé d'un vêtement orné de 3 000 perles d'ivoire. L'expérience a montré que chaque perle avait demandé près d'une heure de travail ! Lorsque des enfants font l'objet d'une telle vénération à leur mort, c'est le signe qu'ils ont un statut particulier, probablement héréditaire. Dans cette société de l'ère glaciaire, il y avait déjà des chefs riches et puissants… et leurs enfants !

L'homme de Sounghir portait un vêtement mortuaire très luxueux, sans doute réservé aux personnages importants de sa société.

Le temps des glaces

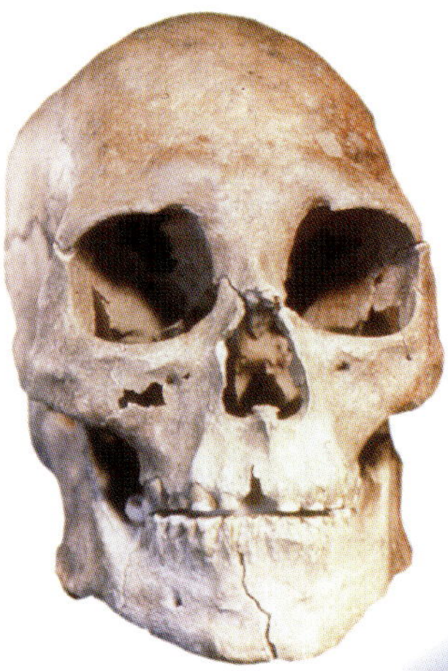

Les glaciations ont joué un rôle très important dans l'histoire de l'humanité. Elles ont bouleversé la répartition de la faune et de la flore, permis la colonisation de l'Amérique et de l'Australie, isolé les néandertaliens des autres hommes. En Europe, les hommes du froid ont inventé un nouveau mode de vie, une nouvelle culture qui a duré 30 000 ans et s'est étendue de la Sibérie jusqu'en Espagne.

206 Au pays des kangourous géants

208 La découverte de l'Amérique

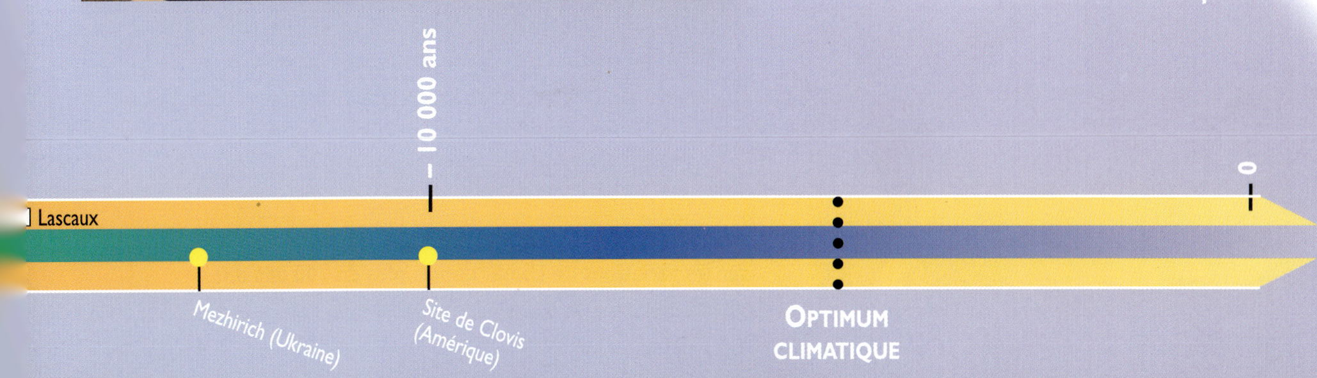

La mer s'éloigne

Nous vivons actuellement une période interglaciaire, c'est-à-dire un court épisode chaud entre deux longues périodes froides. Dans l'histoire de l'homme, ce type de climat s'est rarement produit.

L'Alaska actuel ou la France il y a 20 000 ans ?

Le thermomètre du passé

Au niveau des pôles, il se forme chaque année une nouvelle couche de neige qui se transforme ensuite en glace. Plus on creuse dans la glace, plus on descend dans le passé. L'analyse chimique des bulles d'air qu'elle contient donne des informations sur la composition de l'atmosphère à l'époque où la glace s'est formée. Les climatologues peuvent en déduire les variations de la température moyenne du globe au cours du temps.

Yo-Yo planétaire

Dans sa rotation autour du Soleil, la Terre subit d'infimes variations de son inclinaison. De plus, comme son orbite est légèrement ovale, la distance de la Terre au Soleil n'est pas constante. Notre planète ne reçoit donc pas toujours la même quantité d'énergie, ce qui entraîne d'importantes modifications du climat. Depuis un million d'années, ces changements suivent un cycle assez régulier d'environ 100 000 ans. Nous sommes en fin de période interglaciaire : le climat devrait commencer à se refroidir dans quelques milliers d'années (à moins que le réchauffement actuel ne s'oppose à cette tendance !).

Chape de glace

Au plus fort d'une glaciation, un tiers de la surface des continents est recouvert d'une calotte glaciaire qui peut atteindre 2 km d'épaisseur. En Amérique, la glace s'étend sur la quasi-totalité du Canada. En Europe, elle couvre la Scandinavie et atteint le sud de l'Angleterre. Les glaciers des Alpes atteignent la vallée du Rhône. Au nord de la Loire, le sol reste gelé en permanence, même en été. Le climat au sud est plus clément mais les hauts plateaux du Massif central sont très inhospitaliers et les sommets sont couverts de glaciers.

Le fleuve Manche

Lorsque les glaciers se développent, ils emprisonnent une partie de l'eau du globe et le volume des océans diminue. Le niveau de la mer s'abaisse donc partout dans le monde, de 120 m lors des périodes les plus froides. La Manche n'existe plus, remplacée par un grand fleuve qui draine les eaux douces d'une partie de l'Europe du Nord. Le rivage de l'Atlantique est repoussé jusqu'à 200 km à l'ouest du rivage actuel.

Les carottes de glace fournissent des informations sur les variations de climat depuis plus de 700 000 ans.

Lors des glaciations, la Terre était en moyenne plus froide de 5 à 6 °C qu'aujourd'hui. Ce faible changement a des conséquences énormes sur le climat.

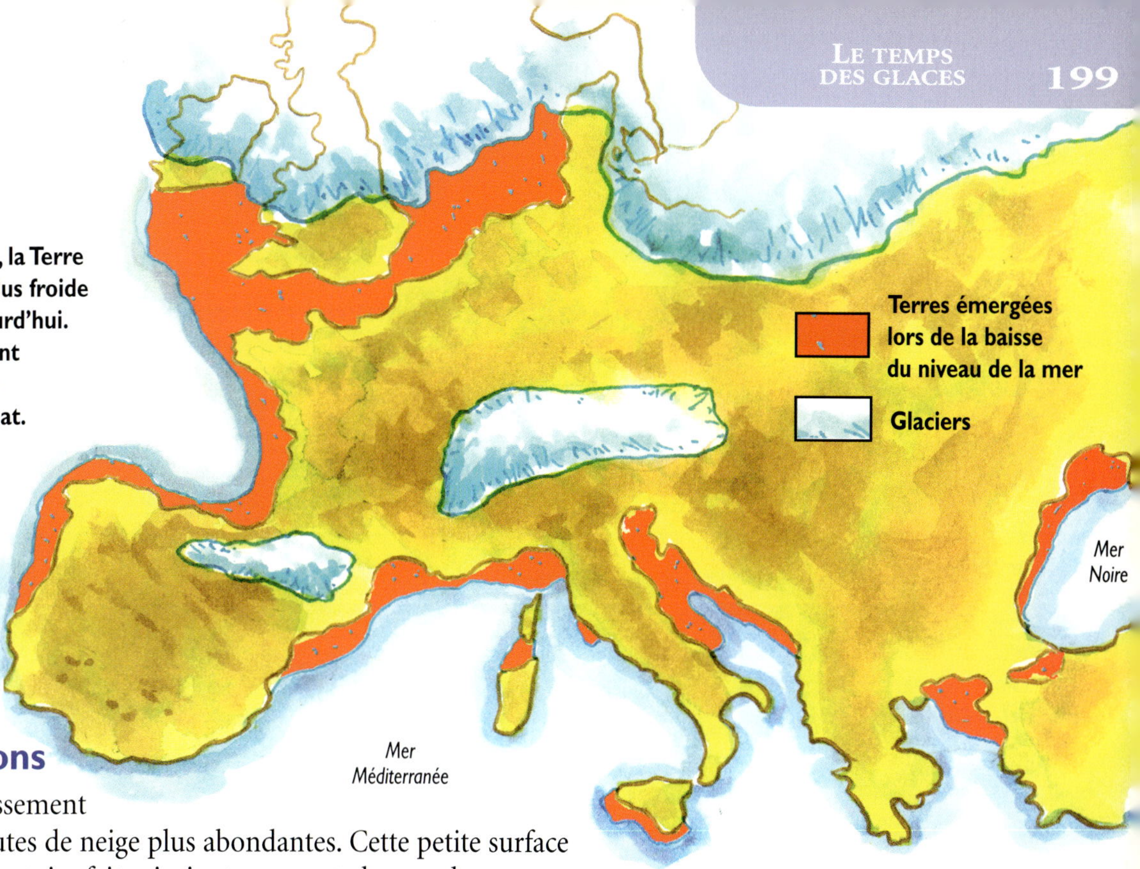

L'effet « boule de neige » des glaciations

Un léger refroidissement provoque des chutes de neige plus abondantes. Cette petite surface blanche supplémentaire fait miroir et augmente la part du rayonnement solaire qui est renvoyée vers l'espace. La température globale baisse un peu plus, ce qui accroît encore la surface de glace… Le cycle est lancé et une glaciation s'installe. Ensuite, il faudra une grosse augmentation de l'énergie reçue par la Terre pour rompre cet enchaînement. De même, le réchauffement s'accélérera de lui-même, jusqu'à son arrêt brutal et le début d'un nouveau cycle. Même si une glaciation dure longtemps, le réchauffement qui suit peut être très rapide.

L'EUROPE LORS DE LA DERNIÈRE GLACIATION.

Ce paysage du Groenland pourrait aussi être une vue du Massif central en période glaciaire.

Des rennes et des lions

Des grottes pour les ours

Les cavernes n'ont pas toutes été occupées par les hommes. Certaines d'entre elles ont même été occupées en alternance par des hyènes, des ours et nos ancêtres. La grotte des Dragons, en Autriche, contenait ainsi les restes de 30 000 ours. Lorsque les hommes abandonnaient une grotte, des ours s'y installaient, hibernaient, et parfois y mouraient. Les hyènes dévoraient leurs cadavres : on a retrouvé leurs excréments fossiles.

La période glaciaire offre un milieu favorable pour la grande faune européenne. Les hommes trouvent du gibier en abondance, mais ils rencontrent aussi des concurrents, de dangereux prédateurs…

La grande faune de l'Europe glaciaire

Dans les plaines du Nord, en Bretagne, dans la région parisienne, vivent des rennes et des loups, des bisons, des mammouths et des renards polaires. Plusieurs de ces espèces constituent aujourd'hui la faune typique des régions arctiques.

Renne : les troupeaux de rennes effectuent de grandes migrations du nord au sud. Les hommes chassent les rennes, des prairies du Bassin parisien jusqu'aux contreforts des Pyrénées.

Cheval : les chevaux ne sont pas très grands. Avec leurs pattes courtes et leurs larges sabots, ils sont adaptés aux sols humides, un peu mous.

Bison : le bison des steppes est plus petit que le bison américain.

Aurochs : l'aurochs est un taureau sauvage, qui peut atteindre 2 m au garrot.

Mammouth : au plus fort de la glaciation, le mammouth descend vers le sud jusque dans le sud-ouest de la France.

Rhinocéros laineux : comme les mammouths, le rhinocéros laineux est recouvert d'une fourrure de longs poils raides. Plusieurs espèces de rhinocéros vivent en Europe.

Saïga : l'antilope saïga est caractéristique des milieux de steppes froides. Elle vit encore aujourd'hui en Asie centrale.

Cerf géant : le cerf géant est peu fréquent mais très impressionnant avec ses bois qui atteignent 3,50 m d'envergure. Son cousin, le cerf rouge, plus petit, vit en forêt.

Loup : les meutes de loups sont fréquentes autour des troupeaux de rennes, qu'elles suivent dans leurs migrations.

Lion des cavernes : le grand lion des cavernes et la panthère ont été peints dans la grotte Cosquer, au bord de la Méditerranée.

Ours des cavernes : bien plus grand que le grizzly actuel, il pèse jusqu'à une tonne ! Il est plus végétarien que l'ours brun, mangeant des herbes, des baies et quelques petits animaux. Il hiberne dans les grottes et y vit également en été.

Hyène : plus grosse que la hyène actuelle, c'est aussi un charognard. Elle disparaît d'Europe avant la fin de la glaciation.

Une vie difficile

D'après l'étude des squelettes, on pense que la mortalité infantile était élevée : la moitié des enfants n'arrivait pas à l'âge adulte. Les hommes atteignaient difficilement 50 ans, les femmes vivaient encore moins longtemps, du fait des risques liés aux accouchements.

Les refuges du Sud-Ouest

Même au cœur de la glaciation, certaines régions d'Europe gardent un climat agréable. L'Espagne, l'Italie, le sud de la France, les Balkans ou la Turquie sont alors des zones refuges pour la faune et la flore et aussi pour les hommes.

Terres glacées

Il y a 18 000 ans, une steppe froide couvre les plaines du nord de la France et de l'Allemagne. La température y est inférieure de 10 °C à la température actuelle. La végétation est constituée d'herbes, de fleurs et de quelques arbustes particulièrement résistants. De rares bosquets de pins se serrent dans les vallées protégées. Des blizzards glacés soufflent des régions nordiques où ne poussent que des herbes rases et des lichens, comme dans la toundra actuelle. La steppe est cependant un milieu suffisamment riche pour nourrir des troupeaux de rennes, de chevaux, de bisons et de mammouths. Mais les conditions de vie sont difficiles pour les hommes qui se regroupent au sud lors des périodes les plus froides.

Certains grands abris particulièrement appréciés ont été occupés pendant des milliers d'années.

Une maison au soleil

Le sud de la France est bien plus hospitalier, même si la température est plus fraîche de 5 °C qu'actuellement. La végétation est une mosaïque de prairies et de forêts claires. On y trouve des pins, des chênes, des bouleaux et d'autres arbres caractéristiques des milieux tempérés. Les hommes avaient suffisamment de bois pour entretenir leurs feux car ils n'ont pas brûlé les os des animaux, comme ils le pratiquaient dans les régions plus froides. La faune est abondante, notamment les rennes, qui sont plus grands qu'au nord de la Loire. Comme l'environnement leur convient, ils migrent peu, même quand le climat se radoucit.

Les Périgordiens

D'après les préhistoriens, la population globale en Europe a beaucoup diminué lors du dernier maximum glaciaire. Ils estiment en effet que la surface nécessaire pour assurer l'existence d'une personne était alors d'environ 20 km^2, compte tenu de la densité probable du gibier. La population ne devait alors pas dépasser 2 000 à 3 000 personnes dans le sud-ouest de la France. Mais comme les conditions de vie sont relativement bonnes, la population augmente lentement et va tripler en 10 000 ans. Certains abris sont occupés en permanence et accueillent jusqu'à plusieurs centaines de personnes pratiquement sédentaires. Le Périgord est ainsi devenu un haut lieu de la préhistoire, où ont été trouvés la majeure partie des objets et des peintures que nous connaissons de cette époque.

MENU DU JOUR

Du renne bouilli, du renne rôti et un peu de renne cru, remplacé par du cheval ou du bouquetin (très odorant !), selon les arrivages.

Accompagnement : racines, bulbes et champignons.

Dessert : noisettes et mûres.

Avertissement du chef : pas de fromage*.

* Évidemment, puisqu'il n'a pas encore été inventé ! De toute façon, il n'y a ni vaches ni chèvres domestiques, donc pas de lait...

Les peuples du mammouth

Des hardes de mammouths parcourent les immenses plaines gelées d'Ukraine et de Russie. Le milieu n'est pas très hospitalier, mais les hommes s'adaptent et créent la « civilisation du mammouth ».

Reconstitution d'une hutte de Mezhirich. La collaboration de tout le groupe était nécessaire pour déplacer et assembler les os et défenses de mammouths.

Mammouth laineux peint il y a 20 000 ans. Grotte de Pech-Merle (Lot).

Un froid sec

Il y a 30 000 ans, les glaciers recouvrent l'ouest de la Russie, mais de vastes prairies s'étendent au sud et à l'est. Pendant les périodes les plus froides, les précipitations sont rares et la couverture neigeuse est peu épaisse. La Sibérie ressemble alors aux steppes d'Asie centrale, froides et arides. Des hommes parviennent à vivre dans cet environnement glacé car ils disposent d'une extraordinaire ressource naturelle : le mammouth.

Murs de défenses

Comment se protéger du vent glacial quand il n'y a pas de grottes pour s'abriter, ou d'arbres pour faire des piquets de tente ? Les hommes utilisent le seul matériau disponible et construisent des huttes avec des os de mammouths ! Ils empilent soigneusement crânes, mandibules et omoplates puis les recouvrent de peaux. La hutte est à moitié enterrée et la porte est renforcée par deux défenses. La construction demande plusieurs semaines de travail, mais l'ensemble est extrêmement solide. Bien entretenue, elle peut être habitée pendant plusieurs siècles d'affilée ! La chasse fournit une partie des ossements nécessaires, mais les hommes en trouvent aussi sur les berges des rivières, accumulés par les courants et déjà nettoyés. Les préhistoriens ont constaté que l'âge des os pouvait s'étendre de 22 000 à 14 000 ans pour une même habitation !

À Mezhirich, en Ukraine, les préhistoriens ont mis au jour 5 huttes de 6 à 8 m de diamètre. L'une des habitations comprenait 385 os d'un poids total de 21 tonnes, provenant de 150 mammouths différents ! Ce village abritait au moins 50 personnes.

Mammouth à tout faire

Les mammouths ne fournissaient pas seulement les murs et les toits des habitations. Ils donnaient aussi de la viande que l'on pouvait conserver tout l'hiver dans la terre gelée. Les hommes manquaient de bois pour le feu, mais ils alimentaient les foyers avec des os couverts de graisse. Ce combustible commence par dégager de la fumée et une forte odeur, puis il brûle bien, avec une flamme claire. Enfin, l'ivoire des défenses est travaillé pour la production d'armes, d'objets quotidiens, de statuettes et de bijoux.

L'éléphant laineux

Le mammouth des steppes a la taille d'un éléphant d'Afrique, son proche parent. Il est couvert de longs poils grossiers qui l'entourent comme une jupe de laine. Ses oreilles sont petites, ce qui évite les pertes de chaleur. Cet éléphant est en effet parfaitement adapté au climat froid qui règne en Amérique du Nord et dans toute l'Eurasie. Il se nourrit des hautes herbes de la steppe et de quelques arbustes nains. Ses défenses recourbées atteignent chez le mâle 4 m de long pour un poids de 80 kg. Elles sont un peu plus petites chez la femelle.

Des couvertures pour la nuit

Sur le site de Mezin, au sud de la Russie, les préhistoriens ont compté les os de 116 mammouths, 3 rhinocéros, 83 rennes, 65 chevaux, 17 bœufs musqués, 5 bisons, 1 cerf géant, 7 ours et de nombreux animaux plus petits. Même si le climat n'était pas très clément, la faune était abondante. Les peaux de renard polaire fournissaient des vêtements bien plus agréables que l'épaisse toison des mammouths. Le soir, rien ne valait les fourrures d'ours et de loup en guise de couvertures…

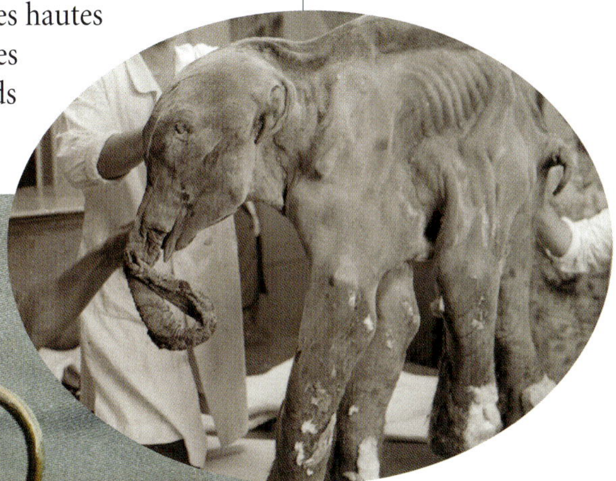

Le sol gelé de la toundra russe a conservé jusqu'à nos jours les corps de mammouths morts il y a des milliers d'années.

Pour faire des lances, les hommes redressaient à la chaleur les défenses des mammouths.

Au pays des kangourous géants

Terres émergées lors de la baisse du niveau de la mer.

Comme en Europe, la glaciation est responsable d'une forte baisse du niveau de la mer, ce qui étend largement la surface des terres émergées.

LE SUD-EST ASIATIQUE LORS D'UNE GLACIATION.

Même avec la mer à son plus bas niveau, l'Australie a toujours été séparée du continent asiatique. Elle n'a été colonisée que très tard par les hommes qui ont alors découvert une faune étrange…

La grande traversée

Depuis des millions d'années, l'Australie était hors d'atteinte. Lors de la dernière glaciation, la baisse du niveau de la mer réunit une grande partie des îles d'Indonésie, de Malaisie et des Philippines en un seul territoire émergé, le Sunda. De leur côté, la Nouvelle-Guinée et l'Australie constituent un unique continent, le Sahul. Un détroit de seulement 80 km de large sépare les deux terres. Pour la première fois, les hommes aperçoivent les côtes de l'Australie, ou du moins les fumées des feux de brousse causés par les orages. Il fallait cependant un bateau pour atteindre ces nouvelles terres… et suffisamment d'imagination et de courage pour entreprendre une navigation pleine de promesses mais dangereuse !

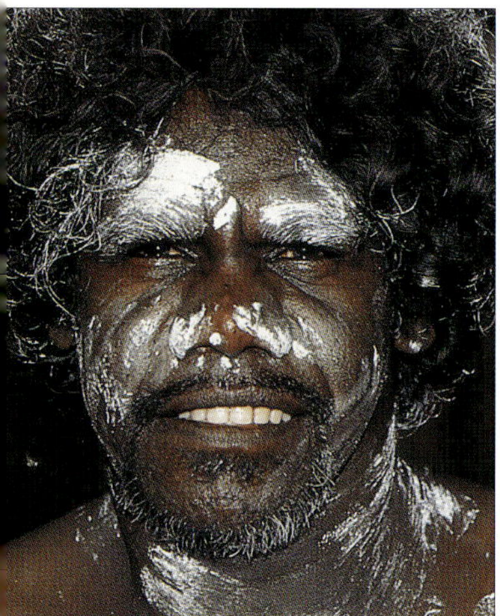

Les Aborigènes australiens actuels sont probablement les descendants de ces navigateurs.

Les premiers Australiens

Des crânes trouvés à Mungo, au sud-est de l'Australie, ont été datés d'environ 40 000 ans. Des traces de peintures semblent remonter à plus de 50 000 ans, témoignant d'une colonisation encore plus ancienne. Les hommes ont probablement entrepris plusieurs traversées au cours du temps, car d'autres os révèlent une histoire plus compliquée. Un crâne trouvé à Willandra, près de Mungo, présente des os particulièrement épais et de gros bourrelets au-dessus des orbites. Il ressemble aux crânes d'*Homo erectus* trouvés à Java et qui datent de 200 000 ans. Il est probablement plus récent, mais son âge est en fait inconnu. Des hommes seraient-ils arrivés bien plus tôt qu'on ne le croit ? Ou bien s'agit-il d'un autre groupe humain qui aurait disparu par la suite ?

Peinture rupestre aborigène.

La conquête d'un nouveau monde

Les hommes arrivés au nord-ouest de l'Australie ont peu à peu colonisé l'ensemble du continent, y compris les déserts du centre. Ils sont ensuite restés longtemps isolés, surtout après la remontée du niveau de la mer à la fin de la glaciation. Le climat devenant de plus en plus aride, ils ont appris à vivre dans un environnement difficile. Comme un peu partout dans le monde, l'arrivée des hommes a coïncidé avec la disparition de plusieurs espèces de grands animaux, sans que l'on sache vraiment si ces extinctions sont dues aux variations du climat, à une chasse trop intense ou à la réunion de ces deux causes.

Le thylacine, ou loup de Tasmanie, a disparu il y a 3 000 ans du continent australien. L'espèce a survécu en Tasmanie jusqu'en 1936.

Le *Procoptodon* était un kangourou géant qui vivait en Australie jusqu'à l'arrivée des premiers hommes.

Le *Megalania*, un varan géant, mesurait 7 m de long (2 fois plus que le varan de Komodo) pour un poids de 600 kg. Il a disparu il y a 10 000 ans.

Le *Dromornis* atteignait 3 m de haut pour plus de 500 kg. Cet oiseau géant, peut-être le plus grand de la préhistoire, s'est éteint il y a environ 30 000 ans.

Avant les hommes

Isolés du reste du monde depuis des dizaines de millions d'années, les mammifères australiens ont évolué de façon originale. Ce sont tous des marsupiaux, munis d'une poche ventrale comme les kangourous ou les koalas. Parmi eux, on trouve des herbivores et des carnivores occupant tous les milieux, des rivières aux cimes des arbres. À la place des loups, des chats, des taupes, des lapins et des antilopes de l'Ancien Monde vivent des thylacines, des dasyures, des taupes marsupiales, de petits kangourous et de grands kangourous ! Tous les autres mammifères présents en Australie ont été amenés par l'homme : le chien nommé dingo, le mouton, la vache, le renard, le rat…

La découverte de l'Amérique

Pointes de flèches de la « culture de Clovis ».

Il y a 11 000 ans s'éteignaient les derniers mastodontes, des cousins américains des éléphants. Le réchauffement du climat leur avait été fatal. Les chasseurs amérindiens, qui avaient peut-être contribué à leur disparition, se spécialisèrent dans la chasse aux bisons.

Ce n'est pas Christophe Colomb qui a découvert l'Amérique, ni même les Vikings. Les Amérindiens occupent ce continent, de la Terre de Feu à l'Arctique, depuis au moins 12 000 ans et peut-être beaucoup plus.

Le Clovis américain

De nombreux sites préhistoriques ont livré de magnifiques outils taillés en obsidienne, une pierre volcanique noire. Ces armes sont un des éléments caractéristiques de la « culture de Clovis » (du nom d'un village du Nouveau-Mexique). D'après les préhistoriens, des hommes venus d'Asie il y a 12 000 ans ont peu à peu occupé l'Amérique entière. Ils seraient passés de Sibérie en Alaska par la Béringie, les basses plaines du détroit de Béring mises à sec lors des glaciations. Ces « Paléoindiens » étaient des chasseurs de bisons et de mammouths.

Les autres Amériques

Des archéologues ont découvert en Amérique du Sud et au Mexique de nombreux sites qui paraissent plus anciens et qui remettent en cause cette version de l'histoire de l'Amérique. Dans un site chilien, Monte Verde, un groupe de huttes trouvées dans une tourbière serait ainsi âgé de 13 000 ans. D'autres dates sont bien plus anciennes : du Brésil à l'Arizona, on annonce des âges de 20 000 à 45 000 ans. Les découvertes se multiplient, ainsi que les discussions autour de datations toujours contestées. Les arguments scientifiques sont parfois perturbés par des revendications plus politiques : plusieurs pays aimeraient en effet être reconnus comme la patrie du plus ancien Américain…

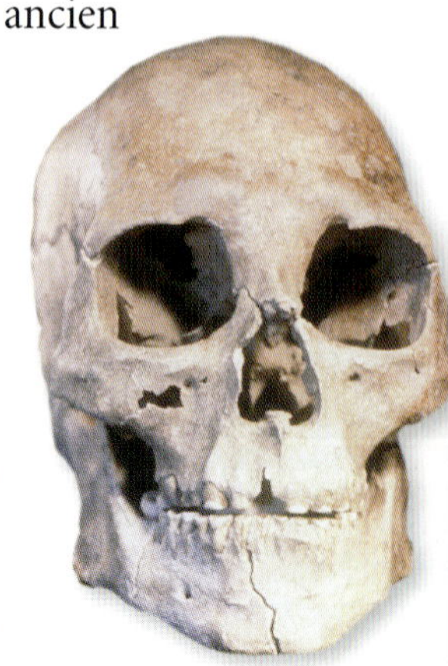

Le crâne de Kennewick a été découvert en 1996 au nord-ouest des États-Unis. C'est l'un des rares squelettes paléoindiens que l'on connaisse.

Vagues successives

D'après l'étude des langues parlées par les Amérindiens, il y aurait eu au moins trois vagues de colonisation distinctes. Cette hypothèse semble confirmée par des études génétiques et par l'anatomie des populations d'origine. Un premier groupe serait arrivé d'Asie il y a 30 à 40 000 ans, puis un deuxième, par la même voie du Nord. Un troisième groupe (à l'origine des Navajos et des Apaches) viendrait d'Europe. Mais cette hypothèse reste très controversée !

Quelques sites américains. Les âges supérieurs à 12 000 ans sont controversés.

La Béringie

Lorsque le détroit de Béring était à sec, d'immenses glaciers s'étendaient sur l'Alaska et le Canada. Il restait peut-être le long de la côte ouest du continent un couloir dégagé par lequel les hommes ont pu passer. Autre hypothèse ; les nouveaux venus ont longé la côte en bateau jusqu'à trouver une terre où débarquer. Comme tous les sites côtiers ont été noyés par la montée du niveau de la mer, cette théorie est très difficile à vérifier.

Bison aux grandes cornes chassé par des Paléoindiens.

D'Asie ou d'Europe ?

L'« homme de Kennewick » est un squelette âgé de 9 000 ans qui agite les milieux de la préhistoire. Ses caractéristiques anatomiques rappellent les traits des Cro-Magnon d'Europe du Sud. Les pointes de la culture de Clovis ressemblent un peu aux extraordinaires pierres taillées du solutréen d'Europe, alors que cette technique n'existait pas en Asie à l'époque. Certains préhistoriens avancent donc l'hypothèse d'une colonisation par des hommes venus de France ou d'Espagne et non d'Asie. L'analyse du squelette de Kennewick a cependant été suspendue par des Amérindiens qui le considèrent comme un de leurs ancêtres et souhaitent l'enterrer selon leurs coutumes.

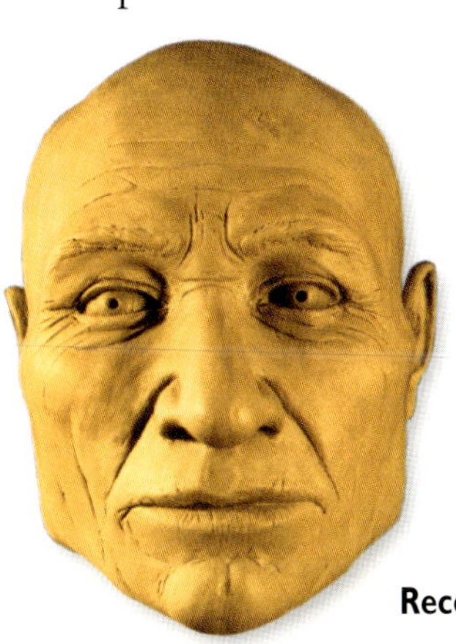

Reconstitution du visage de l'homme de Kennewick.

Entre deux âges

La période glaciaire prend fin. Sur plusieurs continents, les hommes vont bientôt fonder de nouvelles civilisations, basées sur l'élevage et la culture plutôt que sur la chasse et la cueillette. Dans une Europe bien plus hospitalière, couverte d'immenses forêts, les hommes vivent une période de transition entre l'âge de la pierre taillée et l'âge de l'agriculture.

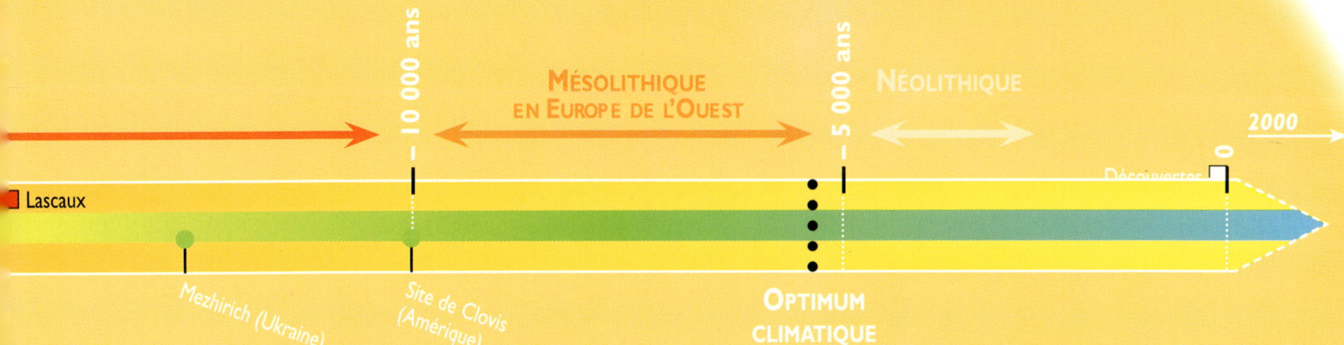

Un souffle chaud

LE MÉSOLITHIQUE
Cette période caractérisée par un réchauffement du climat et par le retour des grandes forêts se nomme mésolithique, ou « moyen (âge) de pierre ». Elle prendra fin à la naissance de l'agriculture, au néolithique.

Pointe de pierre taillée, datant du néolithique.

Il y a 10 000 ans, le climat froid et sec qui avait régné sur l'Europe pendant des milliers d'années fait place à un climat nettement plus doux et plus humide. Quelques degrés de plus, et c'est un nouveau monde qui prend naissance.

Entre deux glaciations

Depuis 30 000 ans, la Terre avait connu plusieurs périodes de réchauffement, mais qui n'avaient jamais duré très longtemps. Cette fois-ci, le changement de climat est définitif, au moins à l'échelle humaine. En quelques siècles, la température moyenne du mois de juillet passe de 9 à 17 °C ! Les pluies sont à la fois plus fréquentes et plus abondantes. Les glaciers fondent peu à peu. Vers 6 000 ans av. J.-C., la température moyenne du globe atteint son maximum puis elle diminue à nouveau, mais très lentement.

La forêt avance

Les animaux et les plantes repeuplent les régions nordiques à partir des refuges où ils s'étaient maintenus aux pires moments des glaciations. Les nouvelles conditions climatiques conviennent parfaitement aux chênes, aux ormes ou aux tilleuls. La forêt remplace peu à peu les herbes des steppes et les lichens de la toundra. Cet environnement est propice aux brouteurs de feuilles, comme les cerfs et les élans, mais ne satisfait pas du tout les mangeurs d'herbes, rennes ou mammouths. La prédation des chasseurs s'ajoutant au changement de végétation, presque toute la grande faune de l'ère glaciaire disparaît alors en Europe et en Amérique du Nord.

Le mégathérium s'éteint à la fin de la glaciation, sans doute du fait de la chasse et du changement de climat.

Le monde change

Dans cet environnement forestier, les hommes changent de mode de vie. Les traditions du paléolithique disparaissent un peu partout, sauf dans les régions situées au nord. Avec le réchauffement, les glaciers reculent et libèrent la Scandinavie. Des hommes parviennent dans les régions nordiques et continuent à chasser les rennes qui ont migré vers le nord. Au Proche-Orient, le climat un peu plus chaud et sec favorise les prairies de graminées qui nourrissent des troupeaux de moutons et de chèvres sauvages.

Peinture mésolithique datant de 9 000 ans, interprétée comme une scène de danse. Cova dels Moros (Espagne).

RARES SITES

Le milieu forestier qui s'étend partout n'est pas favorable à la préservation des squelettes et des objets en bois ou en os. La terre humide héberge une faune abondante qui décompose rapidement tous les restes organiques. Les sites mésolithiques sont donc assez rares.

Girafe et humains (Sahara, 6 000-4 000 ans av. J.-C.). À l'inverse des œuvres de la période précédente, les peintures rupestres du Mésolithique représentent souvent des silhouettes humaines.

Les lacs du Sahara

Pendant quelques milliers d'années, le Sahara connaît un âge d'or. Soumis à un climat très aride pendant la glaciation, il était totalement désertique. Le réchauffement s'accompagne d'une plus forte pluviosité. Des rivières dévalent les pentes des massifs montagneux comme le Hoggar et le Tassili. Elles alimentent plusieurs grands lacs autour desquels vivent crocodiles, hippopotames, girafes et éléphants. Des hommes s'installent au bord des lacs, chassent les antilopes et pêchent les poissons. Avec le retour de la sécheresse, les lacs disparaîtront presque complètement. Il ne reste de cette époque que les pointes des flèches et les peintures sur les falaises.

La grande inondation

Entre Méditerranée et mer Noire.

Les 2 mers sont séparées par la mer de Marmara et 2 détroits, le Bosphore et les Dardanelles.

Même si les hommes du mésolithique ne connaissent pas encore l'écriture, ils se transmettent probablement des légendes de génération en génération. Certains de leurs mythes sont peut-être parvenus jusqu'à nous.

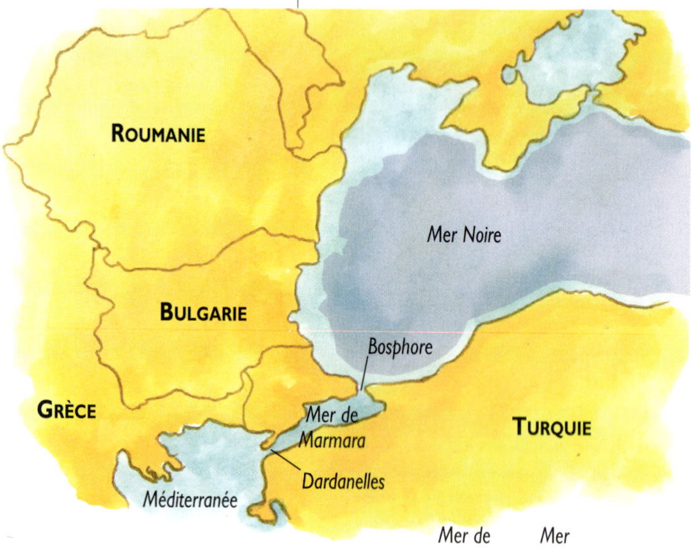

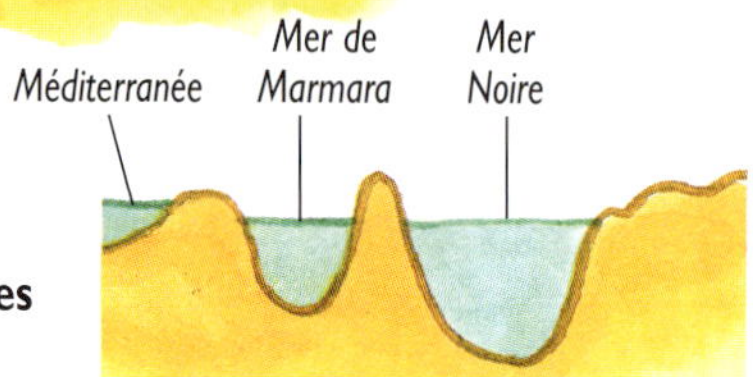

Il y a 18 000 ans
La mer Noire est un lac d'eau douce, alimentée par les fleuves d'Asie centrale.

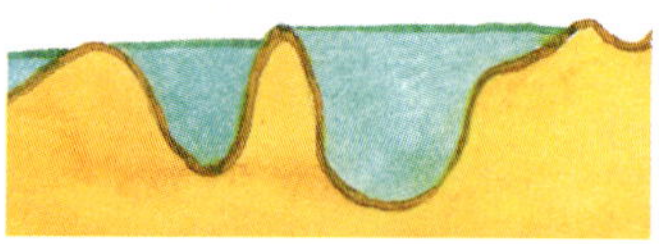

Il y a 14 000 ans
Début de la fonte des glaces. Le niveau des lacs et des mers monte.

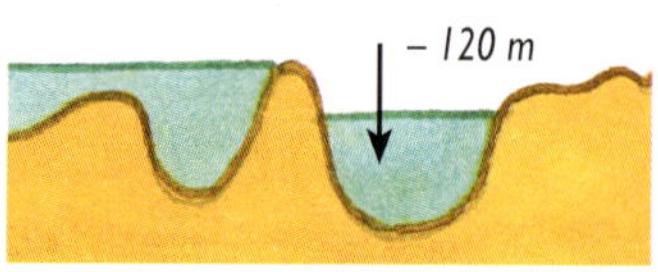

Il y a 7 500 ans
La Méditerranée continue à monter et rejoint la mer de Marmara. Recevant moins d'eau douce, la mer Noire s'abaisse de 120 m.

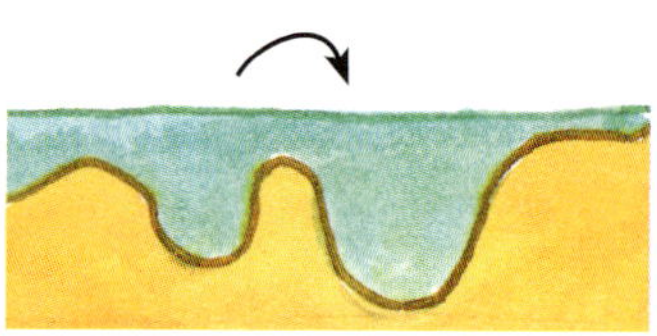

Un an plus tard
La Méditerranée atteint le niveau du Bosphore et se jette dans la mer Noire.

La mer monte

Le réchauffement du climat provoque une élévation générale du niveau de la mer, d'environ 120 m. En effet, les glaciers fondent et grossissent le volume d'eau océanique. De plus, comme l'eau de mer est un peu plus chaude, elle se dilate légèrement, ce qui accentue le phénomène. Il y a 9 500 ans, la Grande-Bretagne se trouve ainsi coupée du reste de l'Europe. Sur la côte atlantique, la mer avance de plus de 100 km. Même lent, ce mouvement est perceptible pour les hommes qui doivent, à chaque génération, changer de lieux de pêche et trouver de nouveaux emplacements pour planter leurs tentes. Mais l'événement a peut-être été bien plus dramatique sur d'autres rivages, plus à l'est…

Un méga-Niagara

Aujourd'hui, la mer Noire est en communication avec la Méditerranée par le Bosphore, en Turquie. Comme ce détroit est peu profond, il était à sec pendant la glaciation et la mer Noire était isolée de la Méditerranée. Cette « mer » était en fait un lac d'eau douce alimenté par quelques fleuves. Son niveau était nettement plus bas que celui de la Méditerranée. Il y a 7 500 ans, la montée du niveau de la mer a amené la Méditerranée au niveau du Bosphore, puis la mer a débordé et s'est engouffrée dans la mer Noire. On estime que la chute d'eau était 400 fois plus puissante que les chutes du Niagara ! Le niveau de la mer Noire s'est élevé de plus de 100 m en quelques mois.

Mosaïque représentant le Déluge. Basilique Saint-Marc (Italie).

Un véritable déluge

Tous les détails de ce bouleversement ne sont pas encore bien connus, mais les chercheurs ont découvert quelques indices. Des océanographes ont retrouvé les restes d'une habitation datée de 7 500 ans à bonne distance du rivage actuel, sous 100 m d'eau. Les hommes qui vivaient au bord du lac ont vu l'eau monter extrêmement vite, peut-être d'un mètre par jour. Ils ont dû tout quitter précipitamment et s'enfuir, soit vers l'ouest, le long du Danube, soit vers le Caucase, à l'est. Certains archéologues pensent que cet événement pourrait être à l'origine du mythe du Déluge, tel qu'il nous est parvenu dans l'épopée de Gilgamesh et dans la Bible.

LE DÉLUGE DE GILGAMESH

D'après la Bible, Dieu provoque un déluge sur toute la surface de la Terre pour punir les hommes. Il ordonne à Noé de construire une arche (un bateau) et d'y faire monter un couple de chaque espèce animale. Noé échappe ainsi au Déluge et peut alors repeupler la Terre avec sa famille et tous les animaux. L'*Épopée de Gilgamesh* est un récit dont l'origine remonte au IIIe millénaire av. J.-C. et qui raconte le même événement sous une forme un peu différente : le roi Outa-Napishtim reçoit du dieu Ea l'ordre de construire un navire pour échapper au déluge provoqué par les dieux An et Enlil, irrités par le vacarme des hommes. Ce récit sera repris sous plusieurs formes, jusqu'à la Bible, au VIIe siècle av. J.-C.

Pour les préhistoriens, la montée des eaux a eu une conséquence dramatique : tous les sites de bord de mer ont disparu, dans le monde entier ! Il n'en reste que quelques traces, accessibles aux navires océanographiques et aux caméras sous-marines.

Au cœur de la forêt

Galet peint du début du mésolithique. Le Mas-d'Azil (Ariège).

UNE FORÊT DE LÉGENDE

Les futaies et les bois actuels nous donnent une faible idée de cette forêt ancestrale peuplée d'arbres énormes, barrée de fourrés impénétrables et encombrée de troncs tombés à terre et pourrissant sur place. S'ils ne sont pas coupés, les chênes peuvent en effet vivre plus de 2 000 ans et atteindre 5 m de diamètre. Aujourd'hui, les arbres sont abattus bien avant d'atteindre leur taille maximale. Même les forêts qui nous paraissent sauvages sont le résultat de siècles d'entretien.

En Europe de l'Ouest, le changement climatique transforme profondément le mode de vie des populations humaines. Les grandes steppes où l'on pouvait apercevoir les troupeaux de rennes à des kilomètres de distance ont disparu. Place à la forêt !

Le royaume des sangliers

Il y a 8 000 ans, la forêt couvre la majeure partie de l'Europe. Les arbres sont les mêmes que ceux que nous connaissons : chênes, hêtres, ormes, noisetiers, parfois remplacés par des pins et des bouleaux. L'animal le plus caractéristique de ce nouvel environnement est le sanglier. La forêt abrite aussi des hardes de cerfs et des chevreuils. Les chevaux sont toujours présents, mais ils préfèrent les milieux de forêt claire. Si les grands félins de la période glaciaire ont disparu, les hommes sont souvent confrontés aux loups, aux ours et aux lynx.

L'arc est devenu une arme très courante, les chasseurs ont donc besoin d'un grand nombre de pointes de flèches en silex.

Alors que les hommes de Cro-Magnon évoquent les Indiens des plaines, chasseurs de bisons, on peut imaginer les hommes du mésolithique comme les Indiens des forêts.

Pêcheurs amérindiens.
Tableau de Théodor de Bry.

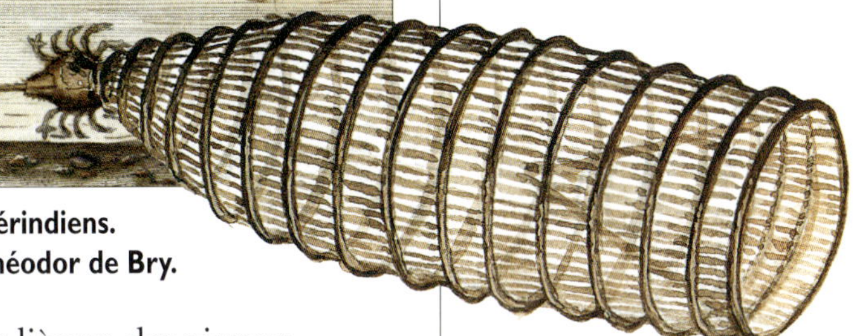

Les poubelles des pêcheurs

Il reste de cette époque d'énormes amas de coquillages, de véritables dunes qui atteignent 100 m de long sur 20 m de large et 3 m de haut ! Il s'agit des déchets de repas accumulés par les peuples du mésolithique. Ces tas sont constitués de coquilles d'huîtres, de moules et d'innombrables arêtes de poissons. On y trouve aussi des os de phoques et de dauphins.

On a trouvé dans des tourbières des nasses avec lesquelles étaient capturés les poissons des lacs et des fleuves.

Chasse, pêche, cueillette…

À côté du grand gibier, les chasseurs capturent aussi des lièvres, des oiseaux et… des escargots. Pour la pêche, ils fabriquent des hameçons et des harpons en os et tressent des nasses en osier. Sur certains sites, l'abondance des foyers permet de penser qu'ils fumaient les poissons pour les conserver. Au bord de la mer, ils ramassent des coquillages et profitent à l'occasion des baleines et des dauphins échoués sur les plages. Ils collectent toutes sortes de plantes.

La pierre et le bois

Les hommes du mésolithique continuent à tailler la pierre. Ils produisent surtout des outils de très petite taille, appelés « microlithes », c'est-à-dire « petites pierres ». Ils fixent des petites lames coupantes sur des manches de bois ou d'os qu'ils transforment ainsi en harpons ou en couteaux. Dans leur environnement de forêt, ils utilisent probablement beaucoup le bois, mais cette matière se dégrade bien plus vite que l'os ou l'ivoire. Quelques objets ont pourtant été trouvés dans les tourbières dont l'eau acide conserve bien les restes animaux ou végétaux.

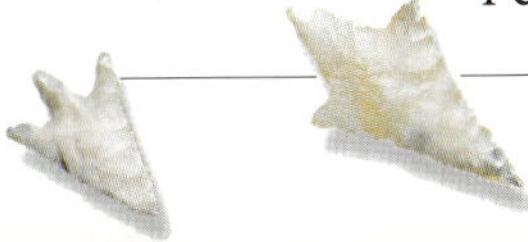

Des hameçons du mésolithique.

Un loup pour l'homme

Depuis des milliers d'années, l'homme et le loup vivaient dans les mêmes régions et chassaient les mêmes animaux. Lequel des deux a fait le premier pas ? L'homme a-t-il apprivoisé le loup ou est-ce le loup qui s'est choisi un nouveau compagnon ?

Le loup, un ancêtre encore jeune !

Histoire de chasseurs

On ne sait pas exactement comment l'histoire a commencé. Peut-être des loups se sont-ils approchés des campements humains, en quête de nourriture. Peut-être des chasseurs ont-ils apprivoisé des louveteaux dont ils avaient tué les parents. Seule certitude : les très jeunes loups s'attachent facilement aux humains. Dans les conditions naturelles, la société des loups est fortement hiérarchisée. Chaque loup occupe une position bien précise par rapport à ses congénères. Il exprime ses relations aux autres par des attitudes et des mimiques que les hommes interprètent facilement : position de la tête et du corps, mouvements de la queue, grognements… Les jeunes loups pouvaient donc facilement trouver leur place dans la société humaine.

COUSINS

Il n'y a plus de doute aujourd'hui : le chien descend du loup et non du chacal, du coyote ou du renard. Ces différentes espèces sont de proches cousines qui appartiennent toutes à la famille des canidés mais, génétiquement, le chien est bien plus proche du loup que de ces autres animaux.

Un jeune loup

Une fois devenus adultes, ils devaient prendre plus de distance, mais il est possible que certains individus à la fois moins craintifs et moins agressifs soient restés au contact des hommes. À chaque génération, les hommes ont probablement gardé de préférence les individus qui s'adaptaient bien à leur compagnie. La domestication a profondément transformé les loups d'origine. En effet, les chiens adultes ont des caractéristiques qui les rapprochent plus des louveteaux que des loups adultes. Ils sont plus petits, avec des têtes plus rondes. Ils aboient comme de jeunes loups au lieu de hurler comme des adultes.

Louveteaux de 5 semaines. Aussi joueurs que des chiots, les louveteaux ne sont pas effrayés par les humains.

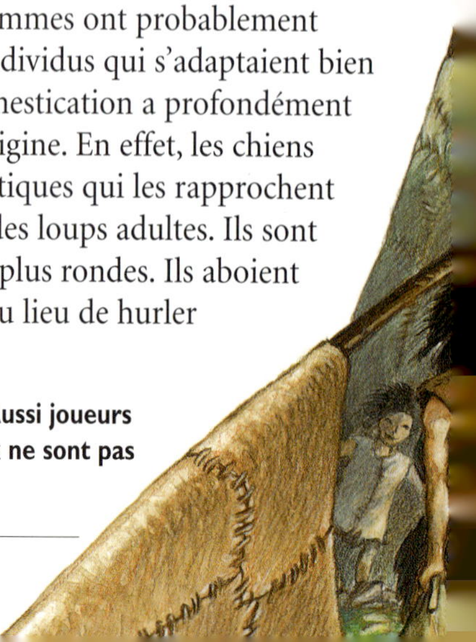

Le dingo est un chien retourné à l'état sauvage, sans pour autant redevenir un loup !

Le berger allemand, l'une des 380 races de chiens officiellement reconnues !

Le crâne du loup est plus allongé que celui du chien.

Le chien polyvalent

Pourquoi les hommes ont-ils réalisé ce travail de sélection ? La réponse n'est pas évidente car, au début, les loups, même apprivoisés, n'étaient certainement pas des animaux de compagnie ! Les hypothèses sont nombreuses : protection contre des prédateurs plus dangereux, comme les lions ou les autres loups non apprivoisés ; auxiliaires des chasseurs pour retrouver le gibier blessé ; réserves de viande, de peaux et d'os ; animaux de trait portant les tentes et le matériel des nomades ? Mais peut-être étaient-ils simplement appréciés comme couvertures chauffantes pour les nuits glaciales !

Chiens voyageurs

D'après les biologistes qui ont comparé les gènes de chiens du monde entier, il semble qu'ils descendent tous d'une même population qui vivait en Asie, il y a 15 000 ans. Ensuite, les chiens se sont probablement répandus partout, au gré des rencontres entre les groupes humains. Ils sont parvenus en Amérique, accompagnant les hommes dans leur traversée du détroit de Béring, et en Australie, où ils sont à l'origine des dingos. Ensuite, les hommes ont continué à sélectionner des caractéristiques qui les intéressaient et ont peu à peu créé des races de chiens très diverses.

Renard argenté.

Renards domestiqués

La transformation d'une espèce domestiquée peut être très rapide. Des renards argentés ont été apprivoisés et sélectionnés selon leur absence de crainte de l'homme et leur docilité. En moins de 20 générations, ils se sont profondément transformés. Ces renards domestiques cherchent la compagnie des hommes, remuent la queue lorsqu'ils sont contents et gémissent comme des chiots !

La révolution lente

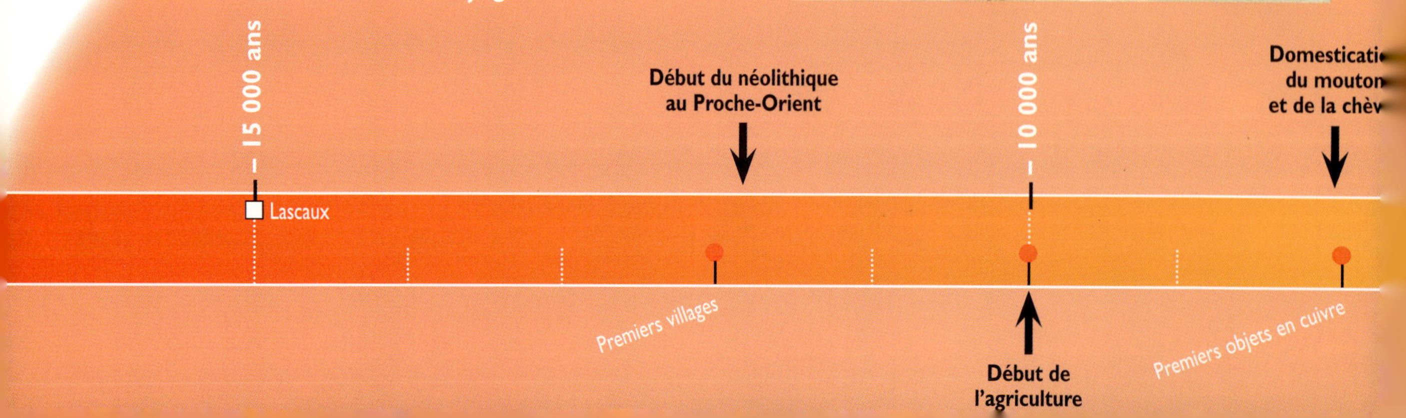

Descendants d'innombrables générations de chasseurs nomades, des hommes rompent avec la tradition et se fixent. Ils bâtissent des maisons de terre puis inventent quelques nouveaux gestes : semer des graines, apprivoiser des chèvres, modeler l'argile… Ils commencent lentement, sans rien bouleverser, et c'est pourtant le début d'une révolution qui s'étendra sur plusieurs milliers d'années et changera la surface de la Terre.

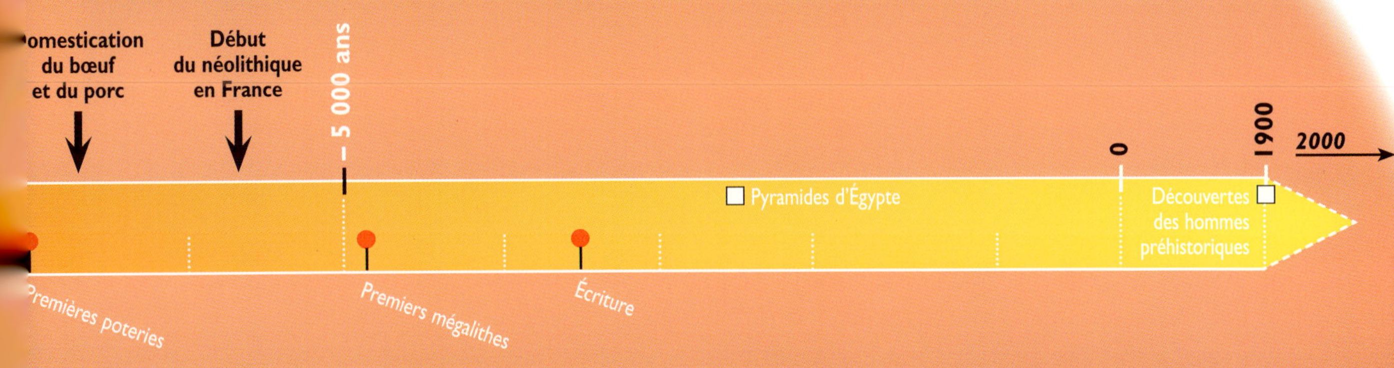

La fin du voyage

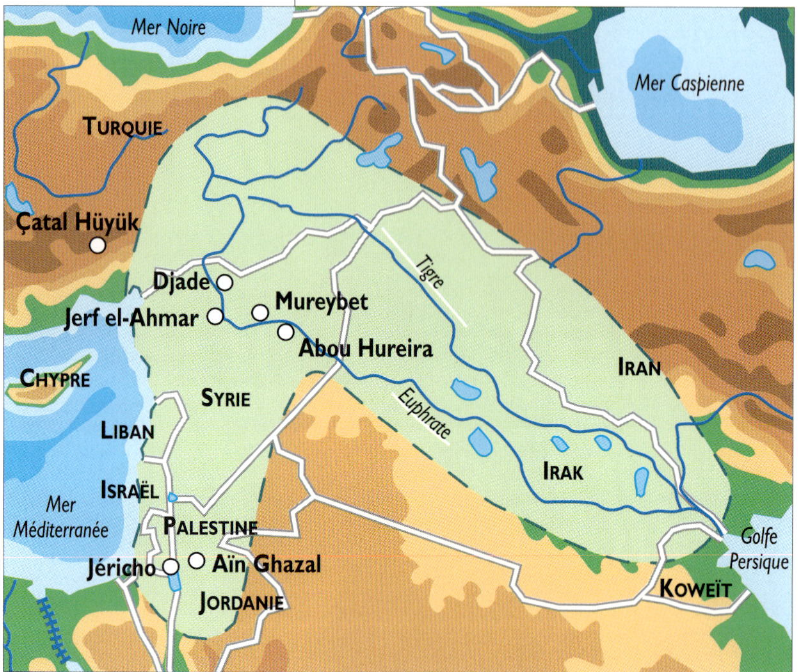

Proche-Orient avec zone du Croissant fertile.

Il y a 12 000 ans, dans les vertes collines du Proche-Orient, les campements nomades se déplacent de moins en moins, puis deviennent permanents. Les premiers villages sortent de terre.

Un vrai paradis !

À l'est de la Méditerranée, entre les montagnes du Caucase et les déserts d'Arabie, s'étend une riche région de prairies et de forêts. Le climat favorise la pousse de hautes herbes porteuses de graines comestibles. Les gazelles et les chèvres sauvages sont abondantes. Les hommes occupent les zones les plus agréables, près des cours d'eau ou des lacs. Ils pêchent des poissons, chassent le gibier et cueillent des céréales, des fèves, des amandes et des pistaches. À partir des grains de blé et d'orge, ils obtiennent de la farine qu'ils cuisent sur des pierres chauffées. Il leur suffit de quelques semaines de récolte pour accumuler des réserves pour l'année entière. Alors, pourquoi repartir ?

Le Croissant fertile

Les premiers villages apparaissent entre 12 500 et 9 500 av. J.-C. dans une région qui s'étend du rivage de la Méditerranée aux vallées du Tigre et de l'Euphrate, en Mésopotamie. Comme elle forme un arc de cercle, on a appelé cette région le « Croissant fertile ». Elle recouvre partiellement plusieurs pays actuels : la Jordanie, la Palestine, Israël, le Liban, la Turquie, l'Iran, l'Irak, la Syrie.

Site de fouilles de Jerf el-Ahmar, en Syrie.

Premiers villages

Ils construisent des maisons à moitié enterrées dans le sol et de forme ronde. Elles dépassent rarement 4 m de diamètre. Par la suite, les maisons seront rectangulaires, ce qui facilitera leur division en plusieurs pièces. Elles pourront aussi s'appuyer les unes aux autres. Les murs d'argile sont montés sur des fondations de pierre, et renforcés avec des nattes de roseaux. Des poutres supportent un toit de branches imprégnées d'argile. Comme la terre est simplement séchée au soleil, il faut renforcer les murs et les toits chaque année, après les pluies. Quelques maisons se regroupent autour d'une bâtisse plus grande, qui avait probablement une fonction communautaire, pour des activités collectives ou des pratiques religieuses.

Construction d'une maison dans un petit village. Ces villages abritent quelques dizaines à quelques centaines de personnes.

Sédentaires et nomades

Tout le monde ne vit pas dans des villages. Pendant plusieurs milliers d'années, des groupes semi-nomades continuent à se déplacer une partie de l'année alors que d'autres finissent par se fixer, selon la richesse de l'environnement ou les traditions. La diversité des ressources d'une région à l'autre a probablement favorisé les échanges entre ces groupes aux modes de vie différents. Les villageois continuent à chasser et à pêcher mais leur vie sédentaire leur permet d'élever plus d'enfants que des nomades. Avec la croissance rapide de la population, les ressources naturelles finissent par se révéler insuffisantes.

Le néolithique

La période qui commence est appelée néolithique, c'est-à-dire « nouvel (âge) de pierre ». Elle est en effet caractérisée par une nouvelle technique de production des outils de pierre, qui sont polis après avoir été taillés. Le néolithique est en fait marqué par 3 inventions majeures qui vont bouleverser l'histoire des hommes : l'agriculture, l'élevage et la poterie.

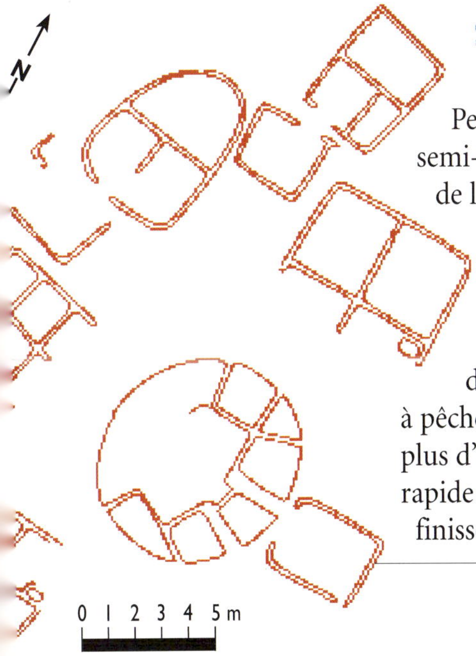

Plan du site de Jerf el-Ahmar.

Du grain à moudre

Aujourd'hui, le blé, le riz et le maïs constituent la majeure partie de l'alimentation de l'humanité. Ces céréales descendent de plantes sauvages dont la domestication a commencé il y a près de 12 000 ans.

De la cueillette à la culture

Très proches de la nature par leurs activités de chasse et de cueillette, les hommes savaient certainement que les graines mises en terre germent et donnent naissance à de nouveaux plants. Même lorsqu'ils installaient leurs campements pour quelques mois seulement, ils cultivaient probablement déjà certaines plantes. On ne sait pas ce qui a poussé les hommes à semer de façon plus systématique une partie des graines récoltées. Il est possible que la croissance de la population les ait obligés à chercher de nouvelles ressources, moins dépendantes des variations du climat.

Pommes carbonisées du néolithique. Bien après les céréales et les pois, les hommes ont cultivé des arbres fruitiers.

Faucilles de silex

Ces premiers cultivateurs ne labourent pas encore le sol avant les semis, mais ils le préparent avec des pics en bois pour ameublir la terre et éliminer les autres plantes. Pour la moisson, les cultivateurs utilisent des faucilles formées d'un morceau de bois incurvé dans lequel sont encastrées de petites lames tranchantes de silex ou d'obsidienne. Les hommes séparent ensuite les grains de la paille, qui est utilisée pour renforcer les toits et les murs des maisons. Les grains sont stockés dans des trous creusés dans le sol, à l'intérieur des maisons.

Reconstitution de faucilles néolithiques. Les petites lames de pierre sont fixées sur un manche de bois.

BABY-BOOM NÉOLITHIQUE

Les hommes ne sont pas passés brutalement de la cueillette à la culture. Les 2 activités ont coexisté pendant longtemps, la cueillette perdant peu à peu de l'importance. Cette évolution a probablement été à peine perceptible à l'échelle d'une vie humaine. La culture a permis de nourrir une population plus nombreuse qui pouvait alors cultiver plus, et donc nourrir plus d'enfants…
Le processus était lancé et n'allait pas s'arrêter avant le XXe siècle !

Orge néolithique (environ 5 000 av. J.-C.).
Ces graines carbonisées se sont bien conservées.

Des épis domestiqués

Chez les graminées sauvages, les épis n'arrivent pas tous à maturité en même temps. Il n'est donc pas possible de moissonner en une seule fois. Mais si l'on sème des grains récoltés ensemble, ils donneront des épis qui mûriront eux aussi en même temps, ce qui facilitera la récolte. De plus, les grains sauvages se détachent de l'épi à maturité. Lors de la récolte, ceux qui se détachent trop facilement tombent au sol et sont perdus, alors que ceux qui restent attachés sont conservés. Peu à peu, les plantes cultivées vont donc toutes présenter des grains bien attachés. L'agriculteur va aussi choisir les gros grains et laisser les plus petits de côté. Ainsi, la variété domestique acquiert peu à peu des qualités utiles pour la culture et devient de plus en plus différente de la plante sauvage.

Le dur et le tendre

Le blé amidonnier est né en Palestine il y a environ 10 000 ans. C'est l'ancêtre du blé dur, qui est devenu la principale céréale méditerranéenne. Il est utilisé aujourd'hui pour la production de la semoule et des spaghettis. L'engrain est apparu à la même époque en Turquie mais il est maintenant peu cultivé. Vers 5 000 av. J.-C., l'amidonnier s'est croisé spontanément avec une autre graminée sauvage, donnant naissance à deux nouvelles variétés adaptées à des climats plus froids et plus humides : l'épeautre, abondant en Europe centrale, et le froment, ou blé tendre, avec lequel on fait le pain.

Les premières plantes cultivées étaient des céréales, comme le blé, le seigle ou l'orge, mais aussi des légumineuses, comme les fèves, les pois ou les lentilles.

Le mouflon oriental est l'ancêtre des moutons domestiques.

Des chèvres à traire

LA CHÈVRE D'ORIGINE

Les chèvres sauvages étaient abondantes sur les pentes des monts Zagros, dans la région située à la frontière entre l'Irak et l'Iran. Dans les sites archéologiques, il n'est pas facile de distinguer les ossements des premières chèvres domestiques des os des chèvres sauvages. Cependant, lorsqu'il s'agit de chèvres domestiques, les squelettes de jeunes animaux et de femelles adultes sont les plus fréquents, les éleveurs ne gardant que quelques mâles adultes pour la reproduction. S'il s'agit d'animaux tués à la chasse, on trouve des adultes des 2 sexes.

Au Proche-Orient, l'élevage apparaît vers – 8 000 ans. La chasse continue pourtant, jusqu'à ce que la faune sauvage ne soit plus assez abondante pour les besoins grandissants de la population.

Entre chasse et élevage

Dans les villages, l'essentiel de la viande est encore fourni par la chasse. Le long des fleuves, les zones humides abritent des sangliers, des aurochs et de nombreux oiseaux. Les collines hébergent des mouflons, des chèvres et des ânes sauvages. Chaque année, au printemps, les gazelles reviennent dans la région. Les chasseurs abattent alors un grand nombre d'animaux dont ils conservent la viande, salée ou séchée. La chasse ne suffit pourtant plus à nourrir une population qui augmente peu à peu. C'est l'élevage qui va fournir la viande nécessaire.

Chèvre

Bouc

Les cornes des chèves domestiques ont une section aplatie et non ronde comme celle des chèvres sauvages.

De grandes qualités

Il y a 10 000 ans, les chèvres et les moutons sont les deux premières espèces domestiquées. Les animaux, peut-être attirés par les cultures, sont relativement faciles à apprivoiser. Ils ont de nombreuses qualités qui rendent leur élevage immédiatement intéressant. Ils se nourrissent de plantes fibreuses ou coriaces que les humains ne consomment pas. Ils grandissent vite et fournissent de la viande de bonne qualité. Ils sont assez faciles à surveiller en troupeaux et ne sont pas très dangereux à manipuler. Les chèvres sont plus capricieuses que les moutons mais sont plus faciles à nourrir dans les zones boisées.

La chèvre égagre, ou chèvre à bézoard, est l'ancêtre des chèvres domestiques.

Le mouton d'origine

Le mouton domestique descend du mouflon oriental. Ses ossements sont parfois difficiles à distinguer de ceux des chèvres, ce qui explique que l'on ne sache pas bien laquelle des 2 espèces a été domestiquée la première.

Apprivoisement ou domestication ?

La domestication suppose d'abord d'apprivoiser les animaux, en général des jeunes, qui restent ensuite relativement faciles à approcher. Mais cela ne signifie pas que l'animal soit domestiqué. La phase la plus importante se déroule ensuite, quand les animaux se reproduisent en captivité. En effet, les éleveurs peuvent alors choisir les animaux qu'ils vont laisser se reproduire. Ils éliminent ceux dont ils ne veulent pas conserver les caractéristiques : animaux trop grands, trop agressifs ou trop craintifs devant l'homme. Comme cela s'était produit pour les chiens, l'apparence et le comportement des animaux se transforment peu à peu.

Au Proche-Orient, les premiers animaux domestiques sont le chien puis le mouton et la chèvre et, 1 000 ans après, le bœuf et le porc.

Veaux, vaches, cochons…

Le culte du taureau

Les maisons étaient ornées de crânes d'aurochs sauvages suspendus aux murs. Les archéologues ont également trouvé de très nombreuses représentations d'aurochs, parfois monumentales comme dans les ruines de la ville de Çatal Hüyük, en Turquie, fondée il y a 9 000 ans. Dans certaines salles, les piliers sont hérissés de cornes et les murs décorés de sculptures en argile représentant des crânes d'aurochs. Ces objets sont probablement l'expression d'un « culte du taureau » qui se prolongera pendant plusieurs millénaires dans cette région.

Crâne d'aurochs sauvage datant d'environ 6 000 ans.

Chèvre sauvage, mouflon, aurochs, sanglier : les éleveurs du Croissant fertile ont à portée de main les quatre espèces qui fourniront l'essentiel du bétail pour les 10 000 ans qui suivront !

Naissance de la vache

Un millénaire après les chèvres, les éleveurs commencent à élever des aurochs (prononcer « aurok »). Ces bovins sauvages vivent dans les forêts et les zones marécageuses de l'Europe à l'Asie. Les plus grands taureaux atteignent 1,80 m au garrot. Avec leurs énormes cornes, ils constituent un gibier dangereux mais apprécié des chasseurs, qui peuvent faire preuve de leur bravoure au combat. Les éleveurs vont rapidement sélectionner les individus les plus petits afin d'obtenir des animaux plus faciles à manipuler.

À Çatal Hüyük, une véritable ville de plusieurs milliers d'habitants, l'aurochs est chassé mais pas élevé. Il est aussi l'objet d'un culte important : les archéologues ont trouvé plusieurs « sanctuaires » ornés de crânes et de cornes d'aurochs.

Aurochs de Lascaux. Le dernier aurochs sauvage est mort en Pologne en 1627.

De nouveaux compagnons

La domestication du sanglier intervient à la même époque. Le porc domestique est lui aussi plus petit et moins dangereux que le sanglier. Il prend rapidement une place importante dans l'alimentation humaine. Le cochon se nourrit facilement et grandit très vite. Par la suite, son élevage sera abandonné dans cette région pour des raisons religieuses. Les autres animaux de ferme ne seront domestiqués que bien plus tard. Le cheval ne semble pas avoir été élevé avant 4000 av. J.-C., en Ukraine. Les premières preuves de son utilisation pour tirer des chariots sont encore plus récentes. Au Proche-Orient, les hommes s'intéressent à l'âne et au chameau puis le chat rejoint le chien dans les villages.

Les porcs rustiques sont restés proches des sangliers.

Les cousins d'Asie

Des études génétiques ont montré que le porc avait également été domestiqué en Chine, donnant des variétés assez différentes des races européennes. De même, plusieurs espèces de bovins seront élevées en Asie, notamment des zébus, reconnaissables à leur bosse. Inversement, les gènes semblent montrer que toutes les chèvres actuelles proviennent des premiers élevages du Croissant fertile. Peu exigeantes, elles ont suivi l'homme partout et se sont adaptées à tous les milieux, des hautes montagnes d'Asie aux déserts chauds d'Afrique.

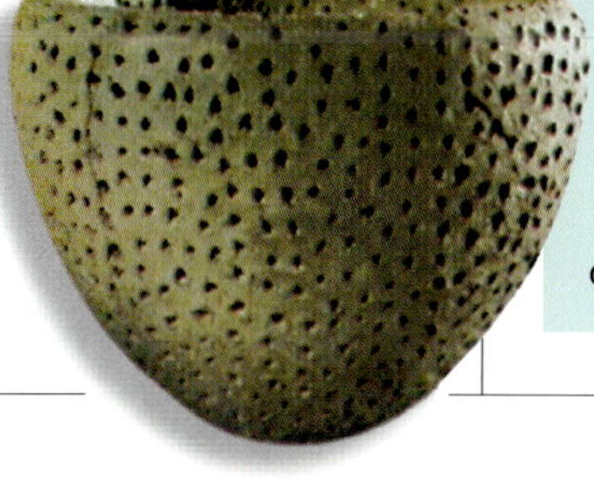

Lait et fromage

D'abord élevés pour leur viande et leur peau, les moutons, les chèvres et les vaches ont ensuite fourni de la laine et du lait. Les archéologues ont trouvé des pots de terre cuite percés de trous datant de 5 500 ans av. J.-C. Il pourrait s'agir de faisselles, les récipients utilisés pour la production des fromages. Bien avant cette date, les éleveurs avaient probablement remarqué que le lait se transformait en fromage frais au contact de certaines substances, comme la sève des feuilles de figuier. Le lait se conserve bien mieux sous cette forme et se digère plus facilement.

La vie au village

Partout dans le monde, les femmes ont passé des heures chaque jour à moudre la farine de blé, de maïs ou de millet.

Le nouveau mode de vie s'étend peu à peu dans la région. Pendant des milliers d'années, et dans le monde entier, la plupart des hommes vivront dans de petits villages comme ces agriculteurs du néolithique.

Lourd mobilier

Les murs intérieurs des maisons sont peints à la chaux, ce qui donne un peu de lumière malgré l'absence de fenêtres. Les foyers sont de simples cuvettes creusées dans le sol et entourées de pierres. Lors des repas, les membres de la famille se tiennent assis en tailleur ou à genoux. Les « lits » sont constitués de nattes végétales tressées. Chaque maison possède une ou plusieurs meules. Ce sont de grosses pierres plates ou légèrement creuses, sur lesquelles on verse les grains de blé ou d'orge. On les écrase avec une pierre de forme ovale afin d'obtenir de la farine. Celle-ci, mélangée à un peu d'eau, donne une pâte que l'on étale en galettes qui seront cuites sur les pierres chauffées.

Moudre et moudre encore

La culture et l'élevage fournissent suffisamment de nourriture, mais ces activités demandent bien plus de travail que l'ancien mode de vie des chasseurs-cueilleurs. Les articulations déformées des genoux et des orteils montrent que les habitants, surtout les femmes, passaient beaucoup de temps à moudre la farine. Comme les meules étaient posées au sol, elles se tenaient à genoux en poussant avec les doigts de pied pour effectuer un mouvement d'avant en arrière afin d'écraser les grains sur la meule. Les os des bras montrent que cette activité était intense et prolongée. En effet, comme la farine ne se conserve pas bien, il faut moudre tous les jours.

La lourde meule à céréales n'est pas compatible avec une vie nomade.

À la mode du néolithique

Les vêtements ne sont pas connus, mais on sait que les hommes récoltaient le lin, une plante dont les fibres peuvent être tissées. Le poil des chèvres et des moutons a probablement été utilisé assez vite après leur domestication. On a retrouvé des formes de terre cuite qui servaient de poids dans les métiers à tisser.

Morceau de tissu néolithique.

Après avoir façonné les pots, l'artisan les empile. Il les recouvre de bois et allume le feu afin de cuire l'argile.

En l'absence de four, la chaleur dégagée n'est pas suffisante pour obtenir de véritables céramiques.

Les poteries vont prendre beaucoup d'importance pour le stockage des graines et des semences comme pour la cuisson des aliments.

L'invention de la poterie

Au VIIe millénaire av. J.-C., la céramique fait son apparition. Les premières poteries sont chauffées à seulement 800 °C. Ce sont de simples « terres cuites », qui restent poreuses, comme les pots de jardinier. Par la suite, des fours permettront d'atteindre des températures supérieures à 1 000 °C, nécessaires pour obtenir de véritables céramiques, solides et imperméables. Les premiers pots sont de simples mottes d'argile modelées, puis la technique du colombin, un mince boudin de terre monté en spirale, permettra de fabriquer des vases plus fins et plus hauts, jusqu'à l'invention du tour de potier, plusieurs milliers d'années plus tard.

Les pots sont décorés de motifs géométriques, les styles changeant selon les époques et les régions.

Une vie moins saine

D'après les squelettes trouvés dans les tombes des premiers villages, on suppose que leurs habitants étaient plutôt en bonne santé. Cependant, le nouveau mode de vie a probablement eu des conséquences importantes. Transmises par les animaux domestiques, de nouvelles maladies infectieuses apparaissent chez les humains. Les rats, attirés par les réserves de grains, apportent avec eux des poux et des puces qui transmettent aussi des microbes. L'eau étant souvent polluée par les déchets humains et animaux, les épidémies devaient se répandre rapidement.

Les techniques de construction des maisons dépendent des matériaux disponibles. En Europe centrale, les hommes bâtiront des habitations de bois et de terre, et non de pierre.

Matières premières

Comme les hommes ne sont plus nomades, ils peuvent accumuler les objets, notamment les outils, dont ils ont de plus en plus besoin. Les matériaux comme l'obsidienne et le silex sont échangés dans l'Europe entière. Ce commerce va contribuer à diffuser partout dans le monde le mode de vie néolithique.

Obsidienne brute et pointe de flèche taillée. Des ateliers individuels ont été trouvés dans les maisons de Çatal Hüyük.

Pierre de verre

L'obsidienne est une pierre volcanique, un véritable verre naturel dont les éclats sont extrêmement coupants. Relativement facile à tailler, d'un beau noir brillant, elle servait à faire des outils pour la vie quotidienne, des armes pour la chasse et même des miroirs. L'analyse chimique des objets permet de déterminer leur lieu d'origine. C'est ainsi que l'obsidienne des îles Lipari (au nord de la Sicile) a été retrouvée en Tunisie et dans le Languedoc. De même, les lames trouvées à Jéricho (Palestine) provenaient d'Anatolie (Turquie), à plus de 800 km au nord de cette ville. Les préhistoriens ont retrouvé les vestiges d'un grand atelier d'exploitation de l'obsidienne sur le volcan Nenezi Dag (Turquie), où travaillaient les habitants de plusieurs villages des environs.

Commerce international

Çatal Hüyük, l'une des premières villes du monde, s'est développée grâce au commerce de l'obsidienne. Cette roche servait de monnaie d'échange contre des coquillages de la Méditerranée et de la mer Rouge, des silex de Syrie ou de l'ivoire d'éléphant d'Afrique. D'autres matières circulaient en Europe, comme l'ambre de la Baltique, utilisé pour faire des bijoux. Des haches de jadéite, une belle pierre verte, ont été trouvées à des centaines de kilomètres des carrières d'où la roche avait été extraite. Finement polies, ces haches étaient plus des objets de luxe, peut-être réservés aux chefs, que de véritables armes. Certaines d'entre elles atteignaient 50 cm de long et étaient bien trop fragiles pour être utilisées comme outils.

Maisons de Çatal Hüyük (Turquie).

L'herminette, une lame de pierre polie emmanchée sur un bois de cerf, permet de creuser le bois ou la terre.

Les grandes lames de jadéite polie sont plus des objets de prestige que de véritables outils.

Pour fabriquer une hache, le tranchant de pierre est fixé dans le manche de bois, soit directement, soit par l'intermédiaire d'une gaine en bois de cerf.

Mines de silex

Faute de métaux, le silex était une matière première aussi importante pour les hommes du néolithique que pour les chasseurs de Cro-Magnon. Il en fallait cependant des quantités considérables. Les agriculteurs avaient besoin de haches pour défricher les forêts et d'herminettes pour préparer la terre. Dans plusieurs régions d'Europe, les silex étaient exploités dans de véritables mines, creusées avec des pics de pierre ou de bois de cerf. Les haches taillées ou polies étaient transportées au loin et échangées contre d'autres marchandises. Tout ce travail d'extraction, de transport et d'échanges, supposait une organisation très développée. Des lames de silex de 40 cm de long, produites en Touraine, ont ensuite été acheminées à des centaines de kilomètres, de la Bretagne aux Pays-Bas. Elles étaient utilisées comme faucilles pour les moissons, puis étaient recyclées pour fabriquer d'autres outils lorsqu'elles étaient trop usées.

Pierre polie

Les outils produits au néolithique sont des pointes de flèches et des petites lames à fixer sur les faucilles ou les couteaux. Les haches taillées sont maintenant soigneusement polies sur des meules de pierre. L'herminette est l'ancêtre de la bêche et du ciseau à bois. Elle était utilisée pour creuser la terre ou travailler le bois.

Le polissoir en grès prend beaucoup d'importance au néolithique. Il permet de poncer les os ou les bois de cervidés pour leur donner la forme voulue ou bien d'obtenir des objets de pierre parfaitement polis.

Révolutions parallèles

Graminées

Comme le blé et l'orge, le riz, le millet, le maïs et le sorgho appartiennent à la famille des graminées. Ces plantes portent toutes des épis de graines riches en amidon, susceptibles d'être consommées sous forme de farine. Cette alimentation est cependant pauvre en protéines. Au Proche-Orient, les pois et les lentilles fournissaient un complément nécessaire. En Chine, le soja jouait le rôle de complément, comme les haricots en Amérique du Sud.

Haricot.

Partout dans le monde, des hommes ont domestiqué les plantes et les animaux de leur région. L'agriculture et la céramique ont été inventées plusieurs fois, mais pas exactement au même moment et pas dans le même ordre.

Dindon d'Amérique.

En Amérique

Le maïs moderne n'existe pas à l'état sauvage. Les préhistoriens ne connaissaient pas son ancêtre, mais soupçonnaient le téosinte, une céréale qui pousse au Mexique, bien que cette plante ait une apparence très différente. La génétique est venue au secours de l'archéologie et a confirmé que le téosinte était bien l'ancêtre du maïs. Les plus anciens plants de maïs, datés de plus de 4 000 ans av. J.-C., ont été trouvés au Mexique. Ils portaient de petits épis à quatre ou huit rangées de grains. Contrairement à ce qui s'est passé au Proche-Orient, les premiers villages ne sont apparus qu'après la domestication du maïs. Cette plante a ensuite voyagé vers les Andes, en Amérique du Sud, puis vers le nord. À l'arrivée des Européens en Amérique, il était cultivé du Chili jusqu'au Canada. Les Indiens d'Amérique n'avaient pas sur leur continent beaucoup d'animaux capables de supporter la domestication, à part les lamas, les dindons… et les cochons d'Inde.

Lama.

Maïs moderne.

PRINCIPAUX FOYERS DE DOMESTICATION.

Rizière en Indonésie.

Soja.

Sorgho.

Porc vietnamien.

En Afrique

Le sorgho, une céréale, aurait été domestiqué au IIIe millénaire en Éthiopie. Il aurait ensuite gagné l'ensemble de l'Afrique. Comme en Amérique, peu d'animaux sont réellement domesticables. Le buffle africain est bien trop dangereux et le zèbre reste lui aussi très agressif en captivité. Peut-être la chasse restait-elle suffisamment rentable pour que la domestication ne paraisse pas réellement utile.

En Asie

Le porc et la poule sont domestiqués en Chine, le buffle en Indonésie. Le riz sauvage est une céréale largement répandue en Asie du Sud-Est. Il y a plus de 7 000 ans, il est domestiqué en Chine et en Indonésie. Le riz ne parvient au Japon qu'au cours du Ier millénaire av. J.-C. À l'écart du continent, les hommes continuaient à vivre de la pêche, de la chasse et de la cueillette des plantes sauvages. Ils étaient pourtant sédentaires et avaient inventé la poterie, 3 000 ans avant les peuples du Proche-Orient. Le milieu naturel était suffisamment riche pour que la culture et l'élevage ne deviennent pas nécessaires avant quelques milliers d'années !

UN RESCAPÉ DE LA PRÉHISTOIRE

Les archéologues attribuent à la domestication la brusque augmentation de vestiges de chevaux il y a 6 000 ans. S'il était resté simple gibier, le cheval aurait probablement suivi le sort de nombreuses espèces animales et disparu de la surface du globe. Il ne reste d'ailleurs plus de chevaux sauvages en liberté.

La fin de la préhistoire

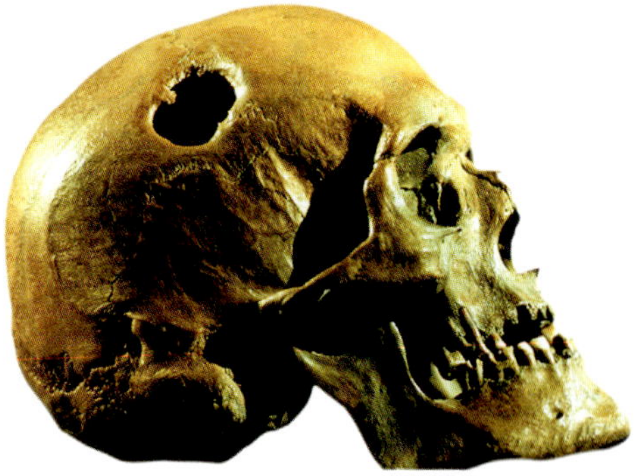

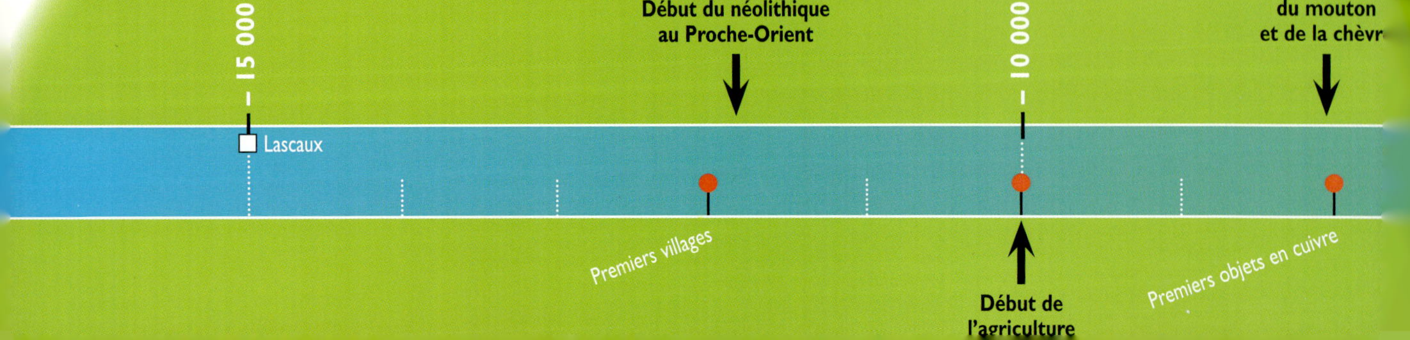

Sur plusieurs continents, l'homme change de mode de vie. Alors qu'il exploitait simplement les ressources de la nature, il devient producteur de sa propre nourriture. Le chasseur devient éleveur, le cueilleur devient cultivateur. Ce nouveau mode de vie se propage dans le monde entier, dans un mouvement qui s'accélère toujours plus. Alors que les précédentes périodes de l'histoire de l'humanité s'étendaient sur des dizaines ou des centaines de milliers d'années, on ne compte plus qu'en milliers d'années. L'homme invente la métallurgie, l'écriture, les villes et la guerre. C'est la fin de la préhistoire et le début de l'histoire.

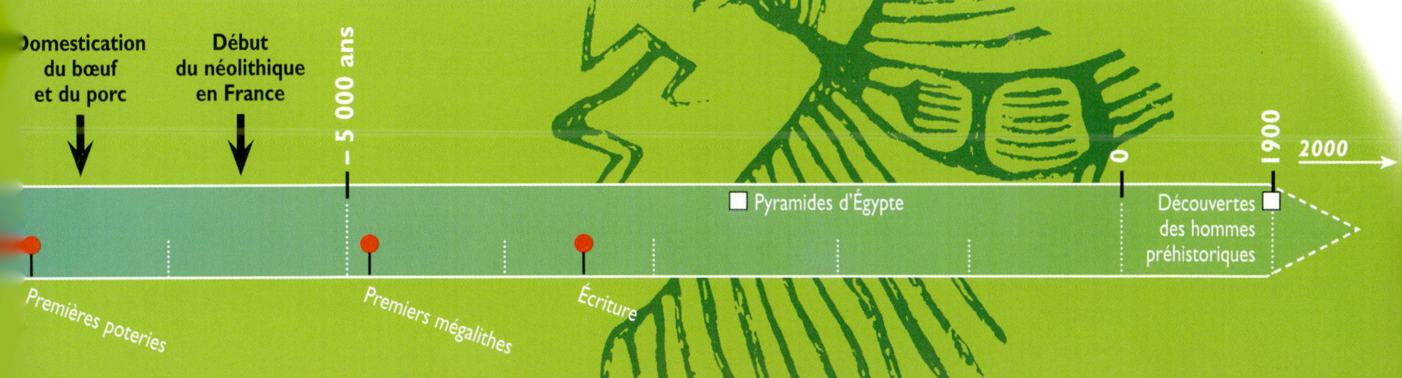

L'EXPANSION DE L'AGRICULTURE EN EUROPE.

- 10 000 av. J.-C.
- 9 000 à 7 000 av. J.-C.
- 7 000 à 6 000 av. J.-C.
- 6 000 à 5 000 av. J.-C.
- 5 000 à 4 500 av. J.-C.
- après 4 500 av. J.-C.

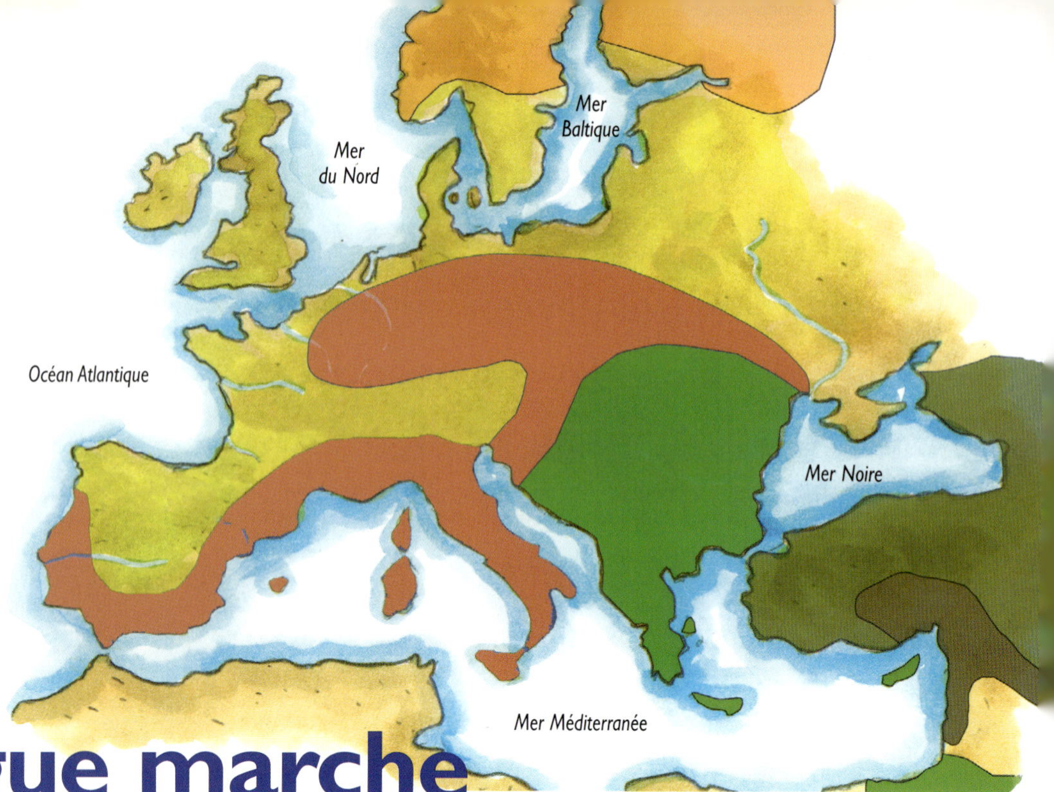

La longue marche

Poterie rubanée néolithique.

Les archéologues ont reconstitué l'architecture des longues maisons danubiennes à partir des traces des poteaux enfoncés dans le sol.

Le nouveau mode de vie inventé au Proche-Orient se propage dans toutes les directions. Le blé que l'on sème et les vaches que l'on élève aujourd'hui en Europe descendent du blé et des vaches du Croissant fertile.

Lente progression

Les techniques agricoles arrivent en Grèce vers 7000 av. J.-C. puis se diffusent vers le nord et l'ouest. Ce n'est pas la rapide progression de tout un peuple mais plutôt une lente avancée, au rythme des défrichements. Comme les agriculteurs n'utilisent pas d'engrais, ils épuisent les terres en quelques années et doivent se déplacer pour en trouver de nouvelles.

Les peuples du fleuve

De petits groupes d'agriculteurs progressent dans la vallée du Danube. Ils construisent des maisons de plusieurs dizaines de mètres de long, qui abritent plusieurs familles. Des rangées de poteaux plantés dans le sol soutiennent un toit de chaume. Les murs sont constitués de terre mêlée de paille, un matériau isolant et imperméable. Ces hommes cultivent du blé et élèvent des bœufs, des porcs et des chèvres. Leurs poteries « rubanées » se reconnaissent à des décorations en forme de rubans. Dans cette nouvelle civilisation paysanne, la pêche et la chasse ont assez peu d'importance. Cette culture « danubienne » arrive dans l'est de la France vers 5000 av. J.-C.

Poterie cardiale.
Les motifs des poteries permettent de repérer les mouvements des différents groupes.

Les peuples de la mer

Les éleveurs qui suivent les côtes méditerranéennes dessinent sur leurs poteries des motifs avec des coquillages, d'où leur nom de poteries cardiales (de *cardium*, la « coque », en latin). Ils élèvent des vaches, des moutons et des chèvres.
Ils pratiquent la culture sur brûlis : ils incendient une parcelle de forêt puis cultivent la terre enrichie par les cendres pendant quelques années. Ils continuent à chasser, combinant l'ancien mode de vie et le nouveau, sans rupture nette. En fait, l'importance de la chasse, de l'élevage et de la culture est très variable d'un groupe à l'autre. Ils arrivent en Provence vers 5 000 av. J.-C. et au Portugal 1 000 ans après.

Une vache dans la pirogue

Les hommes du néolithique ont navigué en pleine mer, à la recherche de nouvelles terres ou de matières premières. Leurs embarcations étaient des pirogues creusées dans un tronc d'arbre unique, ce qui limitait leur taille. Ils ont pourtant embarqué avec leur bétail, et ont ainsi peuplé les îles méditerranéennes. Des essais tentés par des archéologues ont prouvé qu'il était tout à fait possible de voyager ainsi d'île en île. En pirogue, 12 pagayeurs pouvaient franchir 50 km par jour avec des réserves d'obsidienne et des provisions d'eau et de blé.

Les nains des îles

Avant l'arrivée des premiers navigateurs, les îles méditerranéennes abritaient une faune très particulière.
En Sicile et en Crète vivaient ainsi des éléphants nains, descendants des éléphants parvenus dans les îles lors des glaciations.
Ils mesuraient 80 cm au garrot et n'avaient aucun prédateur.
Ils ont probablement été exterminés par les chasseurs. À Chypre, l'hippopotame nain a disparu de la même façon.

Les pirogues ont été très utilisées en mer mais aussi sur les fleuves et les lacs.

La fin des chasseurs

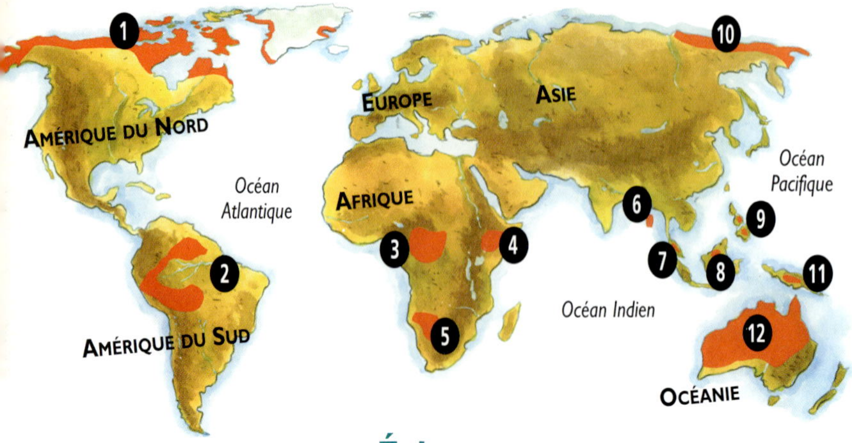

Au cours de leur lente progression, les agriculteurs rencontrent de petits groupes de chasseurs-cueilleurs nomades. Que s'est-il passé entre ces peuples aux modes de vie si différents ?

Les peuples chasseurs nomades actuels.

1. Inuits (Eskimos)
2. Indiens d'Amazonie
3. Pygmées
4. Ndorobo
5. Bochimans
6. Andaman
7. Samang
8. Penan
9. Aeta
10. Tchouktches
11. Papous
12. Aborigènes d'Australie

Échanges

Il reste quelques traces de ces contacts sous la forme d'objets échangés entre communautés ou de changements culturels. Certains chasseurs apprennent l'art de la poterie, d'autres élèvent des animaux domestiques. À l'inverse, les pointes de flèche des agriculteurs ressemblent parfois étonnamment à celles des chasseurs ! Mais les relations n'ont sans doute pas toujours été cordiales.

Jusqu'au XXe siècle, les Inuits sont restés strictement chasseurs et pêcheurs.

Concurrence

Les agriculteurs s'installent dans les vallées aux terres fertilisées par les crues des fleuves. Mais ce sont aussi des zones importantes pour les chasseurs et les pêcheurs. Lorsque le nombre des agriculteurs augmente, les heurts deviennent inévitables. On a trouvé la trace de fossés et de palissades autour des villages, ce qui prouve que les agriculteurs craignaient d'être attaqués. Mais on ne sait pas si leurs assaillants venaient d'autres villages ou s'ils étaient des chasseurs nomades.

Les Bochimans organisent leurs déplacements en fonction de la présence des différents fruits sauvages.

Disparition

Malgré ces difficultés, les deux cultures coexistent pendant 1 000 ans dans certaines régions. Les nomades n'ont sans doute pas été immédiatement séduits par le mode de vie des cultivateurs, qui demande beaucoup plus de travail que la chasse et la cueillette. Leurs ressources étaient largement suffisantes, ce qui explique que l'agriculture ait mis des milliers d'années à gagner l'Europe entière. Leur territoire s'amenuisant, certains chasseurs ont peut-être été obligés d'adopter ce nouveau mode de vie, faute de gibier. D'autres groupes ont peut-être été purement et simplement éliminés…

Les gardiens de la tradition

Aujourd'hui, certains peuples vivent encore comme les chasseurs-cueilleurs du mésolithique. Les Bochimans du sud de l'Afrique se déplacent en petits groupes en fonction de la nourriture disponible. D'autres peuples ont le même mode d'existence en Asie du Sud-Est ou en Amazonie. Il est difficile de les comparer à nos ancêtres car ils ont généralement été cantonnés dans les régions les moins hospitalières, souvent désertiques. Pourtant, même si leurs conditions de vie nous paraissent précaires, ils disposent en général de ressources alimentaires largement suffisantes. Ainsi les Bochimans consacrent seulement 2 à 3 heures par jour à la recherche de nourriture.

Assimilation

La diffusion du néolithique en Europe de l'Ouest a souvent été décrite comme une invasion du territoire mais il s'agissait peut-être d'une simple diffusion des techniques. On constate cependant que le développement de l'agriculture s'accompagne d'une forte augmentation de la population. On estime qu'environ deux millions de paysans vivaient entre la France et la mer Noire alors que les chasseurs-cueilleurs n'étaient que quelques dizaines de milliers. Des études génétiques montrent pourtant que les populations d'Europe de l'Ouest descendent plutôt de ces petites populations de chasseurs ! Il reste beaucoup à apprendre sur cette période de notre histoire !

Rencontre entre deux modes de vie : échanges ou confrontation ?

La hache, le feu et les chèvres

Chèvres, *ci-dessous*.
L'île de Chypre (*en bas*), un paysage typiquement méditerranéen, entièrement modelé par l'homme.

Dans le monde entier, les paysages ont été bouleversés par les nouvelles activités des hommes du néolithique. Même les endroits qui nous paraissent sauvages ont la plupart du temps été profondément transformés.

Vie et mort d'un village

Le village d'Aïn Ghazal (Jordanie) a été habité de 8 000 à 6 500 av. J.-C. Les archéologues ont étudié les ossements des animaux consommés par les habitants. Dans les premiers temps, les hommes chassaient 55 espèces différentes. À la fin de cette période, ne figurent plus que 15 espèces dont 4 animaux domestiques qui représentent alors 90 % des vestiges. Il reste de nombreux morceaux de charbon de bois provenant des foyers domestiques ou d'incendies des maisons. Les morceaux les plus récents sont très petits, comme s'il n'y avait plus que des arbustes à brûler. Cette hypothèse est confirmée par le fait que les poutres des toits deviennent de plus en plus minces, jusqu'à disparaître vers 7 000 av. J.-C. Finalement, le village a été abandonné comme bien d'autres dans cette région.

Chèvres sans contrôle

Les chèvres ont souvent été accusées de dégrader la végétation. Elles peuvent entièrement dénuder un arbre de ses feuilles, broutent les jeunes pousses et, finalement, empêchent toute reprise de la végétation. Cependant, bien contrôlées, les chèvres permettent au contraire d'exploiter des milieux qui ne conviennent ni aux brebis ni aux vaches. La difficulté est de ne pas les laisser vagabonder et de contrôler leur nombre en fonction de ce que le milieu peut supporter.

Fondations d'une maison et escalier extérieur, à Aïn Ghazal (Jordanie).

Catastrophe écologique

Il semble que les villageois aient peu à peu abattu tous les arbres pour construire les maisons, pour cuire la farine de blé et aussi pour produire la chaux dont ils recouvraient les murs et qui s'obtient en chauffant du calcaire. Faute de forêts, la faune s'est considérablement réduite. De plus, les moutons et les chèvres domestiques empêchent le reboisement naturel en consommant les jeunes pousses. La végétation ne retient plus la terre des collines, qui est alors emportée par les pluies. La dégradation des sols rend la culture de plus en plus difficile. La situation a probablement été aggravée par un assèchement du climat.

Maquis et garrigue

Des événements similaires se sont produits tout autour de la Méditerranée. Lorsque la forêt est abattue, elle est rapidement remplacée par un couvert végétal très dense constitué d'arbustes et de buissons, maquis ou garrigue selon les sols. Cette végétation qui nous paraît si sauvage est donc l'œuvre des hommes et de leurs animaux domestiques. Dans cet environnement dégradé, la population, qui avait augmenté au mésolithique, a commencé à diminuer. Aujourd'hui encore, certaines régions sont moins peuplées qu'au néolithique !

Avec une hache de silex, on peut couper un arbre de 20 cm de diamètre en moins de 5 minutes !

L’invention de la ville

Certaines communautés villageoises se développent et se transforment en cités de plusieurs milliers d’habitants. Ils se spécialisent dans certaines activités et la société devient de plus en plus complexe.

Une ville sans rues

Çatal Hüyük, en Turquie, est la plus ancienne ville connue. Fondée il y a 9 300 ans, elle a été abandonnée 1 500 ans après. La ville compte environ 1 000 maisons, pour une population de 2 000 à 10 000 habitants. Les maisons sont construites les unes contre les autres, sans espace pour les rues. On passe d’une terrasse à l’autre par des échelles. Chaque maison comprend en général une grande salle entourée de pièces plus petites consacrées au stockage de la nourriture, à la préparation des repas ou à leur cuisson. Certaines pièces sont ornées de fresques murales vivement colorées. On a retrouvé 12 niveaux successifs de maisons, chacun étant construit sur les ruines du précédent.

Quelques espaces libres entre les maisons servaient de dépotoirs ou d’enclos pour des moutons ou des chèvres.

Des fresques représentent les vautours qui nettoient les cadavres déposés à l'extérieur de la ville.

Pouvoir central

La ville est riche du commerce de l'obsidienne et de l'agriculture. La chasse est également une activité importante. Dans une cité de cette taille, il existait probablement une autorité centrale capable de faire appliquer des règles de vie communes.

La religion jouait également un grand rôle à Çatal Hüyük. Certaines pièces très décorées ont été considérées comme des « temples », mais il n'est pas certain que ces pièces aient eu un usage collectif. La religion semblait plutôt pratiquée en famille. Deux thèmes principaux sont présents partout sur les murs ou sous la forme de statuettes, le taureau et la « déesse mère », une femme parfois représentée en train de donner naissance à un enfant.

La déesse mère

Pour certains archéologues, cette « déesse mère » symbolise à la fois l'unité de la Nature et sa puissance, assurant le renouvellement des récoltes et des troupeaux. Cette divinité féminine et la présence de tombes de femmes contenant des objets précieux suggèrent que cette société était matriarcale, le pouvoir étant détenu par les femmes et non par les hommes. Cette interprétation est discutée car les statuettes représentant la « déesse mère » ont été trouvées partout, dans les maisons comme dans les tombes, et pas seulement dans des lieux clairement religieux. De plus l'évolution rapide des sociétés néolithiques laisse penser que les religions étaient très diverses. Cependant, quelques millénaires plus tard, le pouvoir se trouve sans conteste aux mains des hommes et des guerriers !

On entre dans les maisons par le toit grâce à une échelle. L'ouverture dans la terrasse laisse aussi échapper la fumée des foyers ouverts.

DES MORTS SOUS LES LITS

Les morts étaient transportés hors de la ville. Une fois décharnés par les vautours, les os étaient nettoyés et placés sous les banquettes de couchage.

L'une des plus célèbres « déesses », assise, accoudée sur 2 panthères et donnant naissance à un enfant. Toute-puissante, elle maîtrise la nature sauvage et donne la vie.

DIVISION DU TRAVAIL

La spécialisation des tâches, déjà présente chez les hommes de Cro-Magnon, devient de plus en plus nette, avec de nombreux corps de métiers : tailleurs d'obsidienne, potiers, éleveurs, prêtres, etc.

Combats mortels

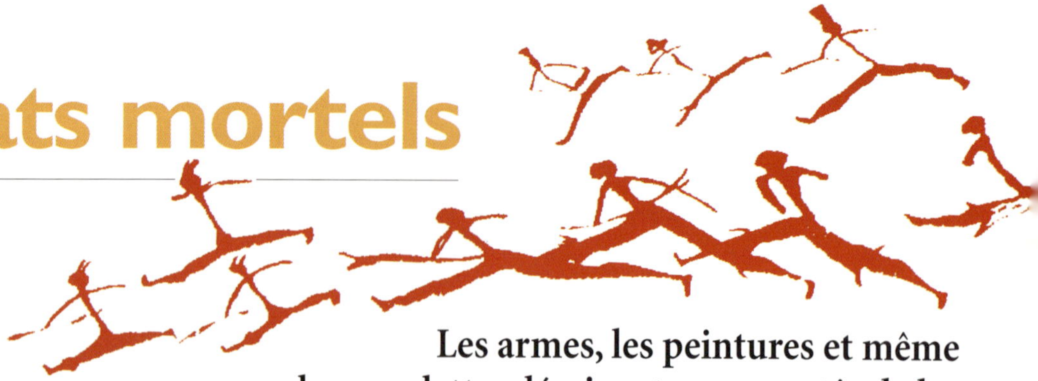

En Espagne, des peintures rupestres montrent des combats collectifs entre 2 groupes d'archers…

… ainsi que des exécutions de personnes isolées.

Les armes, les peintures et même les squelettes décrivent une montée de la violence tout au long du néolithique, jusqu'aux premières véritables guerres qui se déroulent en Mésopotamie.

Peinture rupestre néolithique représentant des archers. Cueva del Civil (Espagne).

Conflits anciens

Il n'y a pas eu de « guerre du feu » ! Les traces de violence sur les squelettes font plus penser à des conflits individuels qu'à de véritables guerres. Les hommes étaient peu nombreux, sur de vastes territoires. Nomades, ils ne pouvaient pas transporter beaucoup de richesses. Lors d'une rencontre avec d'autres hommes, il y avait peu à voler et, au contraire, beaucoup à apprendre. Il devait aussi être agréable de rencontrer de nouvelles têtes ! La violence n'était cependant pas absente. Sur 165 squelettes datant du paléolithique supérieur (l'époque de Cro-Magnon), une dizaine présentent une pointe de flèche incrustée dans un os.

En 1960, les Danis de Nouvelle-Guinée avaient un mode de vie proche de celui du néolithique. Ils considéraient la guerre comme une activité presque rituelle.

Premiers massacres

Au néolithique, les hommes deviennent sédentaires et peuvent accumuler des réserves de nourriture et des objets. En cas de mauvaise récolte, il est tentant d'aller s'approvisionner par la force dans le village voisin. Il devient nécessaire de contrôler des territoires pour l'élevage et les cultures. Les risques de conflit pour la possession des meilleures terres s'accroissent. Entre 6 000 et 2 000 av. J.-C., le nombre d'individus blessés ou tués par des flèches augmente régulièrement. Des sites font même penser à des massacres collectifs. À Talheim (Allemagne), il y a 7 000 ans, 34 hommes, femmes et enfants ont été tués. L'examen des squelettes a montré qu'ils ont été abattus à coups de hache par des gens appartenant à la même culture.

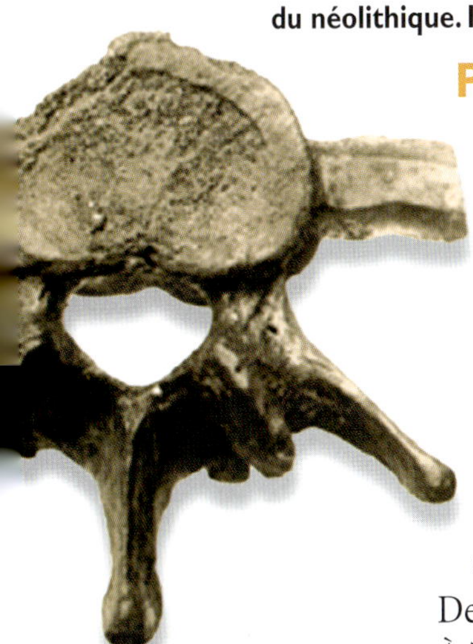

Pointe de flèche fichée dans une vertèbre. Accident de chasse ou acte de guerre ?

Tribus en guerre

Dans toute l'histoire humaine, les relations entre groupes voisins se sont révélées difficiles. L'observation des sociétés qui vivaient encore récemment dans des conditions proches de celles du néolithique a montré que les conflits y étaient très meurtriers. Chez les Jivaros, 1 personne sur 3 mourait au combat, 1 sur 5 ou 6 chez les Papous. En revanche, la guerre n'existe pas chez les Pygmées ni chez certains Indiens d'Amérique. Il n'y a pas d'explication générale à cette violence, ni de tendance innée à la paix ou à la guerre, mais il semble qu'il existe deux tendances contradictoires chez l'homme, d'affrontement et de coopération. Le mode de vie néolithique a exacerbé l'une et l'autre. La violence, déjà présente dans les communautés de chasseurs nomades, s'est transformée en un combat meurtrier pour la conquête du prestige et du pouvoir.

Cannibalisme

La grotte des Perrats (Charente) a livré les restes de 5 adultes et 3 enfants mangés par d'autres hommes, il y a environ 10 000 ans. Ce cannibalisme n'était probablement pas dû à une disette mais ses causes précises ne sont pas connues. S'agissait-il de membres du groupe ou d'« ennemis » ? Ces pratiques ont continué très longtemps en Europe, au moins jusque vers 2 000 av. J.-C., et jusqu'à nos jours dans d'autres régions.

Trépanations

La trépanation consiste à percer un trou dans le crâne d'un patient. Au néolithique, cette pratique est courante. Elle concerne aussi bien les hommes que les femmes ou les enfants. Elle ne semble donc pas liée à des activités guerrières. Il s'agissait peut-être d'actes rituels ou thérapeutiques pour traiter des troubles psychiques.

Crâne trépané. Plus de 3 patients sur 4 survivaient puisqu'on observe la cicatrisation de la plaie.

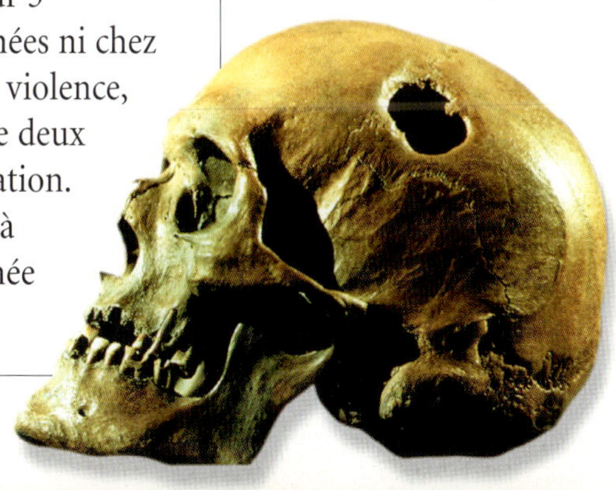

Les pierres dressées

Les peuples qui vivaient au bord de l'Atlantique bénéficiaient d'un milieu naturel particulièrement riche. Ils sont les bâtisseurs de prodigieuses constructions : les mégalithes.

La vie au bord de la mer

Le littoral fournissait une nourriture abondante. Dans les forêts voisines, les hommes chassaient du gibier et trouvaient le bois nécessaire pour les outils et les charpentes. Ces richesses naturelles étaient accessibles toute l'année. Tout le long de la côte atlantique, du Portugal jusqu'au Danemark, les hommes ont eu tendance à devenir sédentaires. Vers 4 500 av. J.-C., ils adoptent l'élevage et l'agriculture. C'est à cette époque qu'ils dressent les premiers mégalithes.

La chambre funéraire de Newgrange est illuminée par le soleil une fois par an, au solstice d'hiver (le 21 décembre).

Les mégalithes

Ce terme (qui signifie « grandes pierres ») désigne plusieurs sortes d'édifices. Les menhirs sont des pierres dressées. À Carnac (Morbihan), des milliers de menhirs, dont certains dépassent 6 m de haut, ont été plantés en longs alignements réguliers. Les dolmens sont constitués d'énormes pierres assemblées pour former des couloirs ou des chambres. Ils étaient le plus souvent recouverts de tumulus de pierres ou de terre. À Newgrange (Irlande), une butte de terre de 85 m de diamètre cache un couloir d'énormes pierres plates et une chambre funéraire. Les cromlechs sont des cercles de pierres dressées, comme à Stonehenge (Angleterre).

Le « grand menhir » de Locmariaquer (Morbihan) mesurait à l'origine 21 m de haut et pesait 350 t. Il est aujourd'hui cassé en plusieurs morceaux.

D'après certains astronomes, le cercle de Stonehenge permettait de prévoir les éclipses de lune.

La construction d'un tumulus était un travail collectif qui mobilisait les communautés de toute une région pendant une longue période.

Un rôle encore mystérieux

La plupart des monuments mégalithiques, notamment les dolmens, étaient des tombeaux. On y a retrouvé des sépultures et de nombreux objets qui accompagnaient les morts : perles, haches, poteries… Les menhirs sont souvent interprétés comme les symboles des ancêtres disparus. D'autres monuments avaient peut-être une fonction liée au calendrier. Sur le site de Stonehenge, bâti entre – 3 000 et – 2 000, l'une des pierres correspond précisément à la direction du lever du soleil lors du solstice d'été. Ces sites étaient probablement d'importants lieux de rassemblement pour des rites religieux.

Organisation

Silbury Hill (Angleterre) est une colline artificielle qui servait probablement de fondation à un temple. On a estimé que sa construction avait demandé 10 ans de travail continu pour 500 personnes. L'édification des mégalithes s'est parfois étendue sur plus de 1 000 ans, comme à Stonehenge. Il fallait alors une organisation stricte pour coordonner le travail d'extraction, de transport et de mise en place des pierres. Les connaissances techniques et parfois astronomiques devaient être transmises de génération en génération. Cependant, à partir de 2 000 ans av. J.-C., ces traditions ont été abandonnées et plus aucun monument de ce type n'a été construit en Europe.

Chemin de bois

Des archéologues ont tenté d'estimer le travail nécessaire pour déplacer un mégalithe. Ils ont d'abord réalisé un chemin roulant avec des rondins. En une journée, 200 personnes ont pu déplacer un bloc de 30 t sur 100 m. Ils l'ont ensuite soulevé d'un côté avec des leviers et peu à peu incliné jusqu'à le mettre en place dans un trou creusé dans le sol.

De la préhistoire à l'histoire

Il n'est pas facile de définir la fin de la préhistoire… ou le début de l'histoire. Les événements qui marquent ce passage sont nombreux et leur apparition est souvent progressive.

Pointe de lance et chaîne de métal. Les métaux vont peu à peu remplacer la pierre dans presque toutes ses utilisations : outils, armes ou bien bijoux.

L'apparition du métal

La métallurgie est l'une des grandes innovations de la fin du néolithique. Depuis longtemps, les hommes savaient utiliser le cuivre « natif », celui que l'on trouve à l'état naturel dans les roches. Ils fabriquaient des perles ou des épingles en martelant le métal à froid.

Ces objets de luxe apparaissent au Proche-Orient, à partir de 8 000 av. J.-C. Puis les hommes inventent les techniques de fonte qui permettent d'extraire les métaux à partir de minerais. Ils fabriquent alors des objets plus gros, tels des haches de cuivre, des poignards et des pointes de lances. Ces armes deviendront les symboles du pouvoir pour les guerriers.

Les âges des métaux

Après le cuivre, les hommes apprennent à utiliser d'autres métaux, comme l'étain, le plomb ou l'or, et à réaliser des alliages, c'est-à-dire des mélanges d'éléments différents. Le bronze est ainsi un alliage de cuivre et d'étain. Les métaux donnent leurs noms aux périodes qui suivent le néolithique : « âge du cuivre » (ou chalcolithique), « âge du bronze », « âge du fer ». Au Ier millénaire av. J.-C., la métallurgie est présente dans le monde entier.

Avec la métallurgie apparaissent les premiers forgerons.

Pierre gravée de symboles et de figures animales, datée du IXe millénaire av. J.-C. Jerf el-Ahmar (Syrie).

L'invention de l'écriture

L'écriture a longtemps servi à distinguer préhistoire et histoire. Des galets gravés très anciens ont été découverts dans plusieurs régions, mais il s'agit plus de dessins que de véritables lettres. Les plus anciens signes écrits, datés de 3 500 av. J.-C., proviennent de Mésopotamie (Irak). Les archéologues relient souvent l'apparition de l'écriture à l'accumulation des richesses agricoles. Il faut pouvoir désigner les différentes productions, sacs de blé ou têtes de bétail, et les compter pour les échanges commerciaux. Les premières lettres sont souvent associées à des chiffres ! Il s'agit de signes « cunéiformes » (c'est-à-dire en forme de clous), qui étaient tracés sur des tablettes d'argile.

Écriture cunéiforme sur une tablette d'argile (Mésopotamie, IIIe millénaire av. J.-C.).

La diversité du monde

Ces nouvelles techniques n'apparaissent pas partout au même moment, ni dans le même ordre. Les Indiens d'Amérique découvrent la métallurgie de leur côté ; les Chinois inventent leur propre écriture. À la même période, vers 3 000 av. J.-C., des scribes sumériens comptent les esclaves et les amphores d'huile sur des tablettes d'argile tandis que des agriculteurs bretons dressent des mégalithes pour leurs cérémonies religieuses et que d'autres hommes mènent toujours une vie nomade de chasse et de cueillette !

Roue du char d'Assurbanipal, roi d'Assyrie (l'Irak actuel). VIIe siècle av. J.-C.

Une invention qui fera du chemin

L'un des symboles de la civilisation qui naît est la roue, dont l'usage ne s'était pas généralisé avant la domestication du bœuf et, surtout, du cheval. Les premiers chariots, vers 3 500 av. J.-C., sont lourds et lents, avec des roues de bois pleines. Ils seront rapidement remplacés par des chars plus légers, munis de roues à rayons, et qui vont s'imposer comme armes de guerre.

Les racines de notre avenir

Les hommes actuels sont le résultat de millions d'années d'évolution. Notre corps et nos comportements portent les traces de cet héritage, légué par des poissons, des reptiles et des singes. Le résultat actuel de cette histoire n'est pas un aboutissement, mais une simple étape, si notre évolution n'est pas arrêtée. Peut-on imaginer ce que deviendra l'espèce humaine dans l'avenir ?

Nous commençons à avoir une bonne idée de l'apparence de nos arrière-arrière-arrière-grands-parents, mais à quoi ressembleront nos arrière-arrière-arrière-petits-enfants ?

Traces d'évolution

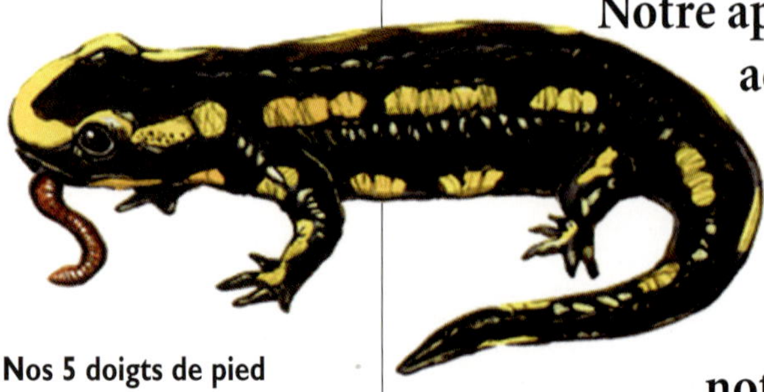

Nos 5 doigts de pied sont un point commun avec les salamandres !

Notre apparence physique actuelle raconte l'histoire de notre évolution. Chaque organe, chaque cellule est le témoin de notre parenté avec tous les êtres vivants qui peuplent notre planète aujourd'hui.

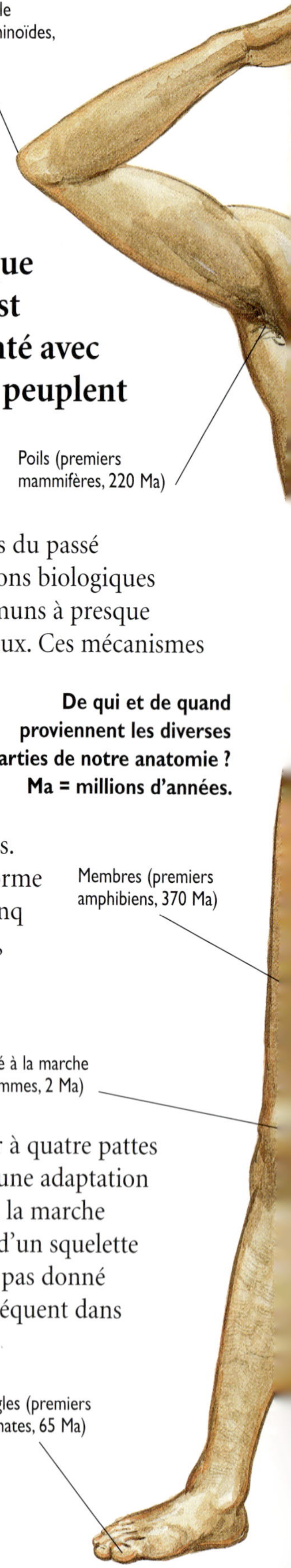

De qui et de quand proviennent les diverses parties de notre anatomie ? Ma = millions d'années.

Gènes ancestraux

C'est dans nos gènes que les biologistes ont trouvé les traces du passé le plus lointain. Les gènes qui interviennent dans des réactions biologiques fondamentales comme la respiration des cellules sont communs à presque tous les êtres vivants, des bactéries et des plantes aux animaux. Ces mécanismes sont si importants qu'ils ont été conservés tout au long de l'évolution, pendant des milliards d'années.

En direct des salamandres

Nous avons dix doigts et dix orteils parce que nous sommes construits selon le modèle de base des quadrupèdes. Ce modèle est apparu il y a 370 millions d'années sous la forme de grosses salamandres dont chaque patte était munie de cinq doigts. D'autres espèces possédaient alors six ou sept doigts, mais elles n'ont pas eu de descendants. Certains animaux ont perdu des doigts au cours de leur évolution, mais cet aspect de notre anatomie est resté primitif !

Maux de dos

Pour des singes de grande taille, il est difficile de se déplacer à quatre pattes dans les arbres. Notre position redressée serait le résultat d'une adaptation à la suspension aux branches. Une deuxième adaptation – à la marche sur deux jambes – est bien plus récente. La transformation d'un squelette initialement quadrupède en squelette bipède n'a cependant pas donné des résultats parfaitement satisfaisants ! Le mal de dos est fréquent dans l'espèce humaine. De plus, comme les vertèbres supportent maintenant tout le poids du haut du corps, la colonne vertébrale se tasse peu à peu au cours de la vie.

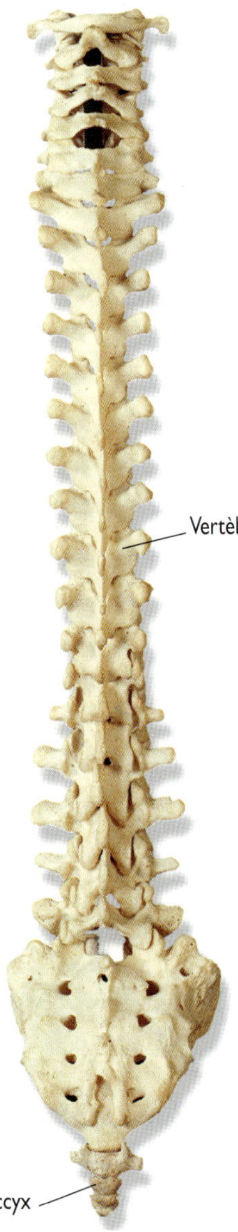

Notre colonne vertébrale compte en moyenne 33 vertèbres, dont 3 à 5 pour le coccyx. C'est le vestige de la queue perdue par nos ancêtres singes, il y a près de 25 Ma.

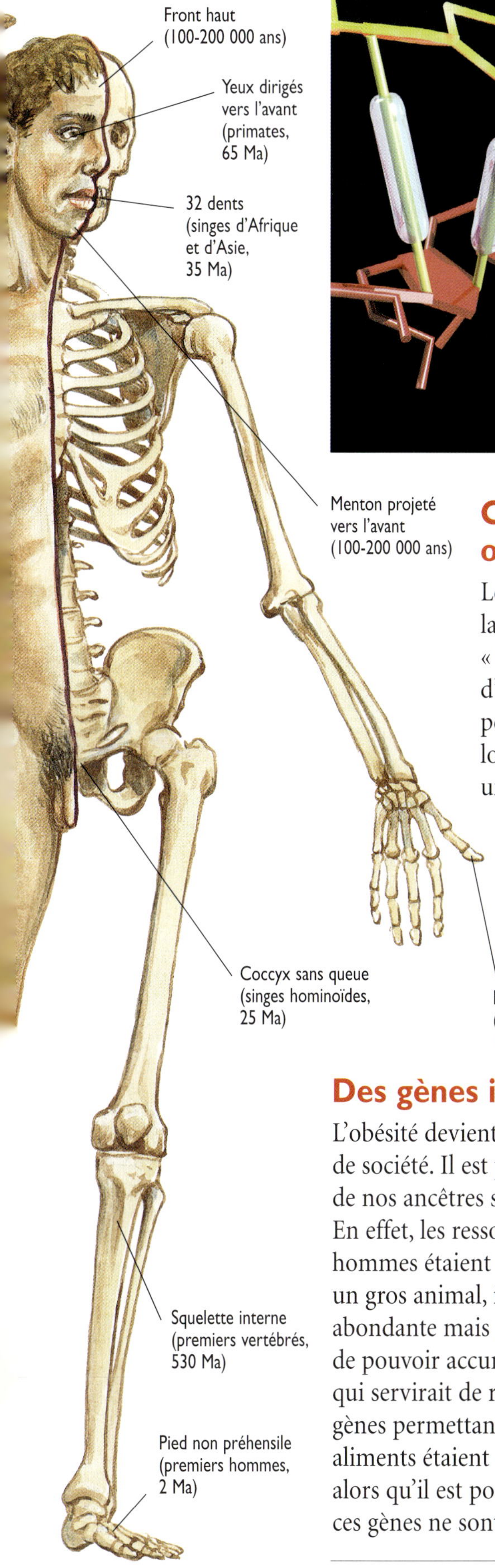

La structure de la molécule d'ADN est commune à tous les êtres vivants.

Chair de poule ou peau de singe ?

Lorsque nous avons froid, nous avons la « chair de poule ». Chaque petit « bouton » correspond à la base d'un poil minuscule. Avec des poils plus nombreux et plus longs, nous aurions alors une fourrure hérissée, formant une épaisse couche d'air isolante. Notre cerveau continue à réagir au froid comme si nous avions gardé la fourrure de nos ancêtres !

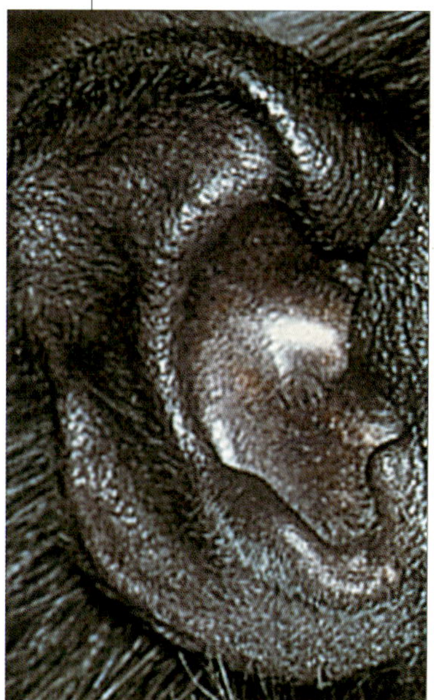

Notre oreille ressemble beaucoup à celle du chimpanzé. En l'absence d'os, il est difficile de savoir depuis quand les singes ont des oreilles situées sur le côté de la tête, mais cette caractéristique remonte probablement à plus de 30 Ma.

Des gènes inadaptés

L'obésité devient aujourd'hui un grave problème de société. Il est possible que certains gènes hérités de nos ancêtres soient en partie responsables. En effet, les ressources alimentaires des premiers hommes étaient irrégulières. Lorsqu'ils capturaient un gros animal, ils disposaient d'une nourriture abondante mais pour peu de temps. Il était avantageux de pouvoir accumuler rapidement de la graisse qui servirait de réserves en cas de disette prolongée. Les gènes permettant de produire de la graisse à partir des aliments étaient donc très utiles. Aujourd'hui, alors qu'il est possible de manger continuellement, ces gènes ne sont plus adaptés et deviennent néfastes.

Un gorille songeur…

Comme des singes

À la différence des animaux, les hommes sont conscients et responsables de leurs actes. L'observation des grands singes peut cependant nous éclairer sur l'origine animale de certains de nos comportements.

La culture singe

Lorsqu'elles ont pu être étudiées dans la nature, les sociétés des grands singes se sont révélées bien plus complexes que leur observation superficielle ne l'avait laissé croire. Certains des comportements de ces primates ne sont pas innés et doivent être acquis par un apprentissage. Les petits chimpanzés apprennent ainsi à casser les noix en imitant leurs parents. La technique précise diffère d'un groupe à l'autre et se transmet de génération en génération. De même, chaque groupe a ses propres façons de s'épouiller ou d'attraper les fourmis. Certains chimpanzés se fabriquent un petit coussin pour s'asseoir, d'autres non. Ces différences ne sont pas simplement dues à la diversité des environnements. Ce sont de véritables « traditions culturelles ».

Réconciliations

Chez les chimpanzés, les conflits sont fréquents à l'intérieur des groupes mais les disputes sont régulièrement suivies de pratiques de réconciliation qui désamorcent les tensions. Ainsi, après un conflit, l'un des chimpanzés prendra l'initiative de gestes d'apaisement, par exemple en venant toiletter son adversaire. Certains individus se spécialisent même dans la résolution des conflits au sein du groupe, montrant qu'ils peuvent comprendre ce que ressentent les autres chimpanzés. Par ailleurs, ils partagent souvent leur nourriture avec leurs congénères, mais surtout avec ceux qui leur en avaient donné auparavant ou qui les avaient toilettés.

Une scène de toilettage.

Langages

La plupart des singes communiquent entre eux par des sons, des gestes et des mimiques. Ils ne sont cependant anatomiquement pas capables d'émettre comme nous des sons articulés. D'où les échecs pour apprendre des mots humains à des chimpanzés. Des chercheurs ont alors tenté d'enseigner d'autres formes de langages, tel le langage gestuel des sourds-muets. De jeunes gorilles et chimpanzés ont ainsi appris à utiliser plusieurs centaines de mots. Dans la nature, ils n'ont pas l'usage d'un langage aussi élaboré, mais leur cerveau possède des capacités supérieures à leurs besoins.

La description précise du mode de vie, des jeux et des conflits des chimpanzés a bouleversé ce que l'on croyait savoir de nos cousins.

Morale de chimpanzé

Ces comportements « altruistes » ont probablement été conservés par la sélection naturelle puisqu'ils augmentent la cohésion des groupes et sont donc avantageux pour l'espèce. Au cours de l'évolution, ce ne sont pas toujours les plus forts qui survivent, mais ceux qui coopèrent avec les autres ! Ainsi, notre capacité à partager les émotions de nos semblables et à prendre en compte les intérêts de la collectivité nous a probablement été léguée par nos ancêtres singes. L'homme s'est longtemps cru le seul être vivant moral, capable de distinguer le Bien et le Mal, mais notre morale est peut-être elle aussi le produit de notre évolution.

Jane Goodall a observé les chimpanzés dans leur milieu comme Dian Fossey l'a fait pour les gorilles et Biruté Galdikas pour les orangs-outans. Elles ont ainsi révolutionné l'étude du comportement des grands singes. Elles se sont aussi battues pour leur protection. Dian Fossey paya de sa vie cette lutte contre les braconniers.

Homo sapiens, 100 000 ans après

Si l'on considère l'ensemble des gènes, il existe pratiquement autant de différences entre 2 personnes nées dans le même village ou sur des continents différents !

Aujourd'hui, 100 ou 200 000 ans après l'apparition de l'homme moderne, il ne reste plus sur Terre qu'une seule espèce humaine, *Homo sapiens*.

Tous différents, tous ressemblants

Aucun groupe humain n'est resté suffisamment isolé des autres pour évoluer et donner naissance à une nouvelle espèce puisque hommes et femmes de tous les peuples peuvent avoir des enfants ensemble. Les hommes sont cependant tous différents les uns des autres car l'évolution ne s'est pas arrêtée. Ainsi il n'a fallu que 15 000 ans pour qu'apparaissent des différences de stature ou de couleur de peau chez les Indiens d'Amérique. Ces variations sont probablement dues à des adaptations à des environnements très variés, du Nord canadien à la forêt amazonienne. Malgré ces différences, la diversité humaine est relativement faible. Deux humains pris au hasard sont en moyenne bien plus semblables entre eux que deux chimpanzés !

Une évidence pas évidente du tout !

Pour beaucoup de gens, il est évident qu'il existe trois grandes races humaines : les Blancs, les Noirs et les Jaunes. Parfois, pour paraître plus scientifiques, ils emploient les termes « caucasoïdes », « négroïdes » et « mongoloïdes » qui ont exactement le même sens. En réalité, ces termes sont bien insuffisants pour décrire la diversité humaine ! À part la couleur de leur peau, qu'ont donc de commun un Sénégalais et un Sri Lankais (si ce n'est d'être des *Homo sapiens*) ? Pour éviter de confondre des peuples différents, certains ont divisé l'espèce humaine en 10, 20 ou 60 « races ». C'est plus précis mais toujours pas satisfaisant, car, pour chaque classification, il existe de nombreuses exceptions, sans oublier tous les enfants métis, nés de parents de deux « races » différentes.

À quoi servent les races ?

Tenir à l'existence des races est souvent le signe d'une volonté de rejeter les autres peuples, considérés comme hostiles ou inférieurs. Cela s'est produit souvent au cours de l'histoire. Au XXe siècle, les nazis ont tenté d'éliminer les juifs européens et distinguaient les « bonnes » des « mauvaises » races. L'apartheid, en Afrique du Sud, reposait aussi sur des distinctions pseudo-scientifiques entre Noirs, Blancs et métis. Utiliser la notion de race est souvent aussi une façon d'enfermer l'autre dans une identité automatique, en lui appliquant les caractéristiques supposées de « sa race ». Aujourd'hui, classer les gens selon leur race, c'est adopter un point de vue raciste.

Culture ou nature ?

Lorsqu'on a le sentiment d'appartenir à une race, c'est que l'on pense avoir plus de points communs avec les membres de « sa » race qu'avec les autres. Mais quels points communs ? Le terme de race fait en principe référence à ce qui est transmis d'une génération à l'autre, ce qui est à la fois biologique et héréditaire. À part quelques traits physiques évidents mais peu nombreux (couleur de peau, forme du visage, cheveux...), les autres éléments biologiques (comme les groupes sanguins) sont parfois bien plus ressemblants entre deux personnes de « races » différentes qu'entre deux membres de la même famille ! Les différences les plus importantes sont d'abord culturelles : la langue, le mode de vie, la religion... Ces éléments sont bien héréditaires car ils dépendent de sa famille mais ils ne sont pas d'origine biologique et sont donc strictement indépendants de la « race ». De nombreux ethnologues ont donc abandonné cette notion à la fois peu pratique et chargée d'un lourd passé historique. Ils préfèrent utiliser les termes de « population » ou d'« ethnie », qui reposent sur des éléments biologiques et culturels qu'il faut toujours préciser.

Si une catastrophe anéantissait tous les humains à l'exception d'un seul peuple, 85 % de la diversité humaine serait encore conservée.

UNE QUESTION SANS RÉPONSE ÉVIDENTE !

De qui se sent-on le plus proche : d'une personne du même sexe que soi et d'une autre « race » ou du sexe opposé et de la même « race » ?

L'homme du futur

De plus en plus grands

Dans les pays riches, les hommes ont gagné en moyenne près de 10 cm en un siècle et les femmes presque autant. L'alimentation est peut-être responsable de cette augmentation de taille, bien qu'il ne soit pas certain que les jeunes se nourrissent mieux aujourd'hui qu'il y a 50 ans ! D'autres facteurs ont également pu jouer un rôle, comme des modifications de la durée du sommeil ou l'entrée plus tardive dans la vie active.

Si l'évolution biologique n'est plus perceptible, elle a été remplacée par une évolution culturelle, bien plus rapide puisqu'elle se transmet directement des parents aux enfants. Chaque génération profite des progrès techniques et intellectuels de la génération précédente.

La description de l'homme du futur tient plus de la divination que de la science. À court terme, il ne peut pas se passer grand-chose et, à long terme, tout est possible tant sont imprévisibles les hasards de l'évolution !

Science-fiction

On imagine souvent l'avenir de l'homme en prolongeant ce qui s'est passé au cours de la préhistoire : il aura une grosse tête parce que la tête et le cerveau des hominidés ont beaucoup grossi au cours de l'évolution ; il aura un petit corps maigrichon à force de rester assis tout le temps ; il perdra son cinquième orteil, qui ne sert plus à grand-chose, et ses troisièmes molaires, qui n'intéressent que les dentistes…

Science

L'évolution ne procède pas de cette façon. La force de l'habitude n'a strictement aucune action sur ce que seront nos descendants. Une partie des changements observés au cours du siècle passé sont liés à notre mode de vie et disparaîtront rapidement si nos conditions de vie changent. Ainsi, l'augmentation de la taille moyenne de la population est probablement due à des modifications de notre alimentation et de nos rythmes de vie. Quant à notre grosse tête, rien ne permet de penser que cet aspect de notre évolution va se poursuivre. En effet, aucun biologiste n'a trouvé de force agissant pour orienter l'évolution dans une direction précise, en dehors de la sélection naturelle.

Sélection

Il ne s'est pas produit de changement majeur dans les gènes humains depuis plusieurs dizaines de milliers d'années. L'évolution se serait donc arrêtée, faute d'une force pour lui donner une direction précise. En effet, la sélection naturelle n'agit pratiquement plus sur l'espèce humaine. Ni les enfants, ni les adultes ne meurent plus du fait de gènes légèrement moins efficaces que d'autres. Ils meurent des accidents de voiture, du tabac ou dans les guerres, mais les bombes ne choisissent pas leurs victimes en fonction de leurs gènes… S'il n'y a plus de sélection naturelle, l'évolution n'a plus de direction. Cependant, la diversité humaine peut augmenter car des gènes qui auraient été éliminés par la sélection peuvent aujourd'hui être conservés. Lorsqu'on n'a plus besoin de chasser pour se nourrir, les myopes ne sont plus désavantagés !

Fiction

Nos petits-enfants n'auront donc pas de grosse tête et garderont leurs orteils et leurs molaires. À plus long terme, on peut imaginer que la sélection naturelle agisse encore un peu, par exemple lors de graves épidémies, en favorisant les personnes résistantes. Cela ne devrait cependant pas modifier autre chose que notre système immunitaire. À très long terme, l'avenir est plus incertain. Notre espèce est très récente et peut espérer vivre plusieurs millions d'années comme la plupart des autres animaux. Alors, peut-être apparaîtront nos fameux descendants à cerveau énorme… mais on sait aujourd'hui que l'intelligence ne dépend pas de la taille du cerveau !

Sélection climatique

Dans quelques milliers d'années, la Terre entrera dans une nouvelle période glaciaire. Les variations du climat ont joué un rôle important dans l'évolution de l'homme mais, si nous avons encore des chaudières et du combustible, le froid n'exercera pratiquement aucune action de sélection. Aucun espoir de retrouver notre ancienne fourrure !

La préhistoire de l'homme est encore un continent inexploré ! Seules d'infimes parties de l'Afrique, de l'Asie ou de l'Amérique du Sud ont été fouillées. Tout reste à découvrir sur nos ancêtres et sur ce que nous sommes aujourd'hui.

Glossaire

A

Acheuléen : culture caractérisée par la production de bifaces, souvent associée aux *Homo erectus* (de – 1,4 à – 0,2 million d'années).

Adaptation : transformation d'une espèce animale ou végétale au cours de l'évolution, au fur et à mesure des changements de son environnement.

ADN : l'acide désoxyribonucléique (ADN) code de nombreuses informations nécessaires au développement d'un être vivant et à son fonctionnement. Dans chaque cellule, l'ADN est réparti en plusieurs filaments, les chromosomes.

Antédiluvien : d'une époque antérieure au Déluge (ce terme n'est plus employé aujourd'hui en paléontologie).

Arcades zygomatiques : os du crâne partant de la base des orbites jusqu'au niveau des oreilles et formant les pommettes.

Archéologue : chercheur qui étudie les sociétés antiques ou anciennes (archéo : ancien ; logie : étude).

Aurochs : bœuf sauvage, ancêtre des bovins domestiques.

B

Biface : pierre taillée, souvent en forme d'amande, servant d'outil ou d'arme (autrefois appelé coup-de-poing).

Biologiste : scientifique qui étudie le fonctionnement et la reproduction des êtres vivants.

Bipède : qui se déplace habituellement dressé sur ses deux pattes arrière.

Bipédie : mode de déplacement sur deux pattes.

C

Canine : dent, en général pointue, située entre les incisives et les prémolaires.

Carnivore : qui se nourrit de la chair d'autres animaux.

Cervidé : animal de la famille des cerfs, des chevreuils ou des rennes. Les mâles (et parfois les femelles) portent des bois.

Charognage : consommation d'animaux trouvés morts (et non chassés).

Charognard : animal qui se nourrit de cadavres d'animaux qu'il n'a pas tués lui-même.

Chasseur-cueilleur : hominidé se nourrissant à la fois d'animaux chassés, pêchés ou collectés et de plantes cueillies ou déterrées.

Chromosome : les chromosomes sont des filaments constitués d'ADN et portant l'information génétique de chaque individu.

Culture : ensemble des coutumes et des productions d'une population préhistorique : cela comprend les outils et les techniques de taille, les autres objets, l'habitat, les pratiques funéraires, les œuvres d'art, etc.

D

Dimorphisme sexuel : forme, taille ou couleur différentes des mâles et des femelles d'une même espèce.

Domestication : transformation par l'homme d'animaux sauvages en animaux d'élevage.

E

Espèce : groupe d'êtres vivants capables de se reproduire entre eux ou descendant les uns des autres. Ces critères ne sont pas utilisables par les paléontologues qui étudient des animaux disparus. Ils doivent comparer les fossiles afin d'estimer s'ils appartiennent à une ou à plusieurs espèces.

Ethnologue : chercheur qui étudie les modes de vie et les coutumes des peuples actuels (ethno : peuple ; logie : étude).

Évolution : les espèces animales et végétales se transforment au cours du temps et donnent naissance à de nouvelles espèces. L'évolution est l'histoire de l'apparition et de la transformation des espèces depuis l'origine de la vie sur Terre.

Extinction : disparition d'une espèce ou d'un groupe d'espèces. Une espèce est éteinte lorsque tous les individus qui la composent sont morts.

F

Faucille : outil en forme d'arc de cercle et muni d'un tranchant de pierre, utilisé pour couper les céréales et autres plantes de petite taille.

Fémur : os de la cuisse.

Fossile : restes d'une plante ou d'un animal conservés dans le sous-sol après sa mort. Les parties dures, et parfois des organes mous, se conservent et se transforment lentement en roche.

Fossiliser (se) : se transformer en fossile, par minéralisation.

Funéraire : qui concerne les cérémonies liées à la mort d'une personne.

G

Garrot : épaule d'un animal quadrupède.

Gène : un gène est un fragment de chromosome, constitué d'ADN, et qui contient l'information nécessaire pour la production d'une substance utile à la cellule (souvent une protéine).

Génétique : étude des gènes et de leur transmission héréditaire.

Glaciation : période de l'histoire de la Terre caractérisée par un refroidissement global du climat et le développement des calottes glaciaires.

Grattoir : outil de pierre taillée présentant un tranchant en forme d'arc de cercle.

H

Hémisphère cérébral : moitié gauche ou droite du cerveau. Les hémisphères cérébraux reçoivent les informations provenant des organes des sens, organisent les mouvements, contrôlent le langage, etc.

Herbivore : qui se nourrit de végétaux (pas seulement d'herbe, mais aussi de feuilles ou de racines).

Hominidés : famille de primates comprenant les chimpanzés, les gorilles et les êtres humains ainsi que leurs ancêtres.

Hominoïdes : ensemble des « grands singes » : gibbons, orangs-outans, gorilles, chimpanzés et hommes, ainsi que leurs ancêtres.

Hypothèse : supposition pas encore démontrée par une expérience ou par un ensemble d'observations.

Glossaire (suite)

I

Industrie : ensemble des activités humaines de production d'objets, caractéristique d'une époque et d'une région.

Inné : que l'on possède dès la naissance, qui n'a pas besoin d'être appris.

Interglaciaire : période de climat tempéré séparant deux périodes glaciaires.

L

Larynx : cavité contenant les cordes vocales, située au fond de la gorge.

M

Mammifères : ensemble des animaux dont la peau est recouverte de poils (même s'ils sont rares) et qui allaitent leurs petits.

Mandibule : mâchoire inférieure.

Mégalithe : monument constitué d'une ou plusieurs pierres non taillées de grande dimension.

Mésolithique : période qui succède au paléolithique, à la fin de la glaciation, et qui s'achève avec la domestication des animaux et des plantes, au néolithique. Cette période est caractérisée par une économie de chasse, de pêche et de cueillette et par la fabrication de petites lames de pierre, les microlithes. Mésolithique signifie « moyen (âge) de pierre ».

Microlithe : outil de petite taille, de silex ou d'obsidienne. Les microlithes étaient souvent assemblés sur un support (harpon, faucille…).

Moustérien : culture (notamment des outils de pierre taillée) caractéristique des néandertaliens et des premiers *Homo sapiens*.

N

Naturaliste : savant qui étudie les sciences de la nature. Ce terme ne s'emploie pratiquement plus aujourd'hui car les scientifiques sont très spécialisés. Ainsi, les biologistes étudient les mécanismes de la vie ; les zoologistes, les animaux ; les botanistes, les plantes ; les géologues, la Terre et les minéraux, etc.

Néolithique : période au cours de laquelle la chasse, la pêche et la cueillette sont remplacées par l'agriculture et l'élevage. Néolithique signifie « nouvel âge de pierre ». Cette période succède au mésolithique. Elle débute vers le Xe millénaire avant J.-C. au Proche-Orient et au XIe millénaire en Europe de l'Ouest.

Nomade : qui n'a pas d'habitation fixe.

O

Obsidienne : pierre volcanique semblable à un verre noir, très utilisée pour la production d'outils au cours de la préhistoire.

Ocre : colorant jaune, rouge ou brun, constitué d'argile et d'oxydes de fer ou de manganèse.

Oldowayen : culture humaine la plus ancienne (environ – 2,5 à – 1,5 million d'années), caractérisée par des galets grossièrement taillés.

Omnivore : qui se nourrit d'aliments variés, végétaux et animaux.

P

Paléoanthropologue : chercheur qui étudie l'origine de l'homme et son évolution (paléo : ancien ; anthropo : homme ; logie : étude).

Paléolithique : période la plus ancienne de la préhistoire, qui commence il y a environ 2 millions d'années avec les premiers outils de pierre.

Paléolithique signifie « ancien (âge) de pierre ». Cette période s'achève à la fin de la glaciation, vers 10 000 ans av J.-C. Paléontologie : science des animaux et des plantes préhistoriques, reposant sur l'étude des fossiles. Paléontologie signifie « étude des anciens êtres vivants » (paléo : ancien ; onto : être ; logie : étude).

Paléontologue : scientifique qui étudie les fossiles des plantes et des animaux et leur mode de vie pendant la préhistoire.

Perçoir : outil de pierre ou d'os destiné à percer des trous dans la peau, le bois…

Percuteur : outil (pierre, os ou bois de cervidés) utilisé pour tailler une pierre en en détachant des éclats par des chocs répétés.

Préhistorien : chercheur qui étudie le mode de vie et la culture des hommes préhistoriques (en général *Homo sapiens*).

Préhumain : qui concerne des primates ancêtres des hommes mais pas encore vraiment humains.

Primates : ensemble des singes, des lémuriens et de leurs ancêtres.

Propulseur : baguette permettant de lancer une sagaie avec plus de puissance.

Q

Quadrupède : qui se déplace le plus souvent à quatre pattes.

R

Racloir : outil tranchant permettant de gratter des peaux, du bois ou de l'os.

Rift : fossé très large, parfois long de plusieurs centaines de kilomètres, correspondant à une zone de fracture et d'écartement de l'écorce terrestre.

Rupestre : qui est réalisé sur une paroi rocheuse (peinture ou sculpture).

S

Savane : milieu naturel tropical constitué d'une prairie de hautes herbes. Selon les cas, une savane peut être plus ou moins riche en arbres.

Sédentaire : qui vit dans une habitation permanente.

Sépulture : tombe ou fosse dans laquelle est déposé le corps d'une personne après sa mort.

Simien : caractéristique d'un singe.

Simiesque : qui ressemble à un singe.

Solutréen : culture du sud de la France et d'Espagne (– 20 000 à – 16 000 ans), caractérisée par des outils très finement taillés.

Steppe : milieu naturel de prairie, dépourvu d'arbres, au climat sec.

T

Toundra : milieu naturel de prairie basse, dépourvu d'arbres, au climat très froid.

Tourbière : marais caractérisé par une eau acide qui permet une très longue conservation des matières organiques (végétales ou animales).

Tubercule : racine ou tige renflée, chargée de réserves (radis, carotte, pomme de terre…).

V

Végétarien : qui se nourrit de végétaux.

Index

Index (suite)

Crédits photographiques

P. 8 : Sylvain Julienne / Cosmos

Chapitre 1
P. 12 : C. Baranger / Colibri ; **p. 17 :** Philippe Terrancle ; **p. 18 :** Philippe Terrancle (hg), Christophe Levillain (bg) ; **p. 19 :** Eurelios (hd, md et bd) ; **p. 20 :** M.P.F.T. 2002 ; **p. 22 :** Sinclair Stammers / SPL / Cosmos (h), D.R. (b) ; **p. 23 :** J. Oster / Musée de l'Homme (h), Françoise Bouchet / Laboratoire de paléoparasitologie, université de Reims (m), C. Levillain (bm), A. Guerrier / Colibri (b) ; **p. 25 :** Philippe Plailly / CNRS / Tandétron, J. Dubois / Colibri.

Chapitre 2
P. 28 : Roger-Viollet ; **p. 30 :** Roger-Viollet (hg), Philadelphia Museum of Art / Corbis (b) ; **p. 31** : Photothèque du Musée de l'Homme (h), Deutsches Museum München (m et b) ; **p. 32 :** Roger-Viollet (mg), Deutsches Museum München (bg) ; **p. 33 :** Roger-Viollet (md), Musée de l'Homme (b) ; **p. 34 :** D.R. (hd), Roger-Viollet (b) ; **p. 35** : Cosmos / SPL (h), Bettmann / Corbis (b) ; **p. 36 :** Roger-Viollet (hg), J. Oster / Musée de l'Homme (hd et md), Photothèque du Musée de l'Homme (bg et bd) ; **p. 37 :** Christophe Levillain ; **p. 38 :** Roger-Viollet (g), Photothèque du Musée de l'Homme (hd), John Reader / SPL / Cosmos (b) ; **p. 39 :** Photothèque du Musée de l'Homme (h) ; **p. 40 :** Geological Society, London, U.K. / Bridgeman Art Library ; **p. 40-41 :** John Reader / SPL / Cosmos (h et b) ; **p. 42 :** Windels / Musée de l'Homme (mg), John Reader / SPL / Cosmos (bd) ; **p. 43 :** Musée de l'Homme (mg) ; **p. 42-43 :** S. Grossman / Woodfin Camp / Cosmos (h) ; **p. 44 :** F. et J.-L. Ziegler (b) ; **p. 45 :** Eurelios (h).

Chapitre 3
P. 48-49 : Eurelios (m et b) ; **p. 49 :** Eurelios (mg et md) ; **p. 52 :** J.-L. Paumard / Colibri (m), D.R. (bg) ; **p. 53 :** L. Casiano / Colibri (mg), B. Tauran / Colibri (md) ; **p. 54 :** D.R. (hg), Photothèque du Musée de l'Homme (md) ; **p. 55 :** D.R. (hg), A. Christof / Colibri (hd), C. Ratier / Colibri (b) ; **p. 56 :** © M.P.F.T. 2002 (hg), Eurelios (hd) ; **p. 59 :** A.-M. Loubsens / Colibri (b) ; **p. 60 :** D. Alet / Colibri (h).

Chapitre 4
P. 64 : John Reader / SPL / Cosmos ; **p. 64-65 :** Enrico Ferorelli / Cosmos ; **p. 66 :** National Museum of Ethiopia / Handout / epa / Corbis (m) ; **p. 67 :** John Reader / SPL / Cosmos (h) ; **p. 68 :** John Reader / SPL / Cosmos (g) ; **p. 70 :** J.Y. Lavergne (h) ; **p. 71 :** P. Etcheverry / Colibri (h) ; **p. 74 :** Eurelios ; **p. 76 :** B. Hatala / Musée de l'Homme (hg), Eurelios (m), John Reader / SPL / Cosmos (g), D.R. (bd) ; **p. 77 :** John Reader / SPL / Cosmos (hd), D.R. (bg).

Chapitre 5
P. 82 : John Reader / SPL / Cosmos ; **p. 82-83 :** Gilles Tosello / Eurelios ; **p. 83 :** J.-M. Prevost / Colibri (hg), L. De Lys / Colibri (hd) ; **p. 84 :** D.R. (h), A. Christof / Colibri (b) ; **p. 85 :** S. Bonneau (h), A. et J. Visage / Colibri (m) ; **p. 86 :** D.R. (h), Cyril Ruoso / Bios (m) ; **p. 88 :** D.R. (h et b) ; **p. 89 :** Eurelios (hd et m).

Chapitre 6
P. 92 : B. Hatala / Musée de l'Homme ; **p.92-93 :** John Reader / SPL / Cosmos (b) ; **p. 94 :**Yann Arthus-Bertrand / Corbis ; **p. 97 :** MPK / Hélène Roche (hg, hd et bd) ; **p. 98 :** Eurelios ; **p. 99 :** John Reader / SPL / Cosmos.

Chapitre 7
P. 104 : Eurelios ; **p. 104-105 :** D.R. ; **p. 105 :** Eurelios (h) ; **p. 106 :** Enrico Ferorelli / Cosmos ; **p. 106-107 :** John Reader / SPL / Cosmos ; **p. 108 :** B. Hatala / Musée de l'Homme (h), C. Ratier / Colibri (b) ; **p. 109 :** Liss Steve / Corbis Sygma ; **p. 111 :** Musée de l'Homme (h) ; **p. 112 :** D.R. (m) ; **p. 113 :** J.-P. Raynal / CNRS Photothèque (h) ; **p. 115 :** John Reader / SPL / Cosmos (h).

Chapitre 8
P. 119 : John Reader / SPL / Cosmos (hg), William Ervin / SPL / Cosmos (hd) ; **p. 120 :** Eurelios (h) ; **p. 122 :** Musée de l'Homme (hd), Archivo Iconografico S.A. / Corbis (m) ; **p. 123 :** Christophe Levillain (h et bg), Eurelios (bm et bd) ; **p. 124 :** Musée de l'Homme (b) ; **p. 124-125 :** Eurelios, D.R. (md) ; **p. 126 :** Eurelios ; **p. 127 :** D.R. (bd) ; **p. 128** : Laurent Orluc / LookatSciences (hg) et (md) ; Lionel Bret / LookatSciences (bd); **p. 129** : Lionel Bret / LookatSciences (h) et (b); **p. 131** : H. de Lumley / Musée de l'Homme (b).

Chapitre 9
P. 134 : Volker Steger / Nordstar / SPL ; **p. 137 :** Eurelios ; **p. 138-139 :** J. Oster / Musée de l'Homme ; **p. 139 :** Pierre Bodu / CNRS Photothèque (h), Eurelios (b) ; **p. 143 :** D.R. (h et m) ; **p. 144 :** D.R. (h, m et b) ; **p. 145 :** Musée de l'Homme (d), D.R. (b) ; **p. 146 :** Musée de l'Homme (hg), Vo Trung / Cosmos (md) ; **p. 147 :** John Reader / SPL / Cosmos (hd) ; **p. 149 :** D.R. (h).

Chapitre 10
P. 152 : CNRS Photothèque ; **p. 153 :** B. Hatala / Musée de l'Homme (h), John Reader / SPL / Cosmos (b) ; **p. 155 :** Deutsches Museum München (h), Bruce Burkhardt / Corbis (b) ; **p. 156 :** D.R. (m et b) ; **p. 157 :** Charles T. Keally (h), (m) et (b) ; **p. 158 :** Vo Trung / Cosmos ;

p. 160 : Dr Jeremy Burgess / SPL / Cosmos ; **p. 161 :** Stapleton collection / Corbis (mg), Bettmann / Corbis (bg), Hulton-Deutsch Collection / Corbis (bd) ; **p. 163 :** D.R.

Chapitre 11
P. 166-167 : Musée de l'Homme (h) ; **p. 167 :** Martin Land / Cosmos (md), H. Delaplanche / Musée de l'Homme (m), Pierre Boulat / Cosmos (bd) ; **p. 168 :** D.R. (hg) ; **p. 169 :** J. Oster / Musée de l'Homme (h) ; **p. 170 :** Eurelios ; **p. 171 :** J. Oster / Musée de l'Homme ; **p. 173 :** Pierre Boulat / Cosmos (hd) ; **p. 174 :** Musée de l'Homme (hg), D. Ponsard / Musée de l'Homme (bg) ; **p. 174-175 :** D. Ponsard / Musée de l'Homme (m) ; **p. 175 :** Pierre Boulat / Cosmos (h), J. Oster / Musée de l'Homme (b) ; **p. 176 :** B. Hatala / Musée de l'Homme ; **p. 177 :** B. Hatala / Musée de l'Homme ; **p. 178-179 :** D. Destable / Musée de l'Homme (g et h) ; **p. 179 :** D.R. (b) ; **p. 180 :** Eurelios (h) ; **p. 180-181 :** J. Oster / Musée de l'Homme (h) ; **p. 181 :** John Reader / SPL / Cosmos (h), D.R. (md), Historical Picture Archive / Corbis (bg et bd).

Chapitre 12
P. 184 : Eurelios (h), D.R. (m) ; **p. 185 :** Gianni Dagli Orti / Corbis (h), © Royalty-Free / Corbis, Eurelios (bg) ; **p. 186 :** Dominique Chauvet / Milan (g), Eurelios (m et bg) ; **p. 187 :** D.R. (hd), Bettmann / Corbis (b), M. Delaplanche / Musée de l'Homme (bd) ; **p. 188 :** J. Oster / Musée de l'Homme (d) ; **p. 188-189 :** Eurelios (mb) ; **p. 189 :** M. Delaplanche / Musée de l'Homme (md), J. Oster / Musée de l'Homme (bd) ; **p. 190-191 :** Colorphoto Hans Hinz (h), Gunter Marx Photography / Corbis (b) ; **p. 190 :** Bettmann / Corbis (mg), Colorphoto Hans Hinz (bg) ; **p. 191 :** Paul A. Souders / Corbis (m) ; **p. 192 :** Christophe Levillain (hg et bg) ; **p. 192-193 :** Cl. H. Breuil / Musée de l'Homme (h) ; **p. 193 :** Colorphoto Hans Hinz (hg), Christophe Levillain (hd et md) ; **p. 194 :** J. Oster / Musée de l'Homme (hg), Eurelios (mg), Gunter Marx Photography / Corbis (bg) ; **p. 195 :** D.R. (h), Musée de l'Homme (d).

Chapitre 13
P. 198 : B. Marconi / Colibri (h), Pascal Doira / CNRS Photothèque / CEA (b) ; **p. 199 :** E. Baccega / Colibri (b) ; **p. 204-205 :** Eurelios (h) ; **p. 204 :** Christophe Levillain (bg) ; **p. 205 :** Bettmann / Corbis (md), Gianni Dagli Orti / Corbis (b) ; **p. 206 :** P. Etcheverry / Colibri (b) ; **p. 207** : Archivo Iconographico, S.A. / Corbis (h), D.R. (m) ; **p. 208 :** Warren Morgan / Corbis (hg), Bettmann / Corbis (bg), Eurelios (bd) ; **p. 209 :** Bettmann / Corbis (mg), Eurelios (bg).

Chapitre 14
P. 212 : Eurelios (hg) ; **p. 212-213 :** Archivo Iconographico, S.A. / Corbis (h) ; **p. 213 :** Pierre Colombel / Corbis (m) ; **p. 215 :** Archivo Iconographico, S.A. / Corbis (h), D.R. (b) ; **p. 216 :** Photo 12. com – ARJ (hd), Gilles Tosello / Eurelios (b) ; **p. 217 :** The Mariner's Museum / Corbis (h), P. Etcheverry / Colibri (bg) ; **p. 218 :** Charles Krebs / Corbis (hg), A.-M. Loubsens / Colibri (bg) ; **p. 219 :** Thonnerieux / Colibri (hg), Ch. Testu / Colibri (hm), Layne Kennedy / Corbis (hd), J.-L. Ermel / Colibri (m).

Chapitre 15
P. 222 : Magali Roux / CNRS Photothèque (b) ; **p. 224 :** Claude Huyghens (h et m) ; **p. 224-225 :** Philippe Marinval (h) ; **p. 226 :** G. Rolland / Colibri (h), F. et J.-L. Ziegler / Colibri (bg), P. Neveu / Colibri (bd) ; **p. 227 :** R. Toulouse / Colibri (h) ; **p. 228 :** D.R. (h), Claude Guintard (mg) ; **p. 229 :** Archivo Iconografico, S.A. / Corbis (h), D.R. (mg et bd) ; **p. 230 :** Claude Huyghens (m et bg) ; **p. 231 :** Claude Huyghens (mg) ; **p. 232 :** J.-Y. Lavergne / Colibri (hg et hm) ; **p. 232-233 :** Claude Huyghens (h), Archivo Iconografico, S.A / Corbis (m) ; **p. 233 :** Claude Huyghens (d et b) ; **p. 234 :** A. Guerrier / Colibri (mg), L. Chaix / Colibri (h), D. Arfeuille / Colibri (md), Ph. Dupré / Colibri (b) ; **p. 235 :** G. Bonnafous / Colibri (hd), Ph. Granval / Colibri (md), P. Nieff / Colibri (m), F. et J.-L. Ziegler (md).

Chapitre 16
P. 238 : Gianni Dagli Orti / Corbis (mg) ; **p. 239 :** Gianni Dagli Orti / Corbis (h) ; **p. 240 :** Hulton-Deutsch Collection / Corbis (md) ; **p. 241 :** Peter Johnson / Corbis (h) ; **p. 242 :** P. Polette / Colibri (h), Jonathan Blair / Corbis (b) ; **p. 243 :** Dr. Garry O. Rollefson, Whitman College, Washington (h) ; **p. 244-245 :** Musée de l'Homme (h) ; **p. 245 :** D.R. (md) ; **p. 246 :** Musée de l'Homme (h), Archivo Iconografico, S.A. / Corbis (mg) ; **p. 247 :** Charles et Josette Lenars / Corbis (h), Musée de l'Homme (mg), Eurelios (bg) ; **p. 248 :** Sandro Vannini / Corbis (hg), Eurelios (mg), Roger Ressmeyer / Corbis (b) ; **p. 249 :** Gilles Tosello / Eurelios ; **p. 250 :** Eurelios (hg) ; **p. 251 :** Magali Roux / CNRS Photothèque (hg), Eurelios (d), Gianni Dagli Orti / Corbis (b).

Chapitre 17
P. 254 : Eurelios (g) ; **p. 255 :** Eurelios (h), A. et J. Visage / Colibri (md) ; **p. 256 :** A. Christof / Colibri (hg), C. Ratier / Colibri (bg) ; **p. 257 :** C. Ratier (h), Kennan Ward / Corbis (b) ; **p. 258 :** Corbis / Sygma (h), F. Faures / Colibri (hm), A.-M. Loubsens / Colibri (mb) ; **p. 259 :** D.R. (hg), D. Assal / Colibri (hmg), J.-L. Paumard / Colibri (m), D. Alet / Colibri (hd), J.-L. Paumard / Colibri (hmd), F. Faures / Colibri (mbd), D. Assal / Colibri (bg).

Illustrations

Philippe Archer
P. 130 (b), 212 (b), 219 (b), 223 (h), 232 (bg), 238 (bg), 244-245, 260-261.

Étienne Butterlin
P. 44-45, 49 (hd), 58-59, 64 (bd), 77 (hg), 98 (h), 101 (hg), 112 (hd), 121 (h), 126 (bd), 131 (hd), 136 (hg), 152-153 (h), 156-157 (h), 167 (b), 173 (b), 175 (md), 199 (h), 206 (h), 209 (d), 214, 238 (h), 254 (hg).

Jean-Philippe Chabot
P. 32-33, 39 (b), 41 (hd), 68 (bm), 69 (h et md), 89 (hg), 105 (d), 109, 114 (hg).

Benoît Charles
P. 24-25, 28-29 (b), 32 (bd), 43 (b), 51, 52-53, 54, 60-61, 74-75, 77 (md), 100-101, 118-119, 122 (bd), 127, 138 (d), 200-201, 207 (b).

Anne Eydoux
P. 71 (m), 231 (h).

Vincent Jagerschmidt
P. 18-19.

Sandrine Lefebvre
P. 28-29 (h), 50, 66 (g), 93, 101 (hd), 107, 110-111, 134 (hg), 135 (hd), 154 (b), 217 (m), 228 (b).

Régis Mac
P. 73 (m), 84 (bg), 87 (m), 95 (hd), 96 (hg), 97 (md), 172 (h), 204 (h).

Leonardo Meschini
P. 12-13, 14-15, 16, 56-57, 65, 66-67 (m et d), 69 (b), 70-71, 72-73, 81 (bd), 85 (b), 87 (h), 89 (b), 92 (bg), 96 (b), 99 (b), 110 (hg), 113 (b), 114-115, 120-121, 125, 130 (h).

Frédéric Pillot P. 17 (d).

Gilles Tosello
P. 225, 227 (b), 230 (h), 231 (b), 239 (b), 243 (b), 250 (b).

Michael Welply
P. 48 (hg, mg et bg), 134 (bg), 135 (mg et b), 136-137, 140-141, 142-143, 147 (b), 148-149, 155 (d), 159 (b), 166 (g), 168-169 (b), 170 (b), 171 (m), 172(b), 176-177, 179, 180 (g), 189 (h), 193 (b), 195 (b), 202-203, 240-241 (b), 246 (b), 254-255(m).

Couverture
John Reader / SPL / Cosmos (hg) ; P. Etcheverry / Colibri (hm) ; Sandrine Lefebvre (hd) ; Eurelios (mg); D. Ponsard / Musée de l'Homme (md) ; Michael Welply (bg) et (bd)

4e de couverture
Michael Welply (bg) et (md) ; Anne Eydoux (mg).

Api-VOLAN

Dine

Dina